Ferdinand Mehle

Der Kriminalfall Kaspar Hauser

Historische Zeitbilder

Band 6

Ferdinand Mehle

Der Kriminalfall Kaspar Hauser

Morstadt

© 1994 Morstadt Verlag Kehl Strasbourg Basel
Verlagsort: Kehl
Gesamtherstellung:
Stückle, Druck und Verlag, 77955 Ettenheim
Schutzumschlag: Siegbert Marusczyk

ISBN 3-88571-232-6

*Für meine Frau Dita,
die Karlsruhe ebenso liebt
wie der Verfasser seine Heimatstadt selbst,
und meinen Sohn Marten,
der in Karlsruhe geboren wurde.
Dem Andenken
meiner Eltern und Großeltern,
die in Karlsruhe gelebt haben
und meines Urgroßvaters
Franz Josef Württemberger,
eines badischen Demokraten von 1848.*

*„Es ist nichts so fein gesponnen,
es kommt doch endlich an die Sonnen."*

Sprichwort

Inhalt

Vorwort 9
I. Ansbach: eine Einleitung 15
II. Karlsruhe: der Anfang 21
III. Beuggen: Flaschenpost und
 Wappenschild 69
IV. Pilsach: zeitloses Dasein 101
V. Nürnberg: Eintritt ins Leben 149
VI. Nochmal Ansbach: das Ende 197
VII. Die Jahre danach: Daten, Fakten,
 Berichte, Zitate 281
VIII. Personen der Handlung 307
IX. Zeittafel 313
X. Stammtafel des Hauses Baden für
 das 18. und 19. Jahrhundert 315
XI. Abbildungsverzeichnis 316
XII. Literatur- und Quellenverzeichnis 318
Nachwort 320

Vorwort

Es gibt eine Vielzahl von Kaspar-Hauser-Büchern. Darunter befindet sich auch ein 1928 im Morstadt Verlag Kehl erschienenes Buch. Es ist derselbe traditionsreiche badische Verlag, der nun die neueste Publikation über dieses Thema herausgibt, von dem ein bibliographischer Nachweis inzwischen weit über tausend Titel nennt. Vieles davon ist nicht oder nicht mehr lesenswert, das meiste überholt, und häufig trifft beides zu. Bei einem anderen Teil wird das, was nüchtern gesehen nur ein Kriminalfall ist, unter allen nur möglichen Aspekten betrachtet, wobei auch die Esoterik in erheblichem Umfang aus dieser Blüte Honig saugt.

Mehr als ein gewöhnlicher Kriminalfall ist die Kaspar-Hauser-Geschichte nur insoweit, als sie sich in Kreisen abspielte, denen von jeher ein besonderes Interesse galt und weiterhin gilt, wie die Regenbogenpresse beweist. Nicht mehr lesenswert sind fast alle Veröffentlichungen aus der Zeit vor dem Ersten Weltkrieg, da erst danach dynastische Interessen wegfielen und eine objektive Beschäftigung mit dem Stoff keine strafrechtlichen Konsequenzen mehr nach sich zog.

Erst von diesem Zeitpunkt an kann man von einer Kaspar-Hauser-Forschung sprechen, die diesen Namen verdient, so daß alle davorliegenden Veröffentlichungen als überholt einzustufen sind, soweit sie über das rein Dokumentarische hinausgehen. Aber auch bei dokumentarischen Veröffentlichungen vor 1918 ist Vorsicht geboten, weil vieles darin nicht nur objektiv falsch ist, sondern sich auch teilweise als bewußte Fälschung herausgestellt hat. Das Verdienst der nach dem Ersten Weltkrieg verstärkt einsetzenden Kaspar-Hauser-Forschung ist die Entlarvung dieser Fälschungen und die Erarbeitung einer fast lückenlosen Beweiskette, die nun an die Stelle unbewiesener Verdachtsgründe trat.

Die Behandlung des Kaspar-Hauser-Falles außerhalb seiner kriminalistischen Dimension ist nur für den speziell Interessierten von Bedeutung. Bei diesen Veröffentlichungen geht es nicht um Fakten und Jahreszahlen, vielmehr ist es hier die Gestalt des Kaspar Hauser, die anzieht und zweifellos auch anziehend ist, als Sinnbild für den isolierten Menschen in einer feindlichen Welt.

Die hartnäckige Lebenskraft des Stoffes kann vordergründig nicht erklärt werden, denn die Zeit, in welcher er spielt, gehört längst der Vergangenheit an. Es ist alles vorüber, nichts ist mehr zu ändern, und die handelnden Personen sind schon lange abgetreten.

Was blieb und immer aufs neue anregend wirkt, ist jedoch das Geheimnisvolle und Rätselhafte des Falles. Diese Faszination des Mysteriösen spricht auch aus den Inschriften des Gedenksteins an der Mordstelle und des Grabsteins in Ansbach, die keine Antwort geben und alles offenlassen. Alle Kriminalromane, alle erdichteten Raub- und Mordgeschichten verblassen gegenüber dieser dunklen und unheimlichen Begebenheit. Selbst neuere Veröffentlichungen, denen es eigentlich um eine sachliche Darstellung zu tun sein sollte, unterliegen manchmal dieser Faszination.

Ein typisches Beispiel dafür ist ein vor einigen Jahren erschienenes Buch, dessen Verfasserin noch heute überall dunkle Mächte am Werke sieht, die bestrebt sind, den Fall Kaspar Hauser totzuschweigen.

Aus dem beschriebenen Sachverhalt geht hervor, daß in der Flut der Kaspar-Hauser-Literatur Schilderungen fehlen, die das Geschehen auf seinen eigentlichen Gehalt als Kriminalfall zurückführen. Mit der vorliegenden Arbeit soll versucht werden, diese Lücke zu schließen. Die Ereignisse werden deshalb – unter Einbeziehung aller wichtigen Forschungsergebnisse – in ihrem chronologischen Ablauf geschildert, was nach Kenntnis des Autors zum ersten Mal geschieht.

Im Rahmen dieser Darstellung erfolgt dann die Beweisführung nach rein kriminalistisch-logischen Gesichtspunkten, wobei alle anderen Faktoren ausgeschaltet werden. Diese Betrachtungsart führt zu einem leichteren Verständnis des Stoffes, was vor allem für jene von Vorteil ist, die sich erstmals mit der Geschichte des Kaspar Hauser befassen. Auch darin sieht der Verfasser die Aufgabe seiner Arbeit.

Von Vorteil für ihn war dabei der Umstand, daß er in Franken und Baden gleichermaßen zu Hause ist, die Schauplätze des Kaspar-Hauser-Dramas also nicht nur vom Hörensagen kennt. Bei diesem Drama handelt es sich um einen wunden Punkt in der badischen Geschichte, der dunkle Schatten auf ein sonst so verdienstvolles Fürstenhaus geworfen hat.

Bamberg und Karlsruhe, 1993,
im 160. Todesjahr Kaspar Hausers

Dr. Ferdinand Mehle

*Kaspar Hauser, Pastell, Martin-Wagner-Museum,
Universität Würzburg*

I. Ansbach: eine Einleitung

Wer Nürnberg besucht hat und Rothenburg sehen möchte, der wird vielleicht, wenn er nicht einfach daran vorbeifährt, in Ansbach Station machen, das auf halbem Wege liegt. Die Stadt, mit heute 40 000 Einwohnern, ist die Hauptstadt des bayerischen Regierungsbezirkes Mittelfranken. Sie entstand aus einem im 8. Jahrhundert gegründeten Benediktinerkloster und wäre bestenfalls ein unbedeutendes, kleines Landstädtchen geworden, wenn sie nicht von den Stiftsherren des Klosters, den Grafen von Öttingen, 1331 an die Hohenzollern, damals Burggrafen von Nürnberg, verkauft worden wäre. Denn etwa hundert Jahre später erhoben diese als Markgrafen und Kurfürsten von Brandenburg Ansbach zur Residenz und führten es damit zu dem Glanzpunkt seiner Geschichte. Kurfürst Albrecht Achilles von Brandenburg übergab 1474 Stadt und Land Ansbach als Fürstentum Ansbach seinem Sohn Friedrich, der dadurch der Begründer der fränkischen Linie der Hohenzollern wurde. Ende des 17. und Anfang des 18. Jahrhunderts entwickelte sich die Stadt zur barocken Residenz. In diese Zeit fällt auch die Erbauung des prunkvollen Residenzschlosses (1713 – 1732) und weiterer bedeutender Bauten. 1769 vereinigten sich die Fürstentümer Ansbach und Bayreuth – nach dem Aussterben der Bayreuther Linie – zur Markgrafschaft Ansbach-Bayreuth, der jedoch nur ein kurzes Dasein beschieden war, denn der letzte Markgraf – Markgraf Alexander, ein Neffe Friedrichs des Großen – dankte 1791 ab, und die Markgrafschaft wurde gegen eine Leibrente vom Königreich Preußen übernommen. Bereits 1806 jedoch kam Ansbach-Bayreuth auf Veranlassung Napoleons zu Bayern, und daran hat sich bis heute nichts geändert. Geblieben sind die Erinnerung an die große Zeit Ansbachs als markgräfliche Residenz und das Residenzschloß, das zusammen mit anderen Bauten auf diese Zeit hinweist.

Dem Schloß schräg gegenüber liegt der Hofgarten, ein Park mit schönen, alten Bäumen und der 1726 bis 1728 erbauten Orangerie, einem der größten Gartenschlösser Frankens. Glanzpunkte des Gartens sind seine Springbrunnen und die zweihundertfünfzigjährige Lindenallee. Wendet man sich dem nordöstlichen Teil der Anlage zu, dann stößt man in einem dunklen, verwachsenen Seitenweg mit düsteren Rhododendronbüschen zunächst auf das Denkmal des Dichters Johann Peter Uz, einer eher lokalen Größe, und dann, wenige Schritte weiter, auf eine neugotische, achteckige Sandsteinsäule, mit der seltsamen, unheimlich klingenden lateinischen Inschrift:

HIC
OCCULTUS
OCCULTO
OCCISUS
EST
XIV DEC
MDCCCXXXIII

Zu deutsch: Hier fand ein Unbekannter auf unbekannte Weise den Tod. 14. Dezember 1833.

Der Besucher, der nun wieder den Weg zurück zum Schloß einschlägt, sieht sich auf dem Schloßplatz einem weiteren Denkmal gegenüber. Es ist dem Dichter August Graf von Platen-Hallermünde gewidmet, der, wie die Inschrift besagt, 1796 in Ansbach geboren wurde. Vergessene Schulstunden steigen aus der Erinnerung herauf: „Nächtlich am Busento lispeln bei Cosenza dumpfe Lieder, aus den Wassern schallt es Antwort und in Wirbeln klingt es wieder." Neugierig geworden geht man weiter und findet nach einigem Umherirren die Platenstraße mit dem Geburtshaus des Dichters und der goldbeschrifteten Gedenktafel an dem schönen alten Giebel. Und plötzlich steht man – wenige Schritte weiter – auf dem Gehsteig einem seltsamen, fast lebensgroßen Figurenpaar aus Bronze gegenüber. Die eine Stufe tiefer stehende Figur zeigt einen etwa sechzehn Jahre alten Jungen, der ungelenk mit einwärts gestellten Füßen und eingeknickten Beinen auf dem Kopfsteinpflaster steht. Bekleidet ist er mit einem halbgeöffneten Kittel und einer Latzhose, die über die faltenschlagenden Schaftstiefel hängt. Er hält den Kopf gesenkt, und die verwilderten Haare hängen ihm zottelig über die Stirn. In der rechten Hand hält er einen herabhängenden Schlapphut und in der linken etwas, das wie ein zerknitterter Brief aussieht. Die Abbildung eines weiteren Schriftstücks befindet sich auf dem runden Prellstein hinter der Figur. Die eingeritzten Worte sind gut lesbar:

> Sie haben umsonst
> Den harten Kampf mit der Natur gerungen,
> Umsonst ein großes, königliches Leben
> Zerstörenden Entwürfen hingeopfert.
> Der Mensch ist mehr, als Sie von ihm gehalten.
> Des langen Schlummers Bande wird er brechen
> Und wiederfordern sein geheiligt Recht.

Der literarisch Bewanderte erkennt sofort, daß das nicht der wahre Inhalt des Schriftstückes sein kann, denn es handelt sich – abgesehen von einer Wortumstellung am Anfang – um den Monolog des Marquis Posa aus dem dritten Akt von Schillers „Don Carlos", und wie sollte dies in Verbindung gebracht werden zu dem verwilderten Menschen, der hier steht. Die zweite Figur, etwa zwei Meter hinter der ersten, zeigt einen jungen, nach der Mode des 19. Jahrhunderts gekleideten Mann, der – halb abgewendet – nachdenklich zu der armseligen, gebeugten Gestalt vor ihm hinübersieht. Der Hut ist ihm vom Kopf gefallen und liegt zu seinen Füßen. Die Stellung der beiden Figuren zueinander und ihre Haltung läßt vermuten, daß es sich um ein und dieselbe Person handelt, dargestellt in verschiedenen Lebensabschnitten. Der zwischen den beiden stehende Prellstein trägt die Inschrift: CASPAR HAUSER 18. – 1833 LIONS CLUB ANSBACH 1981.

Am Ende der Platenstraße angekommen, gelangt man über den Martin-Luther-Platz und an der Johanniskirche vorbei in die Schaitbergerstraße. Hier befindet sich in Haus Nummer 10 und Nummer 14 das Markgrafenmuseum, und in dessen Kaspar-Hauser-Sammlung löst sich das Rätsel. Man erfährt hier, daß es sich bei Kaspar Hauser um einen Findling handelt, der etwa sechzehnjährig am Pfingstmontag 1828 in Nürnberg auftauchte, kaum sprechen und nur seinen Namen schreiben konnte, 1831 dann als gebildeter junger Mann nach Ansbach übersiedelte und im Ansbacher Hofgarten am 14. Dezember 1833 Opfer eines Mordanschlages wurde. An der Stelle dieser Mordtat steht jene Sandsteinsäule mit dem düster klingenden dreimaligen Wortanfang „OCC". Hauser wurde auf dem Johannis-Friedhof von Ansbach beerdigt. Seinen Grabstein findet man dort im hinteren südwestlichen Teil des auch sonst wegen seiner alten Wandgruftgräber interessanten Friedhofs. Er trägt in Goldlettern die lateinische Inschrift:

       HIC JACET
    CASPARUS HAUSER
  AENIGMA SUI TEMPORIS
   IGNOTA NATIVITAS
    OCCULTA MORS
     MDCCCXXXIII

Zu deutsch: Hier ruht Caspar Hauser, Rätsel seiner Zeit, unbekannter Herkunft, geheimnisvollen Todes. 1833.
Wer aber war Kaspar Hauser?

Kaspar-Hauser-Figurengruppe, Platenstraße, Ansbach

II. Karlsruhe: der Anfang

Karlsruhe ist eine merkwürdige Stadt. Wer vor der Pyramide auf ihrem Marktplatz steht und über die Kaiserstraße, die belebte Hauptstraße, zum nahegelegenen Schloß hinüberblickt, der befindet sich im Zentrum der Stadt, gleichzeitig aber auch an ihrer Peripherie. Denn hinter der an das Schloß anschließenden Garten- und Parkanlage beginnt der Hardtwald, der sich bis auf die Höhe von Bruchsal in nördlicher Richtung erstreckt. Im Süden von Karlsruhe setzt sich der Wald, jetzt Obere Hardt genannt, bis fast nach Rastatt fort, so daß man sagen könnte, daß die Stadt mitten im Wald liege, wenn ihre heutige Ausdehnung eine solche Formulierung nicht verböte. Anlage und Lage weisen darauf hin, daß es sich bei ihr um keine gewachsene, sondern um eine geplante Stadt handelt, und daß sie ihren Ursprung waidmännischen Passionen verdankt. Die Sage berichtet, daß die Gemahlin des Stadtgründers, des Markgrafen Karl Wilhelm von Baden-Durlach, während der Jagd im Hardtwald ihren Fächer verlor und daß der Markgraf auf der Suche danach unter einer Eiche einschlief. Da sah er im Traum diesen Fächer liegen, der sich zu einer fächerartigen Stadt ausbreitete. Als der Fürst erwachte, lag der gesuchte Fächer tatsächlich zu seinen Füßen, und er schwor, die im Traum geschaute Stadt zu bauen, die ihren Namen von dieser Ruhe des Markgrafen Karl erhielt. So kam es am 17. 6. 1715 zunächst zur Grundsteinlegung eines Jagd-

schlosses im Hardtwald und dann zur Anlage eines Radialsystems von 32 sich fächerartig nach allen Richtungen ausbreitender Linien mit dem Schloß als Ausgangs- und Mittelpunkt, die als Stadtstraßen nach Süden und als Waldalleen nach Norden verliefen. Wahrscheinlicher als der sagenhafte Traum sind jedoch andere Motive, die den Markgrafen zur Schloß- und Stadtgründung bewogen. Lebensfroh wie er war, hatte er es wohl satt, die ständigen Vorwürfe seiner Gemahlin anzuhören, und hier in der Einsamkeit des Hardtwaldes konnte er ungestört seinen Neigungen nachgehen, die sich nicht nur auf die Jagd beschränkten. Wie auch immer, die Stadt wuchs und hatte 1720 schon 2 000 Einwohner (1800: 10 000, 1900: 120 000, 1938: 150 000, heute etwa 300 000).
Ihr Erbauer starb 1738. Über seinem Grab in der Concordia-Kirche wurde 1825 – nachdem die Kirche abgerissen worden war – die Marktplatzpyramide errichtet, die heute das Wahrzeichen von Karlsruhe ist.
1738 wurde Karlsruhe mit dem Regierungsantritt des Markgrafen Karl-Friedrich – anstelle von Durlach – Residenz. Das Schloß genügte den neuen Anforderungen nun nicht mehr. Es wurde deshalb von 1752 bis 1776 durch Friedrich von Keßlau nach Plänen Balthasar Neumanns an der Stelle des alten Jagdschlosses im Mansardstil neu erbaut.
Die Markgrafen von Baden, die nun in Karlsruhe residierten, entstammen dem Geschlecht der Zähringer, einem sehr alten Grafengeschlecht, das seinen Ursprung auf Guntram den Reichen zurück-

führen kann, der um 900 Graf des Breisgaues war. Von dessen einem Sohn Lanzelin sollen die Habsburger, von seinem anderen, Gebhard, die Zähringer abstammen. Der Name geht auf Burg und Ort Zähringen zurück, einem 3 km nördlich von Freiburg gelegenen Dorf. Der erste, 999 urkundlich erwähnte Zähringer war Graf Berthold, der durch seine Mutter mit dem späteren Kaisergeschlecht der Staufer verwandt war. Sein Urenkel Hermann, gestorben 1074, ist der Stammvater der Markgrafen von Baden. Er erhielt vom Kaiser einen Teil Südbadens als Markgrafschaft zugesprochen, ein Gebiet, das seitdem „Markgräflerland" heißt. Seine Nachkommen dehnten ihren Herrschaftsbereich nach Norden aus und nannten sich Markgrafen von Baden, nach Ort und Burg Baden, dem heutigen Baden-Baden. Friedrich von Baden war der Busenfreund Konradins, des letzten Hohenstaufer. Mit ihm bestieg er 1268 das Blutgerüst in Neapel, um durch Henkershand zu sterben. Sein Onkel Rudolf, gestorben 1288, führte die Linie der zähringischen Markgrafen von Baden weiter. Durch die Brüder Ernst und Bernhard wurden 1533 zwei badische Linien begründet und die Markgrafschaft geteilt: in die Linie Baden-Durlach mit der unteren Markgrafschaft und den Residenzen Pforzheim und später Durlach und in die Linie Baden-Baden mit der oberen Markgrafschaft und der Residenz Baden-Baden. Aus dieser Linie stammt der Markgraf Ludwig Wilhelm, besser bekannt als „Türkenlouis", der am 19. 8. 1691 in der blutigen Schlacht von Slankamen das weit überlegene türkische Heer vernichtend schlug.

Im Schloß von Karlsruhe jedoch residierte, seit die Stadt zur Residenz erhoben worden war, also seit 1738, mit Karl-Friedrich als Markgraf die Linie Baden-Durlach. Als Karl-Friedrich 1738 seinem Großvater auf den Thron folgte, war er zehn Jahre alt. Mit achtzehn Jahren trat er (1746) selbständig die Regierung an und behielt sie volle 65 Jahre lang. Damals zählte die Markgrafschaft 90000 Einwohner und umfaßte 700 km². Bei seinem Ableben, 1811, hatte das Großherzogtum Baden fast eine Million Einwohner, umfaßte 15000 km² und reichte vom Bodensee bis zum Main. Mit „Maß und Vernunft", wie sein Wahlspruch lautete, führte dieser Fürst zahlreiche, tiefgreifende Veränderungen durch. Dazu gehörten die Verbesserung der Volksschulen und der Rechtspflege, die Abschaffung der Folter sowie die Förderung von Landwirtschaft und Industrie. Das Karlsruhe seiner Regierungsperiode war ein kultureller Mittelpunkt. Die erlauchtesten Geister jener Zeit – Herder, Goethe, Wieland, Lavater, Voltaire, Klopstock, der elsässische Dichter und Pädagoge Pfeffel und der berühmte Straßburger Historiker Schöpflin – waren Gäste des kleinen Hofes. Das Jahr 1803 brachte Karl-Friedrich die Kurfürstenwürde, das Jahr 1806 die Erhöhung zum Großherzog. Bereits 1771 war ihm mit dem Aussterben der Linie Baden-Baden die obere Markgrafschaft zugefallen, so daß nun ganz Baden unter seiner Herrschaft wiedervereinigt war. Von der Lebenslust seines Großvaters, des Stadtgründers, hatte allerdings auch etwas auf Karl-Friedrich abgefärbt, jedoch beschränkt auf einige außereheliche

Eskapaden — im Gegensatz zu der barocken Frohnatur seines Vorfahren, von dem berichtet wird, er habe im Schloßturm seines Karlsruher Jagdschlosses eine Schar hübscher, in Pandurenuniformen steckender junger Mädchen zu seinen Diensten verfügt, wie auch immer diese Dienste ausgesehen haben mögen.

Der bekannte Straßburger Historiker Johann Daniel Schöpflin, Autor der siebenbändigen „Historia Zaringo-Badensis", rühmt ihn als einen Mann, bei dem die Natur unschlüssig gewesen sei, ob sie einen Amor oder einen Herkules oder beides in einer Gestalt schaffen solle. Auf diese vererbten Gene ist es vielleicht zurückzuführen, daß Karl-Friedrich 1787 59jährig nach dem Tode seiner Frau Karoline Luise die vierzig Jahre jüngere Luise Geyer von Geyersberg, spätere Gräfin Hochberg, heiratete. Und damit beginnt die Geschichte von Kaspar Hauser. „Diese Heirat war das größte Unglück, das einem bis dahin gut regierten Lande und einem wegen seiner Tugenden, seiner Kenntnisse und seiner Herrschergabe hochgeachteten Fürsten zustoßen konnte", bemerkte hierzu die spätere Großherzogin Stephanie in ihren Lebenserinnerungen.

Das Fräulein von Geyersberg war eine Hofdame der Schwiegertochter des Markgrafen, der Erbprinzessin Amalie, Ehefrau seines 1755 geborenen Sohnes, des Erbprinzen Karl. Sie soll — dunkeläugig und schwarzgelockt — sehr schön gewesen sein, wird berichtet. Gemälde, die sie darstellen, zeigen sie in reiferen Jahren, mit üppiger Figur und einem leichten Anflug von Doppelkinn. Die spätere Großherzogin Stephanie schreibt in ihren Lebenserinnerungen: „Frau von Hochberg soll schön gewesen sein. Als ich sie kennenlernte, sah man nur noch Spuren davon. Sie war groß, hager, dunkel und von gewöhnlichem Aussehen, mit Puder und Schminke bedeckt." Der Vater von Luise Geyer von Geyersberg war Kammerherr am badischen Hof und starb als Obristleutnant. Bei der 1768 erfolgten Taufe seiner Tochter übernahmen Markgraf Karl-Friedrich und seine Frau die Patenschaft. Die Markgräfin ahnte nicht, daß das winzige Wesen, das sie über das Taufbecken hielt, einmal ihre Nachfolgerin werden sollte. Die junge Luise kam später, 1783/84, zur Erziehung und Ausbildung nach Colmar in die berühmte Privatakademie des blinden Dichters und Pädagogen Gottlieb Konrad Pfeffel. An den badischen Hof zurückgekehrt, wurde sie dann dritte Hofdame der Erbprinzessin Amalie. Ihre Familie – die Geyer von Geyersberg – führte eine Geige im Wappen, was auf den ursprünglichen Namen „Geiger" hinweist. Mit Florian Geyer, dem fränkischen Edelmann, der 1525 im Bauernkrieg die Führung der Bauern von Rothenburg übernommen hatte, konnte man also nicht aufwarten. Irgendwie und irgendwann wollte man jedoch zu einem Freiherrntitel gelangt sein, aber auch das war nicht ganz klar. Von Ebenbürtigkeit mit dem alten Fürstengeschlecht der Zähringer konnte jedenfalls keine Rede sein. Die Eheschließung zwischen dem Markgrafen Karl-Friedrich und Luise Geyer von Geyersberg erfolgte deshalb morganatisch oder „zur linken Hand", einer Form der Ehe zwischen einem hohen

Adelsmitglied und einer unstandesgemäßen Frau, bei welcher der Mann bei der Trauung seiner Braut nicht die rechte, sondern die linke Hand reicht, und diese danach weder in den Stand des Mannes aufsteigt noch in dessen Familie eintritt. Kennzeichen der morganatischen Ehe war außerdem, daß ihre Rechtsfolgen vertragsmäßig formuliert wurden. Nachdem der Kaiser in Wien auf Betreiben des Markgrafen dessen Frau 1796 zur Gräfin von Hochberg erhoben hatte, sah der betreffende Vertrag vor, daß die Söhne aus der Ehe nicht den Rang von badischen Prinzen erhalten, sondern Grafen von Hochberg bleiben sollten. Sie konnten aber dann thronfähig werden, wenn die Nachkommenschaft aus der ersten Ehe Karl-Friedrichs ausstürbe. Dieses Schriftstück, das die Gräfin Hochberg zwar mitunterschrieben hatte – welches mit ihrem Ehrgeiz aber nicht zu vereinbaren war –, ist der Ausgangspunkt eines dramatischen Kampfes um den badischen Thron und der Ausgangspunkt für das Schicksal eines Menschen, der unter dem Namen Kaspar Hauser in die Geschichte eingehen sollte.
Der Name „Gräfin Hochberg" für die Frau des Markgrafen war nicht willkürlich gewählt. Vielmehr waren die Hochberg ein Nebenzweig der Zähringer, der sich nach dem uralten Bergschloß Hochburg oder Hachberg benannte, 1503 aber ausstarb. Die Burg liegt 8 km nördlich von Freiburg und ist, obwohl 1689 von den Franzosen zerstört, als Ruine sehenswert.
Um eine erneute Teilung des erst kurz zuvor wieder zusammengeschlossenen Landes zu vermeiden, be-

stimmte die allgemeine, von dem Hochbergschen Vertrag unabhängige Regelung der Thronfolge, daß nur die direkte Linie, d.h. der erstgeborene, legitime Sohn des Markgrafen, thronfolgefähig sein sollte und nach diesem wiederum dessen Sohn. Nur für den Fall des Aussterbens dieser direkten Linie war für den nächstgeborenen Sohn des regierenden Markgrafen ein Anrecht auf den Thron gegeben.
Zum Zeitpunkt seiner Eheschließung hatte Markgraf Karl-Friedrich von Baden drei Söhne aus erster Ehe: den 1755 geborenen Erbprinzen Karl und seine beiden Brüder, die Prinzen Friedrich und Ludwig, geboren 1756 und 1763. Sie waren also alle drei älter als ihre 1768 geborene Stiefmutter, die Gräfin Hochberg. Was Wunder also, daß sich in Karlsruhe bald Gerüchte regten, die von einer inzestuösen Beziehung der Gräfin zu ihrem Stiefsohn Prinz Ludwig flüsterten. Jedenfalls schenkte sie ihrem fürstlichen Gemahl vier Söhne und vier Töchter, von denen drei Söhne und eine Tochter erwachsen werden sollten, und die zähringische Vaterschaft war – so oder so – nicht zu bestreiten. Daß zwischen der Gräfin und Ludwig irgendeine Beziehung besonderer Art bestand, geht daraus hervor, daß dieser im Gang der Ereignisse ihre Interessen oft über die eigenen stellte, obwohl er alles andere als eine uneigennützige Natur war. Auch soll er sich bei Zechgelagen der Erfolge bei seiner Stiefmutter gerühmt haben.
Dieser Ludwig, der jüngste, war der Lieblingssohn des Markgrafen Karl-Friedrich. Aus preußischen Diensten 1795 als Generalmajor an den badischen

Karlsruher Schloß, Gartenansicht

Hof zurückgekehrt, nahm er die Stellung eines Beraters des Markgrafen ein, der ihm Einfluß auf seine Entscheidungen einräumte. Ludwig war ein Freigeist und Zyniker, der privat einer recht libertinösen Lebensweise huldigte. Den schönen Künsten war er über seine Liebschaft mit der Schauspielerin Katharina Werner zugetan, die er zur Gräfin Langenstein erheben ließ. Die spätere Großherzogin Stephanie bezeichnet ihn in ihren Lebenserinnerungen als „Mann von Verstand, aber ohne sittliche Grundsätze".

Sein Bruder, der Erbprinz Karl, verunglückte bei einem Besuch des Stockholmer Hofes im Dezember 1801 tödlich, mysteriöserweise als einziger der Insassen, als der im Galopp fahrende Schlitten umschlug. Das Zähringer Prinzensterben hatte begonnen. Für die Erbprinzessin Amalie bedeutete das Ereignis das Ende der Hoffnung, einmal Landesmutter zu werden. Für die Gräfin Hochberg dagegen rückte das Ziel ihres Ehrgeizes näher, daß ihr ältester Sohn Leopold eines Tages den badischen Thron besteigen würde.

Erbprinz war nun der 1786 geborene Karl, der Sohn des Verunglückten. Dieser zweite Karl war ein labiler Mensch, der sehr bald unter den Einfluß seines von ihm bewunderten Onkels Ludwig geriet und Teilnehmer an dessen Ausschweifungen mit Kleinbürgermädchen und Dirnen und Gelagen mit Stallknechten und Lakaien wurde. Der Markgraf Karl-Friedrich war inzwischen 73 Jahre alt und müde geworden. Die Regierungsgeschäfte gingen deshalb mehr und mehr auf Ludwig über, der nun im Verein mit der Gräfin Hochberg die Geschicke des Landes lenkte. Die Mündigkeit des Erbprinzen, seines Neffen, rückte jedoch immer näher und damit für dessen Mutter Amalie die Aufgabe, nach einer Braut für ihn Ausschau zu halten. Jetzt aber, im Jahre 1805, schaltete sich Napoleon ein, der zu erkennen gab, daß er die Häuser Bonaparte und Zähringen durch eine Heirat zu verbinden trachtete, um das inzwischen Kurfürstentum gewordene Baden enger an sich zu binden.

Die von Napoleon für den badischen Erbprinzen Karl vorgesehene Braut war Stephanie Beauharnais, ein zu diesem Zeitpunkt 16jähriges Mädchen, das sich noch in einem Mädchenpensionat befand. Stephanie entstammte einem französischen Adelsgeschlecht, das Ende des 14. Jahrhunderts erstmals urkundlich erwähnt wird. Ein gewisser Alexander Beauharnais (1760 – 1794) war Obergeneral der französischen Rheinarmee und wurde wegen der Übergabe von Mainz hingerichtet. Seine Frau Josephine wurde später die erste Frau Napoleons. Ein Vetter von Alexander, Claude Beauharnais (1756 bis 1810), war unter Napoleon französischer Senator. Er war der Vater von Stephanie Beauharnais. Amalie, die Mutter des Erbprinzen Karl, die den korsischen Emporkömmling Napoleon haßte, verweigerte ihre Zustimmung zu der Heirat und begründete dies mit dem Standesunterschied zwischen den Beauharnais und den Zähringern. Um dieses Hindernis aus dem Weg zu räumen, adoptierte Napoleon Stephanie Beauharnais, machte sie zur „Fille de France" und verlieh ihr den Rang einer

kaiserlichen Prinzessin. Die Hochzeit zwischen ihr und dem Erbprinzen Karl fand am 7. 4. 1806 in Paris statt. Von Augenzeugen der Trauung wird Stephanie als zartes, liebliches Mädchen und hübsche Braut beschrieben. Die Verhandlungen über ihre Mitgift führte in Paris der badische Staatsminister Freiherr Sigmund v. Reitzenstein. Er war 1766 in Nemmersdorf in der Nähe von Bayreuth geboren worden (gest. 1847) und war deshalb — was für den weiteren Gang der Ereignisse von Bedeutung ist — sowohl in Bayern, als auch in Baden gleichermaßen zu Hause. Seine diplomatische Laufbahn begann 1784. 1790 wurde er an den badischen Hof empfohlen, erhielt dort die Kammerherrenwürde und wurde später Minister. Was Bismarck für die Machterweiterung Preußens bedeutete, das bedeutete Reitzenstein — in bescheidenerem Rahmen — für Baden. Seine Leistung, die Schaffung eines einheitlichen badischen Staatsgebildes vom Bodensee bis zum Main, ist jedoch insofern nicht weniger hoch zu bewerten, als sie ausschließlich auf diplomatischem Wege erreicht wurde. Solche Machtmittel, wie sie Bismarck in Preußen hatte („Blut und Eisen"), standen ihm nicht zur Verfügung. Reitzenstein war ein nibelungentreuer Diener seines badischen Staates und — unabhängig von moralischen Kategorien — nur auf dessen Vorteil bedacht.
Im nördlichen Diagonalchor der Pforzheimer Schloßkirche St. Michael, bis 1860 Erbbegräbnis der Zähringer, befindet sich das mannshohe Epitaph des Dr. Martin Achtsynit. Er war im 16. Jahrhundert, zur Zeit der Reformation, Kanzler der

Markgrafschaft Baden-Durlach, die damals noch in Pforzheim residierte. Sein Name, Achte sie nicht, dokumentiert sein Handeln und weist ihn als einen frühen Vorgänger des Ministers Reitzenstein aus.
Trotz seiner Verheiratung ging Erbprinz Karl bald wieder seinen alten Gewohnheiten, den billigen Ausschweifungen, nach. Er hatte ein Verhältnis mit der Tochter seines Kammerdieners Weiß und — offensichtlich vielseitig begabt — homoerotische Beziehungen zu einem Leutnant Holtzing, mit dem er auch sodomitische Orgien gefeiert haben soll. Napoleon war nicht gewillt, diesem Treiben tatenlos zuzusehen. Er gab dem schlechten Einfluß des Prinzen Ludwig die Schuld und erreichte, daß der Großherzog diesen 1808 nach Schloß Salem am Bodensee verbannte. Eine zweite Verbannung nach dort erfolgte 1810. Erst 1812 kehrte er wieder zurück. Das Schloß war eine ehemalige Zisterzienserabtei, die — 1134 gegründet — in der Säkularisation aufgelöst und dem Großherzogtum Baden zugesprochen wurde. Es befindet sich noch heute im Besitz des Hauses Baden und ist als Ort einer Eliteschule bekannt.
Neben all diesen Ereignissen betrieb die Gräfin Hochberg weiter ihr Vorhaben, ihren Söhnen ein Thronanrecht zu verschaffen. Sie wurde deshalb auch bei Napoleon vorstellig, der sich dadurch aus der Affäre zog, daß er dem Großherzog mitteilen ließ, es stehe diesem frei, durch ein Hausgesetz die Rechte der Söhne aus zweiter Ehe zu ordnen. Dies geschah im September 1806, bedeutete jedoch keineswegs eine Befriedigung für die Gräfin, da die

Anerkennung durch die auswärtigen Mächte, vor allem aber durch die badischen Nachbarn Bayern und Württemberg, fehlte. Sie heckte nun einen Plan aus, nach welchem der Großherzog abdanken und das Land zwischen den Söhnen aus beiden Ehen aufteilen sollte. Nachdem auch dieser Plan gescheitert war, unternahm sie 1808 den Versuch eines Staatsstreiches durch die Schaffung einer Konstitution, die vorsah, daß ihre Söhne zu badischen Prinzen erhöht würden und die Frage nach deren Thronansprüchen einer Volksabstimmung unterworfen werden sollte. Hier nun griff der Erbprinz Karl ein und setzte durch, daß in Zukunft alle Erlasse des Großherzogs, der zunehmend seniler wurde, durch ihn mitzuunterzeichnen seien. Bis jetzt also waren alle Bemühungen der Gräfin Hochberg Fehlschläge gewesen, und als der Großherzog 1811 83jährig starb, hatten ihre Kinder aus der Ehe mit ihm noch immer keinen Prinzenrang. In ihr reifte deshalb der Entschluß, das, was ihr auf halbwegs legalem Wege durchzusetzen nicht gelungen war, mit anderen Mitteln durchzusetzen.

Zum Zeitpunkt des Todes des Großherzogs waren außer seinem Enkel, dem Erbprinzen Karl, nach diesem die Söhne aus erster Ehe, Friedrich und Ludwig, thronfolgeberechtigt, vorausgesetzt, daß aus der Ehe zwischen Karl und Stephanie keine Söhne hervorgingen. Friedrich war verheiratet und – trotz langjähriger Ehe – kinderlos, woran sich also wahrscheinlich nichts ändern würde. Ludwig war unverheiratet, hätte aber bei einer Heirat seine bisherige Lebensweise aufgeben oder zumindest ein-

schränken müssen, wozu keine Neigung erkennbar war. Von den beiden drohte also keine unmittelbare Gefahr für eine eventuelle Thronfolge der Hochbergsöhne. Anders sah es jedoch bei Karl und Stephanie aus. Hier – falls notwendig – einzugreifen, war die Gräfin jetzt entschlossen. Der Fall Kaspar Hauser begann konkrete Umrisse anzunehmen.
Nachfolger des verstorbenen Großherzogs wurde sein Enkel Karl, der Gemahl Stephanies. Die Beziehung zwischen den Ehegatten hatte sich gebessert, und Stephanie war 1811 mit einer Tochter niedergekommen, die den Namen Luise erhielt. Am 29. 9. 1812 gebar Stephanie ihr zweites Kind, einen Sohn, den ersehnten Nachfolger. Bedingt durch Größe und Gewicht des Neugeborenen war es eine schwere und komplizierte Geburt, von der die Großherzogin sich nur allmählich erholte. Das Kind aber entwickelte sich gut, so daß der Geburtshelfer, ein Dr. Weichmann, an seinen Wohnort Mainz zurückkehren konnte. Die vom Leibarzt der Großherzogin, Dr. Kramer, im Auftrag des Großherzogs veröffentlichten Bulletins bestätigten das gleichbleibende Wohlbefinden des Neugeborenen. Der Hof feierte seine Geburt mit Gottesdiensten, Festen, Empfängen und Paraden. Ein Augenzeuge, der Freiherr von Andlaw-Birseck, berichtete:

"... Man schwamm in einem Meere von Freuden; Kirchenfeiern, Paraden, Gala- und Freitheater, Hoffeste und öffentliche Volksbelustigungen kamen da an die Reihe. Alle diese ungewohnten, lärmenden Vergnügungen beschäftigten uns leb-

haft, und aus einer Loge sahen wir das mit Menschen vollgepfropfte Hoftheater, worin als Gratisvorstellung Mozarts ‚Titus' gegeben wurde; Geschrei, Drücken und Unruhe unterbrachen vielfach die Oper. Ebenso unterhielt uns der Freimarkt, der öffentliche Ball, das Stangenklettern, das Austeilen von Fleisch und Wein und dergleichen mehr." Dem Zeitempfinden gab der nachmalige Geheimrat Albert Friedrich in einem Märchenspiel „Die Blumenfee" Ausdruck, zu dem Hofkapellmeister Franz Danzi die Musik schrieb. Nach einem Chorgesang gütiger Feen pflanzte der Jüngling das Geschenk der Blumenfee, eine Rose, in den Blütenhain mit dem Wunsche, der kleine Liebling möge emporblühen, geschirmt von verwandten Geschlecht. „Harmlos sei Deines Lebens Inhalt; ferne von Deiner Heimat mögen die Stürme vorüberziehen, kein unbestrafter Feind Deinem Gedeihen drohen, und reich entfalte sich in Dir jeder Reiz!"
(Andlaw-Birseck, Franz Xaver Freiherr von, Mein Tagebuch, Auszüge aus Aufschreibungen der Jahre 1811 – 61, 2 Bde., Frankfurt 1862. Zu Freiherr von Andlaw-Birseck siehe auch Kapitel VII: Die Jahre danach.)*

Am Vormittag des 16. Oktober 1812 trat ein plötzlicher Wandel im Befinden des Säuglings ein. Hofbedienstete, die auf dem Flur ihrer Beschäftigung nachgingen, hörten aus dem Kinderzimmer ein klägliches Wimmern. Der eilends herbeigeholte Dr. Kramer stellte Fieber und Krämpfe fest. Im Verlauf des Tages verschlimmerte sich der Zustand. Gegen

Schloßkirche Pforzheim

Abend zeigte sich, daß keine Hoffnung mehr bestand. Das Kinderzimmer, zum Sterbezimmer geworden, füllte sich mit weiter hinzugezogenen Ärzten und Hofchargen. Der Vater, Großherzog Karl, befahl die Nottaufe. Bevor jedoch der dafür herbeigeholte Oberhofprediger erschien, hatte sich das Befinden des Kindes derart verschlechtert, daß nicht mehr länger gewartet werden konnte. Die Taufe wurde deshalb durch die anwesende Hebamme, eine Frau Horst, vorgenommen, wobei in der Eile vergessen wurde, dem Kind einen Namen zu geben. Um halb acht Uhr abends starb der kleine Prinz. Das Protokoll über die erfolgte Nottaufe und seinen Tod berichtet:

Actum, Karlsruhe, den 16. October 1812. Abends 8 Uhr.
Nachdem Sr. Königlichen Hoheit dem Großherzog von den beeden Leib Medicis Geheimen Rath Schrickel und Doktor Kramer unterthänigst angezeigt worden, daß für die Erhaltung des am 29. September dieses Jahres zwischen 10 – 11 Vormittags zur Freude des Vaterlandes geborenen Erbgroßherzogs Hoheit wenig Hoffnung vorhanden seie, und daher die noch nicht erfolgte Taufe vorzunehmen wäre, erhielt der unterzeichnete Hofmarschall Freiherr von Gayling den Auftrag den Oberhofprediger Kirchenrath Walz herbeirufen zu lassen. Da aber, ehe derselbe erschiene, sich der Zustand des fürstlichen Kindes so sehr verschlimmerte, daß ein schnelles Ende durch einen Stickfluß zu befürchten war, so wurde nach 5 Uhr Abends in höchstem Bei-

sein Seiner Königlichen Hoheit des Großherzogs, des Oberkammerherrn Marquis von Montperny, des Unterzeichneten und der obbenannten Leibärzte die Nothtaufe bei Seiner Hoheit dem Erbgroßherzog im Namen Gottes, des Vaters, des Sohnes und des heiligen Geistes durch die Hebamme Horstin von Mannheim verrichtet. Als hierauf Seine Königliche Hoheit der Großherzog dem fürstlichen Kinde Seinen väterlichen Segen ertheilt hatten, vermehrten sich die schlimmen Zufälle in solchem Grade, daß das Leben dieses hoffnungsvollen Prinzen um 1/2 8 entwich und dasselbe so das Zeitliche mit dem Ewigen verwechselte.
(Gez.) Marq. v. Montperny, Oberkammerherr als Zeuge. (Gez.) Frhr. v. Gayling, Hofmarschall.

Ein Extrablatt informierte die Karlsruher Bevölkerung über das Ableben des Neugeborenen. Der französische Gesandte am badischen Hof war jedoch mit den amtlichen Verlautbarungen nicht zufrieden. Ihm waren die Umtriebe der Gräfin Hochberg bekannt, und er vermutete, daß Gift das plötzliche Hinscheiden des bis dahin gesunden Kindes verursacht haben könnte. Er forderte deshalb eine Obduktion, um die genaue Todesursache festzustellen. Außerdem forderte er die Anwesenheit eines französischen Arztes bei dieser Obduktion. Die daraufhin von acht Ärzten und Chirurgen durchgeführte Leichenöffnung bestätigte den Giftverdacht nicht und kam zu dem Ergebnis, daß ein Stickfluß den Tod herbeigeführt habe. Der Bericht über die Sektion ist erhalten geblieben und besagt:

„Actum. Karlsruhe, den 18. October 1812.
Gegenwärtig Se. Exc. der Hr. Etatsminister Frhr. v. Berkheim; Hr. Geheime Rath und Leibarzt Schrickel; Hr. Oberhofrath und Leibarzt Maler; Hr. Leibmedicus Kramer; Hr. Stabsmedicus Schrikkel; Hr. Medicinalrath Herbst; Hr. Rath Weiß; Hr. Leibchirurg Gebhardt; Hr. Leibchirurg Lafon; Hr. Hofchirurg Sievert; Hr. Hauptmann und Flügeladjutant Frhr. v. Holzing, als Officier der Ehrenwache, sodann der das Protokoll führende Geheime Cabinetssecretär Weiß. Nachdem Se. Hoh. der Erbgroßherzog, Höchstwelche den 29. September 1812 Morgens gegen 10 Uhr das Licht dieser Welt erblickt haben, den 16. October Abends gegen halb 8 Uhr an Gichtern, die vorzüglich das Gehirnorgan ergriffen hatten, und an darauf erfolgtem Stickfluß seelig entschlafen waren; so erhielten Unterzeichnete, Ärzte und Wundärzte, von dem durchlauchtigsten Herrn Vater, dem regierenden Großherzog, den gnädigsten Befehl, am Morgen des 18. October 1812 den Leichnam des Höchstseeligen nach den Regeln der Kunst zu öffnen.
Endes Unterzeichnete verfügten sich daher heute Morgens nach 9 Uhr in das großherzogl. hiesige Residenz Schloß, und zwar in das Rondel Zimmer des zweiten Stocks auf dem linken Schloßflügel, welches die Aussicht auf den Garten hat, wo der entseelte Leichnam des Erbgroßherzogs sich befand. In diesem Local wurde die Inspection und Section durch die obbenannten Ärzte und Wundärzte vorgenommen, und dabei folgendes gefunden, und zwar

I. Bei der Inspektion.
1) An den äußern Theilen des Körpers wurde bemerkt, daß der hintere Theil des Kopfes und des Halses, sowie die Weichen, stark mit Blut unterloffen waren.
2) Das Kind wurde gemessen und es fand sich, daß es 19 Pariser Zoll lang war. Sonst wurde nichts besonderes wahrgenommen.
II. Bei der Section
und zwar
A. Bei der Eröffnung des Kopfs. 1) Nachdem man die äußern Integumente durchschnitten hatte, wurde über den ganzen Hirnschädel ein gleichförmig ausgebreitetes Extravasat wahrgenommen, so daß bei Durchschneidung des Pericranii sogleich das Blut ausströmte.
2) Nachdem das Cranium, welches für ein Kind von diesem Alter schon außerordentlich fest und stark war, abgenommen wurde, bemerkte man: daß alle Gefäße auf der Oberfläche des Gehirns von Blut strotzten, und zwischen allen Gyris des Gehirns fand man ausgetretenes Blut. Auch die Hirnhäute waren ganz mit Blut unterloffen. Insonderheit aber sah man am hintern Theil des Gehirns in den Lappen ein sehr großes Extrasavat, und alle Gefäße außerordentlich stark mit Blut unterloffen. Auch in den Cranii und überall unter dem Gehirn fand sich eine Menge ausgetretenes Blut.
3) Unter dem tentorio cerebelli wurden auch einige Loth Wasser gefunden, welches zuvor in den ventriculis enthalten war, die bei Herausnehmung des Gehirns wegen der Weichheit desselben sich geöffnet hatten.

4) Das cerebellum war ebenfalls durch und durch mit Blut unterloffen.
5) Die Plexus choroidei waren auch sehr stark mit Blut angefüllt.
6) So sehr alle Gefäße auf dem Gehirn mit Blut angefüllt und gleichsam wie eingespritzt waren, so wenig fand man dieses in der Substanz des Gehirns selbst.
B. Bei Eröffnung des Unterleibs fand man, daß der Magen und die Gedärme und alle übrigen Viscera sich im gesunden natürlichen Zustand befanden.
C. Bei der Eröffnung der Brust wurde auch nichts widernatürliches bemerkt, und die Lungen sowie die übrigen Theile der Brust waren ebenfalls ganz natürlich.
Aus dem, was man bei Eröffnung des Kopfs sodann im cerebro und cerebello gefunden, ist ersichtlich, daß die ungeheure Menge Bluts, welche man in diesen Theilen stockend und extravasiert wahrgenommen, auf das Gehirn und die aus demselben entspringenden Gefäße und Nerven einen außerordentlichen Druck und Reitz verursacht, dadurch das Gehirn-Organ und besonders auch die zu den Lungen gehenden Nerven in völlige Unthätigkeit versetzt, somit Zuckungen und Stickfluß hervorgebracht und den Tod herbeigeführt haben.
Somit wurde dieser Act geschlossen und die Richtigkeit von den Unterzeichneten bescheint. (Gez.) Staatsminister Frhr. v. Berckheim. Dr. Schrickel Geheimer Rath und erster Leibarzt. Maler Dr., Oberhofrath und Leibarzt. Dr. Kramer, erster Leibarzt Ihrer kaiserl. Hoh. der Frau Großherzogin. Dr.

Schrickel, Staabsarzt. Herbst, Medicinalrath. Weiß, Rath und Leibchirurgus. Gebhard, Leibchirurgus. V. Lafon, Chirurgien de Son Altesse Impériale. Sievert, Hof-Chirurgus. a. u. s. In fidem. (Gez.) Weiß, Geheimer Cabinetssecretär (Gez.) T. v. Holzing, Capitaine und Flügeladjutant."

Die Beisetzung in der Pforzheimer Schloßkirche, dem Erbbegräbnis der Zähringer, erfolgte am 20. 10. 1812. Auch darüber gibt es eine interessante Verlautbarung aus dieser Zeit:

Unterthänigster Bericht
Das Absterben und die Beisetzung des höchstseligen Erbgroßherzogs Hoheit betr.
Gleich auf das am 16. October 1812 Abends um 1/2 8 Uhr erfolgte höchstbedauerliche Ableben Sr. Hoheit des Erbgroßherzogs wurde von Euerer königlichen Hoheit einer der Flügeladjutanten zur beständigen Aufsicht bei dem hohen Leichnam beordert und von mir, dem von Euerer Königlichen Hoheit für die Beisetzung und übrigen Anordnungen bei diesem höchsttraurigen Ereigniß gnädigst ernannten Commissarius folgende Euerer königlichen Hoheit zur höchsten Genehmigung ehrerbietigst vorgelegten Anstalten getroffen.
Bei dem hohen Leichnam, welcher bis den andern Morgen gegen 10 Uhr unverrückt in seiner Wiege im Sterbezimmer liegen blieb, wurde sogleich eine Aufwartung von einem Leib- oder Hofchirurg, zwei Hofofficianten und zwei Hoflaquais angeordnet, welche bis zur Beisetzung Tag und Nacht ununterbrochen fortwährte.

Den 17. October Morgens um 10 Uhr wurde der hohe Leichnam, unter Vortretung des Kammerfouriers, des Hoffouriers und zweier Hoflaquais, von denen den Dienst habenden Hofoffizianten, unter Begleitung des unterthänigst unterzeichneten Oberhofmarschalls, des Hofmarschalls Frhrn. v. Gayling und des Flügeladjutanten vom Dienst in aller Stille in das dazu allergnädigst bestimmte hintere Appartement im zweiten Stock des Corps de Logis gebracht und in das Rondel auf einem dazu bereiteten Tisch auf seine Matratzen niedergelegt, durch den die Wache habenden Leib- oder Hofchirurg ganz in mit köllnisch Wasser getauchten Tüchern eingeschlagen und sofort bis zu der erfolgten Section fortwährend damit angefeuchtet.
Den 18. in der Frühe um 9 Uhr wurde im Beiseyn des bei der Section als Commissarius gnädigst ernannten Etats-Ministers Frhrn. v. Berckheim dieselbe durch die hiezu ebenfalls gnädigst ernannten Leib- und Hofärzte, Leib- und Hofchirurgen vorgenommen.
Den 19. Nachmittags wurde der hohe Leichnam in das von weißem Atlas gefertigte Sterbekleid, geziert mit dem großen Band und Stern des großherzoglichen Haus-Ordens der Treue, durch die hiezu angewiesene weibliche Bedienung angekleidet und sofort im Beisein des unterthänigst unterzeichneten Commissarius in den mit weißem Sammt und goldenen Borden bezogenen Sarg gelegt.
Um 9 Uhr versammelte sich der zur Aufwartung bei der hohen Leiche bestimmte Dienst, bestehend in dem Oberkammerjunker Frhr. v. Berstedt, dem

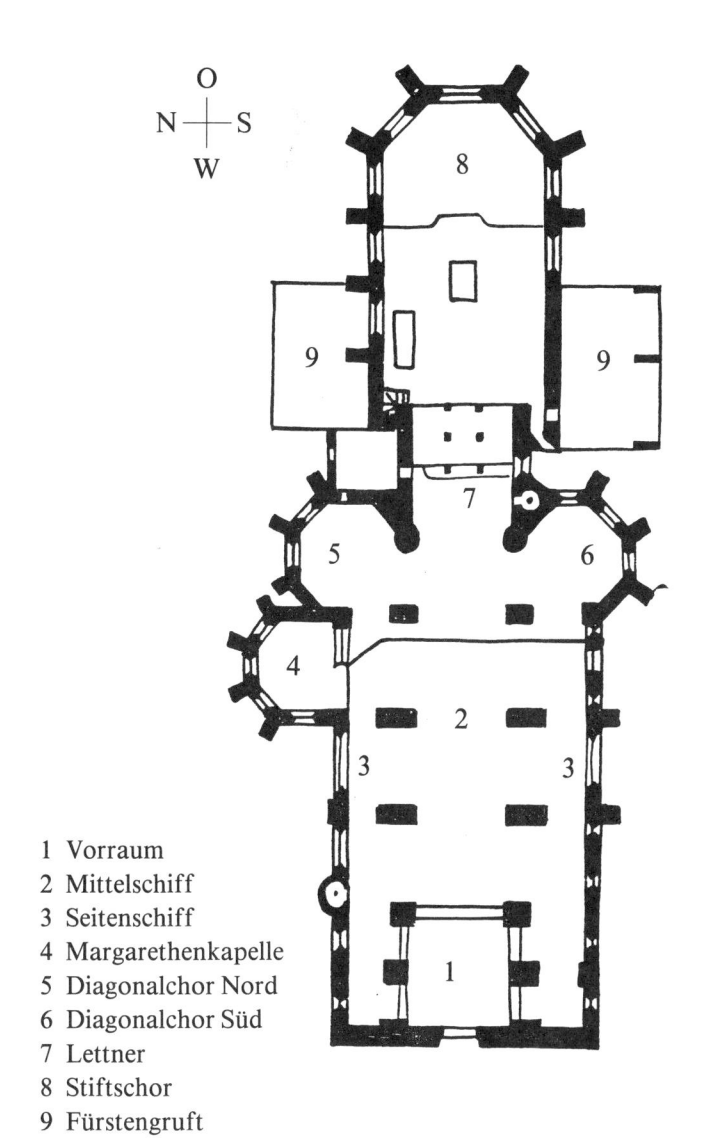

1 Vorraum
2 Mittelschiff
3 Seitenschiff
4 Margarethenkapelle
5 Diagonalchor Nord
6 Diagonalchor Süd
7 Lettner
8 Stiftschor
9 Fürstengruft

Lageplan der Schloßkirche mit Fürstengruft

Kammerherrn Graf v. Benzel und v. Cronfels, dem Flügeladjutanten Major v. Seuter, dem Kammerjunker v. Stetten, dem Hofjunker v. Blittersdorf, zwei Pagen und übrige zur Begleitung bestimmte Personen in Gegenwart des Hofmarschalls Frhr. v. Gayling und Ceremonienmeisters Frhr. v. Ende in der vorgeschriebenen Kammertrauer ohne Flor und Mantel in dem zum Trauerzimmer eingerichteten Appartement, woselbst auf einer Estrade das Trauergerüst von weißem Atlas mit Gold unter einem Thronhimmel von schwarzem Sammt umgeben von einer reichen Beleuchtung errichtet und in dessen Vorzimmer die übrige Hofdienerschaft versammelt war.

Um halb 10 Uhr wurde der hohe Leichnam, in Beisein des Commissarius und des Leibarztes Oberhof-Rath Maler durch die hiezu angewiesene weibliche Bedienung in den Sarg mit Tüchern wohl verwahrt, der Sarg geschlossen und durch 4 Kammerdieners, unter Begleitung des Commissarius auf obbenanntes Trauergerüste, wo oben am Haupt auf einem violet sammtenen Kissen die Großherzogliche Crone und zu Füßen auf einem dergleichen Kissen der Großherzogliche Haus-Orden angebracht war, gesetzt; worauf der ganze Dienst die ihm angewiesene Plätze um dasselbe einnahm.

Hierauf wurden die Ministers und Oberhofchargen zur Cour eingeführt, und von dem zur Begleitung bestimmten Oberhofprediger Walz eine kurze rührende Trauer-Rede und Gebett gehalten.

Nach 10 Uhr gieng der Zug aus den Trauerzimmern in folgender Ordnung: 2 leuchtende Hoflaquaien, der Hoffourier, zwei Hofofficianten, der Kammerfourier, Leibmedicus O.-Hf.-Rth. Maler und Oberhofprediger Walz, zwei Pagen, Ein Hof- und Ein Kammerjunker, 2 leuchtende Hoflaquais, der Hofmarschall, der Orden der Treue, getragen durch den Oberkammerjunker v. Berstedt, 2 leuchtende Pagen, der Sarg, getragen von 4 Kammerdienern, rechts und links Ein Kammerherr und Ein Flügeladjutant, zwei leuchtende Pagen, der Commissarius, neben ihm Ein Kammerherr, zwei leuchtende Hoflaquais, Ein Ceremonienmeister, die anwesenden Staats-Ministers und Oberhofchargen die große Treppe hinab, durch den untern großen Speisesaal bis an die am Schloßthurm vorgefahrenen Wagens. Die hohe Leiche wurde in den dazu bestimmten, allein schwarz drappirten, mit einer Crone versehenen Wagen gesetzt und der Condukt gieng hierauf in folgender Ordnung von dem Großherzoglichen Residenzschloß durch den Fasanen-Garten nach der Großherzoglichen Gruft in Pforzheim ab. Voraus: Hofprediger Walz, der Hofjunker v. Blittersdorf, 2 Fackelträger, 1 Commando Garde du Corps von 1 Offizier und 15 Mann, 2 Fackelträger. Erster Wagen, worin Ein Kammerjunker, Ein Hofjunker, Der Oberhofprediger und Ein Leibarzt; darauf 2 Hoflaquais, 2 Fackelträger. Zweiter Wagen, worin der Oberhofmarschall als Großherzoglicher Commissarius, der Oberkammerjunker den Orden tragend, Ein Kammerherr. Darauf 2 Hoflaquais, 2 Fackelträger, ein adeliger Stallmeister. Dritter Wagen: der Leichenwagen, worin im Fond der hohe Leichnam, rückwärts Ein Kammerherr und Ein Flügeladju-

tant, rechts und links am Schlag 1 Page, 1 Bereiter, 3 Fackelträger, auf dem Wagen 2 Heiducken, 2 Fakkelträger. Vierter Wagen, worin Ein Leibchirurg, Ein Hoffourier, Zwei Kammerdiener, Darauf 2 Hoflaquais, 2 Fackelträger, 1 Commando Garde du Corps von 1 Offizier und 15 Mann, wobei sämmtliche Livree Dienerschaft die Galla-Livree anhatte. Von der Durlacher Gemarkung an war die ganze Straße bis Pforzheim auf Veranstaltung des Großherzoglichen Kreis-Directorii durch viele Wachtfeuer erleuchtet und die Inhaber sämmtlicher Ortschaften, durch welche der Condukt gieng, bezeugten ihre Anhänglichkeit an ihr innigst verehrtes Fürstenhaus wieder dadurch, daß am Eingange eines jeden Ortes die geist- und weltliche Vorgesetzte in tiefer Trauer den Leichenzug empfiengen – daß so lang solcher innerhalb der Gemarkung verweilte mit allen Glocken geläutet wurde und sämmtliche Inwohner vor den Häusern Fackeln aufgestellt hatten. Den 20. Morgens 1/2 5 Uhr traf der Zug unter dem Geläute aller Glocken vor der Schloßkirche in Pforzheim ein, deren Eingang, sowie der des Chors mit doppelten Posten von Großherzoglichen Dragonern besetzt war, woselbst die hohe Leiche von sämmtlicher dortiger Großherzoglicher Geist- und Weltlicher Dienerschaft und dem Stadtrathe an der Kirchenthüre empfangen und in folgender Ordnung: – voraus der Hoffourier, der Leibarzt Oberhofrath Maler, der Oberjunker v. Stetten, der Orden der Treue, getragen vom Oberkammerjunker v. Berstedt, 2 leuchtende Hofofficianten, der Sarg, getragen durch den Magistrat der Stadt Pforzheim, rechts Kammerjunker Graf. v. Benzel, Ein Page, und links Flügeladjutant v. Seutter, Ein Page, 2 leuchtende Hofofficianten. Der Commissarius Oberhofmarschall v. Edelsheim, ihm zur Seite Kammerherr v. Kronfels. Der adelige Stallmeister. Die Großherzogliche Civildienerschaft und Geistlichkeit. Der Leibchirurg, der Bereuter. 2 Leibkammerdiener. Die Heiducken und Hoflaquais. − von da durch die zweckmäßig beleuchtete und drappirte Kirche und Chor in die Großherzogliche Gruft, deren Eingang mittlerweile von einem doppelten Garde du Corps Posten besetzt worden war, getragen und auf das zu Füßen des höchstseeligen Herrn Erbprinzen Karl Ludwig hochfürstliche Durchlaucht errichtete Piedestal gesetzt wurde.

Hierauf wurde in Gegenwart aller obbenannten der Sarg noch einmal geöffnet, die zur Befestigung der hohen Leiche nöthig gewesenen Tücher herausgenommen, die hohe Leiche aber selbst durch den Leibmedicus Oberhofrath Maler sorgfältigst untersucht, alles in gehöriger Ordnung befunden, der Sarg wieder geschlossen, durch den Dekan Holzhauer eine passende kurze Rede gehalten, und so diese traurige Feierlichkeit unter allgemeiner Rührung geendigt.

Am nämlichen Tage morgens nach 10 Uhr verfügte sich unterthänigst Unterzeichneter Commissarius unter Zuzug des Oberkammerjunkers Frhrn. v. Berstedt, des Flügeladjutanten Major v. Seutter und des Obervogts Roth nochmals in die Gruft.

Die Schlüssel derselben sowie jene des Schlosses von dem Gebälke der zugelegten Treppe wurden unter-

*thänigst unterzeichnetem Commissarius durch den Obervogt Roth wieder eingehändigt und Eurer Königlichen Hoheit noch an demselben Tage von mir bei der mündlichen Meldung des vollzogenen allergnädigsten Auftrages mit dem Großherzoglichen Hausorden ehrerbietigst überreicht.
Carlsruhe, am 31. October 1812. (Gez.) Frhr. v. Edelsheim, Oberhofmarschall.*

Pforzheim war von 1535 – 1565 Residenzstadt der Markgrafen der unteren Markgrafschaft, welche später nach deren neuer Residenz Durlach „Baden-Durlach" hieß. Die Stadt liegt am nördlichen Fuße des Schwarzwalds und hatte damals, um 1812, etwa 10 000 Einwohner. Der Name soll sich vom lateinischen „Porta Hercyniae" herleiten. Mit „Hercyniae" bezeichneten die Römer die deutschen Mittelgebirgswälder, also auch den Schwarzwald. Die Begräbniskirche der Zähringer, die Schloßkirche St. Michael in Pforzheim, entstand im 16. Jahrhundert aus der Erweiterung einer im 12./13. Jahrhundert erbauten Kapelle. Sie liegt auf einem kleinen Hügel im Zentrum der Stadt, inmitten einer gepflegten Grünanlage. Ihr gegenüber befindet sich heute der Bahnhof. Das Schloß selbst, ehemals Residenz der Markgrafen, grenzte im Norden an die Kirche an. Es wurde zusammen mit der Stadt 1689 in den Kriegen Ludwigs des XIV. durch den französischen General Mélac weitgehend zerstört. Die erhalten gebliebenen Reste wurden durch den verheerenden Bombenangriff vernichtet, der am 23. 2. 1945 Pforzheim fast völlig zerstörte. Die Schloßkirche wurde dabei zwar beschädigt, blieb aber wie durch ein Wunder erhalten, als ob die Toten, die dort in ihren Grüften ruhen, sie geschützt hätten. Nach dem Kriege wiederhergestellt, ist sie werktags von 13.15 bis 16 Uhr geöffnet. In ihrem Innern ist die neugotische Steintafel an der Südwand des Stiftschores interessant. Sie verzeichnet die Namen von 400 Pforzheimer Bürgern, die, angeführt von dem Bürgermeister Deimling, im Dreißigjährigen Krieg in der Schlacht von Wimpfen gegen den kaiserlichen Feldherrn Graf Tilly am 6. 5. 1622 ihr Leben ließen. Sie sollen den Spartanern bei den Thermophylen gleich einen Engpaß so lange verteidigt haben, bis ihrem unterlegenen Fürsten, dem Markgrafen Georg Friedrich (1604 – 1638), die Flucht vom Schlachtfeld gelungen war. Das Erbbegräbnis der Zähringer, die nördliche und südliche Fürstengruft, liegt zwischen Lettner und Stiftschor. Die Begräbnisstätten sind nicht öffentlich zugänglich, im Gegensatz zu dem im Hardtwald nordöstlich des Karlsruher Schlosses gelegenen Mausoleum, in welchem die in jüngerer Zeit verstorbenen Mitglieder der großherzoglichen Familie beigesetzt sind. In der Schloßkirche von Pforzheim wurde als Letzte aus fürstlichem Geschlecht im Jahre 1860 die Großherzogin Stephanie in der Südgruft bestattet. In dem mit schwarzverhangenen Särgen vollgestellten, düsteren Grabgewölbe, das von vergitterten Lichtschächten nur spärlich erhellt wird, befindet sich, dem Sarg Stephanies schräg gegenüberstehend, der Sarg des 1812 beigesetzten Kindes. Er trägt auf einer vergoldeten Silberplatte folgende Inschrift:

*Der am 29. September 1812 geborene
und
den 16ten October 1812 nach erhaltener
Nothtaufe verstorbene
Erbgrossherzog zu Baden.
Sohn des Grossherzogs Carl Königl. Hoh.*

Daneben steht ein weiterer Kindersarg. In ihm ruht der zweite Sohn Stephanies, der am 1. 5. 1815 geborene Karl Alexander. Er wurde nur ein Jahr und sieben Tage alt und starb am 8. Mai 1817 „an den Folgen eines sehr beschwerlichen Zahnausbruches", wie es amtlich hieß. Aber stirbt man daran? Über seinen Tod berichtet eine Hofdame in ihren Erinnerungen: „Der im vorigen Jahr geborene Erbe starb nach langem Kränkeln. Das arme Kind stand viel aus, u. a. faulten seine Zähnchen, sobald sie zum Durchbruch kamen. Sein Gaumen war immer entzündet. Es schrie erbärmlich, das kleine Wesen war ein Marterbild." Diesmal – Napoleon war inzwischen nach St. Helena verbracht worden – konnte kein französischer Gesandter eine Obduktion verlangen, und Gift als Todesursache schied hier nun nicht mehr aus. Auch Großherzog Karl selbst – er starb wenig später nur 32jährig am 8. 12. 1818 – hielt dies für möglich und sah sich selbst als Opfer eines Giftanschlages. „Voll Schmerz", hatte er in einem Brief geschrieben, sehe er „an der Spitze derer, die ihn zu vernichten drohten, seine nächsten Verwandten". Schon vor ihm war am 8. 5. 1817 sein Onkel Friedrich gestorben, 61 Jahre alt, verheiratet, aber kinderlos. Von der legitimen zähringischen

Schloß Beuggen

Nachkommenschaft war jetzt nur noch Prinz Ludwig am Leben, der nun den großherzoglichen Thron bestieg. Vier Todesfälle also in der Zeit von 1812 bis 1818, und immer waren zähringische Throninhaber und Thronanwärter davon betroffen. Zwischen Leopold, dem ältesten Sohn der Gräfin Hochberg, und dem badischen Thron stand jetzt nur noch Ludwig, und dieser war unverheiratet. Die Gräfin hatte ihr Ziel fast erreicht.

Die drei 1811, 1813 und 1817 geborenen Schwestern der verstorbenen Erbprinzen, des namenlosen (geb. 1812) und des Karl Alexander (geb. 1815), blieben verschont von den mysteriösen Todesfällen und erfreuten sich bester Gesundheit. Das war zunächst auch der Zustand des erstgeborenen, namenlosen Erbprinzen. Wie konnte es aber dennoch geschehen, daß ein bislang völlig gesundes Kind so plötzlich und von heute auf morgen verstarb? Gift als Todesursache war auszuschließen, das hatte die Obduktion ergeben. Was also hatte sich im Karlsruher Schloß ereignet an jenem verhängnisvollen 16. 10. 1812?

Schon bald nach dem Hinscheiden des namenlosen Kindes wurden in Karlsruhe Gerüchte laut, daß es bei seinem Tod nicht mit rechten Dingen zugegangen wäre. Und Gerüchte waren es auch, die die Gräfin Hochberg mit diesem Tod in Verbindung brachten. Fest steht, daß der Gräfin im Hinblick auf die Erbfolge ihrer Söhne der neugeborene Erbprinz im Weg war. Dasselbe traf für den Prinzen Ludwig zu, dessen Anwartschaft auf den badischen Thron dann zunichte wurde, wenn sich die direkte

Linie fortsetzte. Bei Ludwig kam noch hinzu, daß er, der ehemalige preußische Offizier, der preußischen Partei des Hofes angehörte und deshalb der Französin Stephanie ablehnend gegenüberstand, deren Verbindung mit dem zähringischen Hause Baden aufgrund der nichtfürstlichen Herkunft in seinen Augen eine von Napoleon aufgezwungene Mesalliance war; desselben Napoleons, auf dessen Betreiben er seinerzeit nach Schloß Salem verbannt worden war, wobei diese Verbannung ihren Grund wohl auch mehr in Ludwigs preußischer Parteinahme, als in seinem Lebenswandel hatte. Ludwig und die Gräfin waren außerdem durch jene dunklen Beziehungen aneinandergekettet, von denen schon berichtet wurde. Es ist also anzunehmen, wenn auch nur durch den weiteren Gang der Dinge beweisbar, daß es diese beiden waren, die die Beseitigung des eben geborenen Erbprinzen ins Auge faßten, um den Söhnen der Gräfin, ob sie nun von Ludwig selbst oder von seinem Vater abstammten, den Weg zum Thron zu ebnen. Gift allerdings kam dafür nicht in Frage, denn es mußte mit der Möglichkeit einer Obduktion gerechnet werden, die ja dann auch tatsächlich erfolgte. Es blieb also nur die Unterschiebung eines sterbenden Kindes, die auch noch aus anderen Gründen zu bevorzugen war. Mord wäre ein Verbrechen gewesen, aber das Kind einer nichtfürstlichen Mutter vom Thron fernzuhalten, konnte – aus dynastischer Sicht – sogar als legitim angesehen werden. Außerdem bestand die Möglichkeit, ein solches Kind später in irgendeiner Stellung unterzubringen, die seiner illegitimen

Abkunft angemessen war, und so das Geschehene wiedergutzumachen. Hinzu kam, daß das Vorhandensein eines lebenden Beweises die beste Garantie für das Schweigen der beteiligten Personen war, von denen jede dadurch erpreßbar wurde.
Unabdingbar für eine Kindesunterschiebung war nun allerdings ein Kind, und woher „nehme un net stehle", wie man in Karlsruhe sagt. Vier Voraussetzungen mußte ein solches Kind erfüllen: es mußte
1) kurzfristig verfügbar sein, denn schnelles Handeln war geboten,
2) einem Personenkreis entstammen, zu welchem die Gräfin Hochberg Beziehungen hatte,
3) etwa um die gleiche Zeit geboren sein wie der Erbprinz – und
4) im Sterben liegen oder so krank sein, daß sein Tod absehbar war.
Nachforschungen, um welches Kind es sich gehandelt haben könnte, konnten nur dann erfolgreich sein, wenn sie ebenfalls diese Kriterien als Maßstab nahmen.
Aus der ersten und zweiten Voraussetzung ergibt sich, daß das untergeschobene Kind aus Karlsruhe oder nahegelegenen Orten stammen mußte und daß es in der näheren Umgebung der Gräfin Hochberg zu suchen war, d.h. bei ihren Bediensteten oder sonst von ihr abhängigen Personen. Die dritte Voraussetzung grenzt die Suche weiter ein; es konnte sich nur um ein Kind handeln, das Ende September oder Anfang Oktober 1812 geboren worden war.

Aus den Taufmatrikeln der evangelisch-protestantischen Stadtgemeinde Karlsruhe von 1812 geht hervor, daß drei Tage vor Stephanie, am 26. 9. 1812 also, eine Arbeiterfrau mit Namen Elisabeth Blochmann einen Sohn geboren hatte, der bei der Taufe den Namen Johann Ernst Jakob erhalten hatte. Der Vater, Christoph Blochmann, wird im Taufbuch als „Arbeiter im reichsgräflichen Gewerbehaus" bezeichnet. Dieses sogenannte „Gewerbehaus", eine Art Spinnerei, gehörte der Gräfin Hochberg. Christoph Blochmann wurde später, nach 1812, Haus- und Rechnungsdiener der Gräfin Hochberg und bekam eine Wohnung in der Waldhornstraße Nr. 5, einem Herrschaftshaus in der Nähe des Schloßplatzes. Eine solche Bevorzugung mußte einen besonderen Grund haben. In irgendwelchen Fähigkeiten Blochmanns kann er nicht erblickt werden, denn Blochmann wurde nach dem Tod der Gräfin — und damit dem Wegfall ihrer Protektion — als Hoftagelöhner und Arbeiter im großherzoglichen Holzgarten beschäftigt. Die Namen von neun der insgesamt zehn Kinder des Christoph Blochmann sind im Sterberegister der evangelisch-protestantischen Stadtgemeinde Karlsruhe zusammen mit dem jeweiligen Todesdatum aufgeführt. Für ein Kind gibt es jedoch keinen Vermerk, und zwar für den am 26. 9. 1812 geborenen Johann Ernst Jakob. Dieser konnte natürlich auch nicht eingetragen werden, wenn man davon ausgeht, daß es sich bei ihm um das untergeschobene Kind handelt. Auch in einem Stammbaum aus Privatbesitz — es gibt den Namen Blochmann noch heute in Karlsruhe — ist der Tod dieses Kindes nicht vermerkt. Nun war es damals so, daß die Einberufung militärpflichtiger Personen an Hand von Konskriptionslisten erfolgte, die sich auf die Taufregister stützten. Der im Jahre 1812 geborene Johann Ernst Jakob Blochmann wäre 1833 militärpflichtig geworden, war aber, da untergeschoben und als Erbprinz 1812 gestorben, nicht mehr am Leben. Um Untersuchungen zu vermeiden, mußte man ihn deshalb jetzt offiziell auch als Blochmann sterben lassen. Im Sterberegister der evangelisch-protestantischen Stadtgemeinde Karlsruhe von 1833 findet sich unter Nr. 342 ein Eintrag, aus dem hervorgeht, daß Kaspar Ernst Blochmann, Sohn des Hofbediensteten Christoph Blochmann, als Soldat des königlich-griechischen Truppenkorps am 27. 11. 1833 gestorben ist. Da Christoph Blochmann aber nur drei Söhne hatte, von denen der älteste, Jakob, 1846 und der jüngste, Philipp, 1828 verstorben war, mußte der aufgeführte Kaspar Ernst mit dem 1812 geborenen Johann Ernst identisch sein. Der Name Kaspar zeigt, daß die Todesmeldung nicht durch Angehörige des Verstorbenen erfolgt sein kann, denn diese hätten keinen falschen Namen angegeben. Der Name ist auch gerade dann besonders auffallend, wenn man weiß, daß Kaspar Hauser am 17. 12. 1833 an den Folgen eines Attentates gestorben war. Der Sterbevermerk des Kaspar Ernst Blochmann steht zwischen den Eintragungen vom 14. und 16. 12. 1833. Daraus folgt, daß das Pfarramt Karlsruhe die Nachricht zwischen diesen beiden Daten erhielt, also nach dem am 14. 12. 1833 erfolgten Anschlag auf Hauser. Da die Eintragungen in der Reihenfolge ihres Eingangs erfolgten, war der 27. 11. dazwischen geschoben. Und es gibt noch mehr Ungereimtheiten. Es fehlt jede Angabe über das Geburtsdatum und das Alter des Verstorbenen. Zwischen einzelnen Worten bestehen auffallende Lücken. Die Worte „Hofbedienter Christoph" sind mit veränderter und gedehnter Schrift eingetragen, so als ob der Registerführer Namen und Stand des Vaters ursprünglich nicht gewußt und nachträglich in die offengelassenen Lücken eingesetzt habe. Außerdem war das Sterberegister nur für Personen bestimmt, die in Karlsruhe verstarben. Bei außerhalb Verstorbenen erfolgte der Vermerk bei den betreffenden Namen im Taufregister. Dort also und nicht im Sterberegister hätte der Tod des Ernst Blochmann eingetragen werden müssen. Es mußte also ein besonderer Grund vorliegen, daß von dieser Regel hier abgewichen wurde, und dieser Grund — wie die ganze offensichtlich falsche Eintragung — kann nur in einer Weisung des badischen Hofes bestanden haben. Vielleicht wollte der gegen sein Gewissen zu dieser Eintragung gezwungene Pfarrer aber eine Fährte legen, was möglicherweise auch eine Erklärung für den falschen Vornamen „Kaspar" ist. Daß es sich eindeutig um eine Falscheintragung handelt, geht aus der vorliegenden Stellungnahme des Kriegsarchivs München auf eine Anfrage hervor. Danach hat es einen Soldaten namens Blochmann weder in dem Truppenkorps, das in dem Sterbeeintrag genannt wird, noch in irgendeiner anderen bayerischen Einheit gegeben (Anmerkung: der bayerische Prinz Otto wurde 1832 König

von Griechenland, Bayern stellte deshalb ein Hilfskorps für den königlich-griechischen Dienst auf).
Faßt man die angeführten Tatsachen zusammen, dann spricht eine Reihe von gewichtigen Gründen dafür, Johann Ernst Blochmann als das untergeschobene Kind anzusehen:
1) Er war nur drei Tage älter als der Erbprinz.
2) Sein Vater war Arbeiter in dem der Gräfin Hochberg gehörenden Gewerbehaus, stand also in einem Abhängigkeitsverhältnis zu der Gräfin.
3) Die Entlohnung entsprechend den damaligen Verhältnissen machte ihn anfällig für finanzielle Zuwendungen oder Versprechungen materieller Verbesserungen der sozialen Stellung.
4) In diesem Zusammenhang ist die nach 1812 durch die Gräfin Hochberg erfolgte Bevorzugung bezüglich Stellung und Wohnung zu sehen.
5) Der Sterbeeintrag über den Tod des Ernst Blochmann ist eine vermutlich auf Weisung des badischen Hofes erfolgte Falscheintragung, wobei versehentlich oder absichtlich der Name „Kaspar" mitaufgenommen wurde.
6) Hinzu kommt, daß von den zehn Kindern des Christoph Blochmann eines nur einen Tag alt wurde und drei im ersten Lebensjahr starben. Deshalb ist die Wahrscheinlichkeit groß, daß es sich bei Johann Ernst Blochmann um ein sterbendes oder sterbenskrankes Kind gehandelt hat, das somit die Voraussetzung für die beabsichtigte Kindesunterschiebung erfüllte.
Das Austauschkind, der kleine Blochmann, war jetzt also vorhanden. Den Austausch selbst wird die

Gartenhaus im Schloßpark

Gräfin Hochberg, der die Räumlichkeiten und Verhältnisse im Karlsruher Schloß – Zugänge, Dienerschaft, Gewohnheiten – seit Jahren bekannt waren, vorgenommen haben. Nur von einer Person, die sich in der nächsten Umgebung des Großherzogs und der Großherzogin befand und zu den hochstehenden Persönlichkeiten des Hofes gehörte, konnte ein derart gewagtes Unternehmen ausgeführt werden, und es war sicher nicht schwierig, das Kind unter einem weiten Gewand oder einem Schleier zu verstecken.

Der Großherzog bewohnte das untere Geschoß des Flügels zwischen Turm und Schloßkirche, das ist vom Garten her gesehen der rechte, gegen das Hoftheater hin gelegene Schloßflügel (heute befindet sich an dessen Stelle das Verfassungsgericht), die Großherzogin die darüber gelegenen Räume. Aus dem Schloß führen mehrere Ausgänge in den angrenzenden Schloßpark. Der kleine Prinz lag in einem Zimmer des Erdgeschosses, von welchem ebenfalls eine Tür in den Garten führte. Er wurde betreut von der Amme Josefa Schindler, die im gleichen Raum schlief, so daß ein nächtlicher Kindestausch nur schwer möglich gewesen wäre. Josefa Schindler war die Frau eines später zum Oberamtmann beförderten Beamten. Sie wohnte mit ihrem Mann in Staufen und hatte während ihrer Zeit als Amme am großherzoglichen Hof ihr eigenes Kind und – zu dessen Pflege – ihre Schwester mit nach Karlsruhe gebracht. Am 16. Oktober begab sie sich, nachdem sie den Prinzen gestillt hatte, am späten Vormittag in die Stadt, um ihr eigenes Kind zu stil-

len. Diese Abwesenheit muß die Gräfin Hochberg benützt haben, um den Erbprinzen gegen den todkranken kleinen Blochmann zu vertauschen. Als die Amme zurückkam, fand sie das Kind von Ärzten und Angehörigen des Hofes umringt und wurde nicht mehr zu ihm gelassen. Dem Landtagsabgeordneten Professor Welcker hat sie 1830 folgende Schilderung der Ereignisse gegeben:
„Ich hatte, ehe ich wegging, den Prinzen gestillt. Er war gesund wie immer. Als ich jedoch zurückkam, durfte ich nicht mehr zu dem Kinde, man sagte, es sei schwer krank. All mein Bitten und Flehen half nichts, ich wurde immer zurückgewiesen. Vergebens sagte ich, daß man einem kranken Kind die Brust reichen müsse. In Verzweiflung wollte ich mich zur Mutter, zur Großherzogin, begeben. Aber auch dies wurde verhindert, es hieß, die Großherzogin sei krank, niemand dürfe zu ihr. Endlich gelang es mir, jemanden aus der nächsten Umgebung der Großherzogin aufzufinden. Als wir aber gegen die betreffenden Gemächer kamen, hieß es, der Prinz sei tot. Ich verlangte, ihn wenigstens zu sehen, aber auch dies ließ man nicht zu, ich durfte ihn nicht einmal tot mehr sehen."
Aus dem Protokoll über die Nottaufe des Kindes, das die dabei anwesenden Personen aufführt, ergibt sich, daß die Darstellung zutrifft. Der Name der Amme wird nicht erwähnt, obwohl es tatsächlich als erstes notwendig gewesen wäre, dem kranken Kind die Brust zu geben. Statt dessen aber versagte man ihm während der drei bis vier Stunden, die es noch lebte, jede Nahrung. Auch die Großherzogin

war bei der Nottaufe nicht anwesend, wie das Protokoll beweist. Die Personen also, die den kleinen Prinzen genau kannten und ihn jederzeit hätten identifizieren können, wurden nun ferngehalten. Ihnen wäre eine Vertauschung sofort aufgefallen. Die Mutter war es vor allem, der ein anderes Kind nicht leicht hätte untergeschoben werden können, und sie war nicht zugegen. Die anderen Personen, die der Nottaufe beiwohnten, kannten das Kind entweder überhaupt nicht oder nur oberflächlich, so wie man einen Säugling kennt, den man ohne großes Interesse gesehen hat. Soweit vielleicht dennoch an dem Säugling ein verändertes Aussehen bemerkt worden war, mochte man dies auf seine Erkrankung zurückführen. Kinder gleichen Alters und Geschlechtes ähneln sich in den ersten Wochen nach der Geburt, so lange sich noch keine typischen Gesichtsmerkmale herausgebildet haben. Die Nottaufe wurde, wie aus dem Protokoll zu ersehen ist, nach fünf Uhr abends vorgenommen. Das war aber für Mitte Oktober sicher die am wenigsten geeignete Tageszeit, um eine Täuschung erkennen zu lassen, und Kerzenlicht blendet in der Dämmerung eher, als daß es eine genaue Beobachtung erlaubt. Wie hätte außerdem einer der Anwesenden überhaupt auf den Gedanken einer Kindesvertauschung kommen sollen, angesichts einer Situation, die mehr Handeln als Denken erforderte. Die Identität des Täuflings blieb also bei der Nottaufe völlig ungeprüft, da Verdachtsmomente, die anderes verlangt hätten, nicht aufkamen. Ebenso war die spätere Obduktion nicht geeignet, diese Identität festzustellen, da nicht dies, sondern die Feststellung der Todesursache ihr Ziel war. Allerdings gibt es ärztliche Stimmen, die meinen, daß der Sektionsbericht in Verbindung mit den früheren amtlichen Bulletins Anhaltspunkte dafür liefere, daß das sezierte Kind ein anderes gewesen sein müsse, als dasjenige, dessen Gesundheit zuvor so oft und bestimmt konstatiert worden war. Die amtlichen Protokolle lassen jedenfalls nicht erkennen, ob das verstorbene Kind tatsächlich der Prinz war. Die erste und kürzeste Urkunde dokumentiert, daß ein sterbendes Kind getauft wurde; die zweite, daß es nach seinem Tod seziert und die dritte und längste, daß es begraben wurde.

Die plötzliche Erkrankung des Erbprinzen soll, wie der Karlsruher Bevölkerung mitgeteilt wurde, die Folge „der sehr harten Geburt" gewesen sein, doch ist im Sektionsbericht von Schädelverletzungen durch eine Zangengeburt keine Rede. Offen bleibt auch die Frage, warum diese Folgen erst nach mehreren Wochen aufgetreten waren. Was in den hektischen Stunden vor der Kindesvertauschung mit dem kleinen Blochmann wahrscheinlich geschehen ist, beschreibt anhand des Obduktionsprotokolls der Arzt Anselm v. Feuerbach, ein Enkel des bekannten Kriminologen:

„Ein Richter oder unbefangener Sachverständiger kann daraus entnehmen, daß das damals sezierte Kind eines gewaltsamen Todes gestorben ist, auch schon älter war. Es wurde wahrscheinlich von einem mit abwärts hängendem Kopfe in den Weichen zusammengepreßt, während ihm ein zweiter mit dem Rand der flachen Hand in das Genick schlug; ähnlich, wie man einen Hasen zu genicken pflegt. Vielleicht war dies ein altes Familienrezept. Nach dem Sektionsbefund war die Haut in den Weichen und im Genick stark mit Blut unterlaufen; um das Gehirn und in den Hinterlappen befand sich ein starker Bluterguß."

Wenn das zutrifft, dann muß beim Tod des kleinen Blochmann energisch nachgeholfen worden sein, denn sterben mußte das Kind, um den Zweck zu erreichen, der mit der Unterschiebung angestrebt war. Wer da also mit großem Pomp bestattet wurde und in der Schloßkirche von Pforzheim unter lauter zähringischen Fürsten ruht, war nicht der Erbprinz, sondern das Arbeiterkind Johann Ernst Blochmann.

Für die an der Kindesunterschiebung planend und ausführend beteiligten Personen – an der Spitze die Gräfin Hochberg und ihr Komplize Prinz Ludwig – stellte sich jetzt die Frage, was mit dem Erbprinzen, dessen man habhaft geworden war, geschehen sollte. Daß der kleine Blochmann gestorben war, wußte außer den Beteiligten niemand, denn gemäß der offiziellen Verlautbarung war ja der Erbprinz gestorben. Im persönlichen Umfeld der Familie Blochmann wäre das plötzliche Fehlen eines Kindes aufgefallen, und so war es nur naheliegend, den geraubten Prinzen derjenigen Mutter zur Pflege anzuvertrauen, die ihr eigenes Kind hergegeben hatte, nämlich der Elisabeth Blochmann. Er bleibt also zunächst dort, und die Blochmann läßt ihn auf Veranlassung der Gräfin Hochberg impfen. Die Impfnarben fielen beim späteren Auftauchen Kaspar Hausers in Nürnberg sofort auf und waren das erste Indiz für eine Abstammung aus gehobenen Kreisen. Es war damals in den unteren sozialen Schichten nicht üblich, Kinder impfen zu lassen. Die Impfnarben bewiesen weiter, daß sich Hauser anfangs an einem Ort befunden haben mußte, wo Gelegenheit zu einer Impfung bestanden hatte, also in einer Stadt.

Frau Blochmann starb am 18. Januar 1815 in Karlsruhe im Alter von 34 Jahren. Für den kleinen Prinzen mußte nun ein anderer Aufenthaltsort gefunden werden, und die Wahl fiel auf Schloß Beuggen, eine staatliche Domäne, die der Gräfin Hochberg zur Nutznießung überlassen worden war.

Wappen derer von Reinach am Gartenhaus

III. Beuggen: Flaschenpost und Wappenschild

Beuggen, heute ein Ortsteil von Rheinfelden, liegt am Hochrhein in der Nähe von Säckingen, im äußersten Südwesten von Baden, an der schweizerischen Grenze auf halbem Weg zwischen Basel im Westen und Laufenburg im Osten, von den genannten Orten etwa 15 – 20 km entfernt. Die nächste Ortschaft heißt Karsau. Das Schloß liegt unmittelbar südlich des Ortes, der Straße und der Bahnlinie hinter einer Umfassungsmauer, an die sich mehrere Wirtschaftsgebäude anlehnen. Wenn man die Toranlage durchschritten hat, befindet sich links das eigentliche Schloß, das barockisierte ehemalige Ritterhaus der früheren Ordenskomturei mit der rechtwinklig dahinter angebauten Kirche, und geradeaus der nicht umgebaute, ältere Teil des Ritterhauses am Ufer des Hochrheins. Die Anlage war ehemals eine Komturei des Deutschherrenordens. Rudolf von Habsburg kam kurz vor seiner Königskrönung in der gerade fertiggestellten Ordensburg mit seinem Gegner, dem Bischof von Basel, zu einer Friedensvereinbarung zusammen, und auf ihrer Reise zur Krönung in Aachen traf auch seine Gemahlin zu einem Zwischenaufenthalt in Beuggen ein. Im Jahr darauf schenkte sie in Rheinfelden einem Sohn das Leben, der dort in der Michaelskirche getauft wurde. Andere, weniger erwünschte Gäste waren dann Herzog Bernhard von Weimar, der 1638 bei der Belagerung Rheinfeldens durch die

Schweden Beuggen zu seinem Hauptquartier machte, und dreißig Jahre danach der französische Marschall Créqui, einer der Generale Ludwigs XIV. Nach Aufhebung der Komturei fiel Beuggen 1806 an den badischen Staat, der daraus eine staatliche Domäne machte, deren Nutznießung der Gräfin Hochberg übertragen wurde. Die Ordenskirche wurde der katholischen Gemeinde Karsau zugewiesen. Von 1813 – 1814 diente das Schloß den österreichischen Truppen, die ins Elsaß einrückten, als Seuchenlazarett. 1819, nach dem Regierungsantritt des Großherzogs Ludwig, wurde die Domäne Beuggen an die Basler Missionsgesellschaft verkauft. Deren Gründer, die Pädagogen Christian Friedrich Spindler und Christian David Zeller, verwandelten die heruntergekommenen Räume in eine von Idealen getragene Schule für verwahrloste Kinder, die Pestalozzi als die Verwirklichung seiner Gedanken bezeichnete. Heute gehören die Baulichkeiten der evangelischen Landeskirche von Baden und werden von dieser als Tagungs- und Begegnungsstätte genutzt.

Damals aber, 1815, standen die Gebäude nach dem Abzug der österreichischen Truppen leer. Das Schloß hatte als Typhuslazarett gedient. Hier waren in den Jahren 1813 und 1814 zahlreiche Soldaten an der Krankheit gestorben und in Massengräbern hinter dem Schloßgarten verscharrt worden. Auch der damalige Schloßpfarrer wurde ein Opfer der Seuche. Die Bewohner der umliegenden Gegend fürchteten sich vor den verseuchten Gebäuden, vor Ansteckung und Tod, und machten einen Bogen um einen Ort, wo so viele Menschen gestorben waren. Nach der Auflösung des Lazaretts war das teilweise verwahrloste Schloß einige Zeit unbewohnt. Später, 1815, waren dann ein Verwalter und der neue Pfarrer, Karl Eschbach, die einzigen Bewohner des ausgedehnten Besitzes. Fast 200 km von Karlsruhe entfernt gab es kaum einen Ort, der für die Verbergung des Prinzen besser geeignet gewesen wäre, als die mauerumgürtete und gemiedene ehemalige Ordensburg. Wer also hätte schon beweisen können, daß der Erbprinz hierher verbracht worden war? Das Anwesen war der Gräfin Hochberg zugeteilt, aber das allein war kein Beweis. Zwar gab es Gerüchte, aber man hütete sich aus Angst vor Bestrafung das, was man vermutete, laut auszusprechen. Erst viel später, als die Zeiten liberaler geworden waren, wagte man hier und da, die Rede auf die dunklen Begebenheiten im Schloß Beuggen zu bringen. Die Enkelin des Anstaltsgründers Zeller hörte in ihrer Jugend von einer Tante, daß ein Prinz im Schloß eingesperrt gewesen sei, und wußte von einem alten Mann aus Karsau zu erzählen, der in einem Gartenhaus hinter der Kirche das Weinen eines Kindes vernommen haben wollte. Aber auch zu Erzählungen verdichtete Gerüchte sind kein Beweis. Ein handfester Beweis sollte sich jedoch bald einstellen.

Am 16. 9. 1816 fand der Rheinfischer Max Keller eine Flaschenpost, die bei Kembs am elsässischen Ufer des Oberrheins auf dem Fluß schwamm. Er zog den Fund an Land und hielt eine gut verkorkte kleine Apothekerflasche in Händen, die einen Zettel enthielt, von dem er, da er den Inhalt nicht verstand, annahm, es handle sich um ein Rezept. Der Zettel war lateinisch beschrieben und ist im Original später verlorengegangen. Vorher war jedoch in der Préfecture du Haut-Rhin in Colmar, wohin er gelangt war, eine Kopie als offizielles Dokument angefertigt worden. Nach dieser lautete der Text:

CUICUMQUE QUI HANC EPISTOLAM INVENIET: SUM CAPTIVUS IN CARCERE APUD LAUFFENBURG, JUXTA RHENI FLUMEN; MEUM CARCER EST SUBTERRANEUM, NEC NOVIT LOCUM ILLE QUI NUNC SOLIO MEO POTITUS EST. NON PLUS POSSUM SCRIBERE, QUIA SEDULO ET CRUDELITER CUSTODUS SUM.

HARES SPRAUCA.

Zu deutsch: „Wer auch immer dieses Schreiben findet: Ich bin gefangen im Kerker bei Laufenburg, nahe dem Rheinstrom; mein Kerker ist unterirdisch, der Ort ist dem unbekannt, der nun im Besitz meines Thrones ist. Mehr kann ich nicht schreiben, weil ich sorgfältig und grausam bewacht werde." Unterschrift: „Hares Sprauca."

Das Latein dieser Mitteilung ist teils mehrdeutig, teils konstruiert und teils fehlerhaft. Mehrdeutig ist „potitus est" – potiri, das meistens nicht als „im Besitz sein, besitzen", sondern als „einer Sache Herr werden, sich bemächtigen" übersetzt wird. Das aber hätte keinen Sinn ergeben, da Karl, der Vater des Erbprinzen, zur Zeit des Auffindens der Flaschenpost sich des badischen Thrones nicht „bemächtigt", sondern diesen ganz legal als Großherzog bestiegen hatte. Konstruiert wirkt die Formulierung „qui nunc solio meo potitus est", statt einfach und klar „qui solium meum occupat" zu schreiben. Ein böser Schnitzer, von kleineren grammatikalischen Fehlern abgesehen, ist „meum" und „subterraneum", da „carcer" bekanntlich ein Masculinum ist. Man hat den Eindruck, daß hier absichtlich ein falsches Latein geschrieben wurde, um keinen Hinweis auf den Verfasser zu geben. Der Brief war offenbar auch kein echter Hilferuf, da er unbestimmt gehalten ist, Wesentliches verschweigt und Unwesentliches aussagt. Man kann ihm lediglich entnehmen, daß jemand (wer?) bei Laufenburg (wo genau? Beuggen ist nur 20 km von Laufenburg entfernt) in einem unterirdischen Kerker (was nicht zutraf) gefangengehalten wird und der Ort dem jetzigen Throninhaber (natürlich) nicht bekannt ist. Die Briefunterschrift macht jedoch, wenn sie entschlüsselt ist, eine klare Aussage. Sie lautet:

H	a	r	e	s		S	p	r	a	u	c	a
7	8	12	11	10		3	4	6	5	9	1	2

=

C	a	s	p	a	r		H	a	u	s	e	r
1	2	3	4	5	6		7	8	9	10	11	12

Die Nachricht von Fund und Inhalt der Flaschenpost wurde am 5. 11. 1816 vom „Moniteur Universel" in Paris veröffentlicht, geriet aber schnell in Vergessenheit, weil damals niemand mit Text und Unterschrift etwas anzufangen wußte. Erst nach Hausers Ermordung wurde die Flaschenpost-Nachricht von der Presse wieder aufgegriffen und dem untersuchenden Ansbacher Gericht zugeleitet, das eine Verfolgung dieser Spur jedoch ablehnte. (Anmerkung: Die Entschlüsselung erfolgte zuerst 1926 und dann, darauf fußend und jetzt den vollen Namen umfassend, 1987.)

Aus der Unterschrift des Flaschenpostzettels geht hervor, daß der Erbprinz jetzt einen Namen bekommen hatte. Das muß spätestens bei der Ankunft in Beuggen geschehen sein, denn das Kind war damals etwa zweieinhalb Jahre alt. Für den Nachnamen „Hauser" gibt es nur eine Erklärung: jemand der nicht aus dem Haus geht, im gegebenen Fall nicht aus dem Haus gelassen wird, ist ein Hauser. Für den Vornamen Kaspar stehen drei Erklärungen zur Verfügung. Die erste: der Name war damals in der Gegend von Beuggen gebräuchlich und häufig. Die zweite: Großherzogin Stephanie wollte ihrem Sohn den Namen Gaspard geben, nach ihrem Onkel mütterlicherseits, dem Generalvikar Gaspard Lezay-Marnesier, den sie als Kind sehr verehrt hatte. Allerdings ist nun kaum anzunehmen, daß die Entführer des Prinzen so taktvoll waren, diesem Wunsch zu entsprechen, und das führt zu der dritten Möglichkeit, zu Reitzenstein, dem allmächtigen badischen Minister. Durch seine Zuträger, die ihn über alles informierten, was zu wissen von Belang war, muß er von der Kindesvertauschung erfahren haben. In dem Jahr, in dem Frau Blochmann, die Pflegemutter des Prinzen, verstarb, neigten sich die Napoleonischen Kriege dem Ende zu, und eine Neuordnung Europas stand bevor. Diese politischen Umstände ließen im Falle des vertauschten Prinzen nur eine Schadensbegrenzung zu, denn eine Offenlegung dessen, was geschehen war, hätte unübersehbare Konsequenzen nach sich gezogen. Die Staatsräson bot keine andere Wahl, und so war es wohl Reitzenstein, der die Verbringung nach Beuggen, dem südlichsten Teil Badens, anordnete. Er war 1792 Landvogt zu Rötteln mit Sitz in Lörrach gewesen. Dieser Amtsbezirk grenzte nach Südosten an die am rechten Hochrheinufer gelegenen Karsauer und Beuggener Fluren, und das dortige Schloß war Reitzenstein von dieser Zeit her bekannt. Reitzenstein könnte auch den Vornamen „Kaspar" veranlaßt haben. Sei es deshalb, weil dieser Name in seiner Familie vorkam, sei es aus einer Regung von Mitleid, dem Kind wenigstens den Namen zu geben, den seine Mutter für ihn vorgesehen hatte.

Nun galt es aber noch, jemanden zu finden, der vertrauenswürdig und vor allem verschwiegen genug war, um mit dem Transport nach Beuggen beauftragt werden zu können, und das konnte nur eine Person sein, der Flügeladjutant und Premierleutnant Johann Heinrich David Hennenhofer. Damit betritt ein neuer Akteur die Bühne des Dramas „Kaspar Hauser". Hennenhofer war ein aus kleinen Verhältnissen stammender Emporkömmling, der vor allem das Vertrauen des späteren Großherzogs Ludwig genoß, dem er dadurch quasi verschwägert war, daß er eine Schwester von dessen Geliebten zur Frau hatte. In der Vergangenheit hatte er sich bereits durch prompte Erledigung delikater Probleme empfohlen. Als es darum ging, ein Bürgermädchen zu entfernen, das mit einem höheren badischen Hofbeamten in wilder Ehe lebte, war Hennenhofer zur Stelle. Er lockte das Mädchen unter einem Vorwand in den nahen Hardtwald, zwang sie mit Gewalt in eine dort wartende Kutsche und brachte sie zu ihren Verwandten zurück, denen er gegen Zahlung eines Handgeldes das Versprechen abnahm, die Zurückgebrachte nicht wieder fortzulassen. In von Weechs „Badischen Biographien" heißt es über Hennenhofer:

„Während der 70 Jahre, seit das Großherzogtum Baden besteht, hat vielleicht kein badischer Staatsdiener eine eigentümlichere Stellung eingenommen als dieser Emporkömmling. Geschmeidiger Hofmann, intelligenter Diplomat, einflußreicher und gewandter Geschäftsmann in Uniform, ohne je im aktiven Heere gedient zu haben, war Hennenhofer jedenfalls eine einzig dastehende Erscheinung, seine Persönlichkeit von einem fast romanhaften Nimbus umgeben. ... Er war eine der wenigen Persönlichkeiten am Hofe, die nach dem Regierungsantritte des Großherzogs Ludwig in ihrer Stellung verblieben. ... Er redigierte diplomatische Denkschriften und Noten und besorgte die ganze Privatkorrespondenz des Großherzogs Ludwig, dessen unbedingtes Vertrauen er besaß. ... Mehr durch die Gunst des Zufalls als durch eigenes Zutun war er zu einer verhältnismäßig schwindelnden Höhe emporgestiegen und während jener Jahre gewissermaßen der Mittelpunkt der Hof- und offiziellen Welt. ... (Er hat) die von der Regierung geübte Beeinflussung der Wah-

Pfarrhaus in Hochsal

len zum Landtage von 1825 hauptsächlich geleitet, und man wird kaum irren, wenn man ihn als den Erfinder und Beförderer der Idee bezeichnet, Adressen um Aufhebung der Verfassung ins Leben zu rufen."

Über die Beziehung zwischen Hennenhofer und dem Prinzen Ludwig, der 1818 badischer Großherzog wurde, schreibt Heinrich von Treitschke in seiner „Deutschen Geschichte des 19. Jahrhunderts" (erschienen 1879):

„Im Hause führte der Großherzog das Leben eines wüsten Junggesellen; ein guter Kopf, aber ohne Sinn für edle Bildung hatte er sich früh geschmacklosen Ausschweifungen ergeben. Als allbereiter Helfer stand ihm bei seinen kleinen Abenteuern wie bei den politischen Verhandlungen der Major Hennenhofer zur Seite, der Überall und Nirgends der Salons, der sich durch zynischen Witz und einschmeichelnde Gewandtheit vom Feldjäger zum militärischen Diplomaten aufgeschwungen hatte, ein mit allen Hunden gehetzter Mensch, dem es nicht darauf ankam, in amtlichen Aktenstücken Zitate aus Tristam Shandy anzubringen, mit jedermann bekannt, in alle Geheimnisse eingeweiht, trotz seiner abschreckenden Häßlichkeit als Vermittler und Zwischenträger immer willkommen. Durch die Schuld dieses neuen Hofes wurde die ehrbare Stadt Karl-Friedrichs auf lange Zeit hinaus neben München die sittenloseste der deutschen Residenzen."

(Anmerkung: Tristam Shandy, von 1759 – 1766 erschienenes, 9 Bände umfassendes Werk des englischen Schriftstellers Lawrence Sterne, 1713 – 1768).

In einem graphologischen Gutachten über Hennenhofer (E. Brunner, Zürich 1928) heißt es:
„Ein Mann von hervorragender Intelligenz und Geistesklarheit. Andererseits ist er schlau und berechnend genug, sich den jeweiligen Verhältnissen und den von ihm verfolgten Zwecken anzupassen. Keineswegs trägt er sein Herz auf der Zunge, läßt von seinen Gefühlen und Absichten nur erkennen, was ihm eben dienlich erscheint, weiß im übrigen auch sonst mit verdeckten Karten zu spielen. Obwohl er eher zur geradlinigen Verfolgung seiner Ziele neigt, legt er hinwiederum oft eine erstaunliche Virtuosität im Erfinden diplomatischer Ränke und Schliche an den Tag. Zur Durchführung seiner Absichten fehlt es ihm nicht an persönlichem Mut, wenn freilich er es vorzieht, die brennenden Kohlen von anderen aus dem Feuer holen zu lassen. In gewissen Fällen aber wäre er imstande mit der größten Rücksichtslosigkeit zum entscheidenden Schlag auszuholen. Soziale Gefühle und herzensbedingte Rücksichtnahmen sind die am wenigsten bevorzugten Tugenden. Zusammenfassend haben wir es mit einem Menschen zu tun, der in intellektueller Hinsicht zweifellos eine hohe Stufe einnimmt. Als Mensch aber kann er durch seine im Dienste des Selbstzweckes stehende Kombinationsgewandtheit und jederzeit bereite schlaue Abwehrhaltung und Ränkekunst sogar gesellschaftsschädigend wirken."

Kein Zweifel also, Hennenhofer war der richtige Mann und sollte sich Jahre später erneut als der richtige Mann herausstellen. Nun war zwar Hennenhofer tatsächlich eine vielseitige Persönlichkeit, aber als Kindermädchen — der Prinz war zweieinhalb Jahre alt — eignete er sich so wie der bekannte Igel für einen bestimmten Verwendungszweck. Es mußte also noch eine Kinderfrau für den Transport und die spätere Kindesbetreuung gesucht und gefunden werden, und sie wurde gefunden. Sie hieß Anna Dalbonne, war allerdings kein ausgebildetes Kindermädchen, hatte dafür aber eine Vergangenheit, die ihr Schweigen wahrscheinlich machte, denn Hinweise auf bestimmte Ereignisse in ihrem Lebenslauf wären von ihr sicher nicht begrüßt worden. Mit der Dalbonne machte man zwar sozusagen „die Geiß zur Gärtnerin", aber mehr als Eignung galt hier Verschwiegenheit. Sie war eine geborene Frisacco, stammte aus Triest und heiratete oder auch nicht, das war nicht ganz klar, einen französischen Major namens Dalbonne. Ihre Mutter Theresia beschreibt den Lebenslauf ihrer Tochter: „Sie hat zu jener Zeit, als die Franzosen in Triest waren, mit einem Major Dalbonne Bekanntschaft getroffen, wurde durch ihn zu Fall gebracht und reiste mit selbem von Triest ab; wo sie mit ihm getraut wurde, weiß ich nicht. Nachdem die französische Armee gen Rußland marschierte, wollte meine Tochter nicht mitreisen. Ihr Mann ist vor Strenge der Kälte erfroren, so wohin meine Tochter wieder nach Hause gekommen. Ihr Kind, Marie genannt, hat sie bei Triest, an einem Orte, den ich nicht namhaft machen kann, zu einer Majorin in die Kost gegeben, es wurde sieben Jahre alt und ist bei den Klosterfrauen an Blattern gestorben." Eine Geschichte also, die das Leben schrieb, und es wäre sicher bösartig anzunehmen, daß der Major Dalbonne nicht so sehr „vor Strenge der Kälte", als vielmehr aus Frust über die Anna aus Triest verblichen ist. Wie dem auch sei, Anna kam irgendwie an den Karlsruher Hof, soll dort angeblich Garderobenfrau der Großherzogin Stephanie gewesen sein und war jetzt mit der Betreuung des kleinen Prinzen beauftragt. Auf eine spätere Anzeige, die sie damit in Verbindung brachte, reagierte sie mit einem Nervenzusammenbruch. Der allmächtige österreichische Kanzler Metternich bekam von der Sache Wind und veranlaßte einen Hinweis an die zuständige Gerichtsbehörde, „geneigtest dahin wirken zu wollen, ehemöglichst und auf eine offizielle Weise, die Nichtigkeit der Anzeige auszusprechen". Damals befand man sich im Jahre 1830, und aus Metternichscher Sicht konnte das Staatengeflecht des Deutschlands der Restauration keine Krise um das Wohl und Wehe des badischen Fürstenhauses gebrauchen. Metternichs Wink wurde verstanden, und das „geneigtest" angesprochene Gericht beeilte sich, devotest mitzuteilen, „daß die erhobene Denunziation für durchaus gehaltlos, unglaubwürdig und keiner weiteren rechtlichen Prüfung würdig erklärt wurde."

In Beuggen wurde der Prinz – nebst Kinderfrau Dalbonne – in einem Gartenhäuschen hinter dem Schloß untergebracht. Der „Captivus" der Flaschenpost befand sich also keineswegs „in carcere", wie der Text übertreibt; das war aber wohl notwendig, um Aufsehen zu erregen. Dieses Gartenhäuschen ist heute noch vorhanden. Es liegt, von Bäumen umgeben, direkt am Ufer des dahinter vorbeifließenden Hochrheins. Ein schlichter, rechteckig hochgemauerter Bau mit einem zum Rhein hin geneigten Pultdach. Die vom Rhein abgewandte Längsseite ist von einer doppelflügeligen, hölzernen Rundbogentür durchbrochen, die ebenso breit ist wie die Wandteile rechts und links von ihr. Das Gebäude ist doppelt so hoch wie diese Tür und mißt in der Höhe etwas mehr als in der Länge. Die zum Rhein hin verlaufenden Seitenwände sind mit mehreren Fenstern und Luken versehen, die ungleichmäßig unten und oben angeordnet sind. Man könnte das Ganze als eine Art massiven Geräteschuppen bezeichnen, wenn da nicht eine Besonderheit wäre, die für einen Geräteschuppen ungewöhnlich ist: Über dem Rundbogen der Tür befindet sich ein in die Wand eingelassenes Wappenschild. Es enthält ein von einer siebenzackigen Krone überdachtes großes Wappen, das durch ein gleichmäßiges Kreuz in vier gleich große Felder unterteilt wird. Die Felder rechts oben und links unten sind von je zwei Schrägbalken durchzogen. In der Mitte des Kreuzes befindet sich ein zweites, kleineres Wappen, das von zwei Löwen gehalten wird, die die Felder links oben und rechts unten einnehmen. Dieses kleinere, ebenfalls von einer siebenzackigen Krone überdachte Wappen enthält im unteren Teil zwei gekreuzte Schwerter und darüber ein weiteres, noch kleineres Wappen, in welchem sich das Kreuz des großen

Wappens wiederholt, jedoch ohne Ausfüllung der sich ergebenden vier Felder. Insgesamt also eine Anordnung, die nur dann rekonstruierbar ist, wenn man sie entweder vor Augen hat oder lange vor Augen gehabt hat. Unter dem Wappen befindet sich ein Schriftband. Sein linker Teil ist abgeschlagen oder verwittert, der rechte enthält den Namen „von Reinach" und die Jahreszahl 1694. Bei den v. Reinach handelt es sich um ein ausgestorbenes elsässisches Adelsgeschlecht, dessen Wappen nur noch in Beuggen (und sonst nirgendwo mehr) anzutreffen ist. Drei Angehörige dieser Adelsfamilie waren Mitglieder des Deutschherrenordens in Beuggen; allerdings nicht alle hochgerühmt. Ein Komtur v. Reinach hatte nicht nur geheiratet, was den Deutschherren untersagt war, sondern war sogar mit seiner Frau in die Burg eingeritten. Er wurde daraufhin seines Amtes enthoben, und sein Nachfolger, Komtur v. Andlau, ließ das Tor vermauern, durch das die Sünde Einzug gehalten hatte: „Wo mein Vorgänger, der Schuft, durchgeritten ist, da soll hinfort kein Ordensritter mehr aus- und eingehen." Es ist also das Wappen dieser Familie, das sich über dem Tor des Gartenhauses im Park hinter Schloß Beuggen befindet, und Kaspar Hauser war in seiner Beuggener Zeit in dem Gartenhaus untergebracht. An dieses Wappen muß er sich erinnert haben, als er in späteren Jahren in Nürnberg eine Zeichnung anfertigte, die eben diesem Wappen weitgehend entsprach. Er muß es also längere Zeit hindurch tagtäglich gesehen haben, denn die heraldische Gestaltung war alles andere als einfach.

In Beuggen amtierte damals – seit 1814 – als Schloßpfarrer der katholische Geistliche Karl Eschbach. Er stammte aus dem drei bis vier Kilometer nördlich von Laufenburg gelegenen Ort Hochsal, wo er 1784 geboren worden war. Die Anwesenheit des Prinzen in Beuggen konnte ihm natürlich nicht verborgen bleiben und ebensowenig die Tatsache, daß es sich hier nicht um irgendein Kind handelte. Der Aufenthalt in einem Staatsgut und die betreuende Gouvernante Dalbonne bewiesen das Gegenteil. Ob er von Anfang an gewußt hat, daß es sich bei dem Kind um den badischen Erbprinzen handelte, spielt keine Rolle. Seine weitere Karriere spricht dafür, daß er nicht nur zu den Eingeweihten gehörte, sondern wahrscheinlich auch, neben der Dalbonne, damit beauftragt war, sich um das Kind zu kümmern. Eschbach blieb noch bis 1826 in Beuggen, wurde dann unter dem Großherzog Ludwig in die badische Landeshauptstadt Karlsruhe berufen und zum Ministerialrat für den katholischen Kultus ernannt. 1851 wurde er Ritter, 1861 Kommandeur des zähringischen Löwenordens, der höchsten badischen Auszeichnung. Eine erstaunliche Karriere für einen kleinen Landpfarrer. „Für Ehre und Wahrheit" lautete die Devise des 1812 gestifteten Löwenordens, und es bleibt das Geheimnis des Pfarrer Eschbach, wie er damit zurechtkam. Allerdings ist es keine Schwierigkeit, einen katholischen Pfarrer am Sprechen zu hindern. Angenommen, die Dalbonne – die ja katholisch war – hat ihm gebeichtet. Natürlich konnte sie dabei nur Vermutungen aussprechen, denn die wahren Zusammenhänge

Schloß Pilsach

kannte sie nicht, aber schon dies mag genügt haben und wäre in dem Bemühen, das Beichtgeheimnis zu wahren, eine Erklärung für die nur andeutende Form der Flaschenpostnachricht, vorausgesetzt, daß sie von Eschbach verfaßt wurde, wofür vieles spricht. In Hofkreisen wird nicht lateinisch gesprochen, und jemand mit der Abfassung des lateinischen Textes zu beauftragen, hätte einen Mitwisser bedeutet. Vor seiner Zeit in Beuggen war Eschbach Kooperator zu St. Martin in Freiburg und außerdem Assistent am Lehrstuhl für Altphilologie der Freiburger Universität gewesen, in welcher Eigenschaft er Griechisch und Hebräisch lehrte und Latein sicherlich ebenso beherrschte. Gegen Eschbach sprechen die Fehler des lateinischen Textes, aber die waren zweifellos beabsichtigt, um die Identität des Verfassers zu verschleiern, wie auch die Ichform, in der der Text gehalten ist, ein weiterer Kunstgriff war, der in die gleiche Richtung zielte. Manche Vermutungen über die Flaschenpost gehen dahin, daß sie von der Gräfin Hochberg veranlaßt worden sei, quasi als Warnung an Prinz Ludwig, den Mitwisser und Mithelfer, sich nicht zu verheiraten. 1816 aber, als die Flaschenpost aufgefunden wurde, war die Gräfin nahezu einflußlos geworden. Am 17. 9. 1816 erschien in der Karlsruher Zeitung eine Warnung mit dem Hinweis, daß die Schulden der Gräfin nur dann bezahlt werden würden, wenn sie vorher von einem eingesetzten Kurator anerkannt würden. Sie war von ihren Söhnen entmündigt worden, die in der skandalösen Schuldenwirtschaft der Mutter eine Belastung der eigenen Stel-

lung und des eigenen Ansehens sahen. Bis dahin hatten die Beschlagnahmungen der Einkünfte der Gräfin durch ihre Gläubiger nicht aufgehört. Ihr Grundbesitz war in Zwangsverwaltung gekommen, und ihre Fabriken waren liquidiert worden. Die Entmündigung brachte den Gläubigern Verluste. Es war von zweihundert Familien die Rede, die durch die Nichtbezahlung der Schulden der Gräfin in „Verzweiflung und Elend" gestürzt worden seien. Kein Zweifel also, daß die Gräfin Hochberg die Flaschenpost nicht veranlaßt haben kann.
Das Original des Flaschenpostschriftstücks ist – wie so vieles im Falle Kaspar Hauser – verschwunden. Ein Handschriftenvergleich ist also nicht möglich. Zusammengefaßt ergeben sich folgende Indizien, die den Aufenthalt Kaspar Hausers in Beuggen mit fast absoluter Sicherheit beweisen:

1) Das Staatsgut Beuggen war der Gräfin Hochberg zur Nutznießung übertragen.
2) Das Schloß war dem Staatsminister Reitzenstein bekannt.
3) Die Flaschenpost ist mit „Kaspar Hauser" unterschrieben und bezeichnet einen Ort in der Nähe von Laufenburg als Stätte der Gefangenhaltung. Beuggen liegt nur etwa 20 km von Laufenburg entfernt.
4) Das von Kaspar Hauser aus der Erinnerung gezeichnete Wappen entspricht dem Wappen der Komture v. Reinach über dem Eingang des Gartenhäuschens von Schloß Beuggen.

5) Die steile Karriere des Beuggener Pfarrers Eschbach kann nur mit seinem Wissen um den dortigen Aufenthalt Kaspar Hausers erklärt werden.

Was aber mag Eschbach zu der „Aktion Flaschenpost" veranlaßt haben? War es Mitleid mit dem Kind, oder war es der Versuch, sein Gewissen zu entlasten? Wir wissen es nicht. Sollte es Mitleid gewesen sein, dann wurde dieser Zweck allerdings gründlich verfehlt. Bis jetzt hatte der kleine Prinz, betreut von der Amme Dalbonne, in den ländlichen Verhältnissen des Beuggener Schlosses so gelebt, wie das normalerweise bei einem 4jährigen Kind der Fall ist. In dem ummauerten Schloßareal war er zwar ständig unter Aufsicht, hatte aber dennoch genügend Freiraum. Wie sonst auch hätte er sich jenes Wappenschild einprägen können, das er später aus der Erinnerung nachzeichnete. Jetzt aber trat eine grundlegende Änderung ein.
Der Bericht über die Flaschenpost war nicht nur im Pariser „Moniteur" erschienen. Auch die „Vossische Zeitung" in Berlin griff unter dem 16. 11. 1816 die Nachricht auf und versah sie mit einem erläuternden redaktionellen Zusatz. Nun waren der badische Hof – oder vielmehr diejenigen, die es dort betraf – aufgeschreckt. Das Kind durfte auf keinen Fall mehr in Beuggen bleiben. Es mußte fort, so weit fort, daß es niemand mehr mit Baden in Verbindung bringen konnte; am besten nach Bayern, auf eines der fränkischen Schlösser der Reitzensteinschen Verwandtschaft. Die Dalbonne wurde entlassen, sie konnte nur noch hinderlich sein. Das

Kind war jetzt alt genug für einen Transport, der diesmal ausschließlich unter Hennenhofers Leitung stand. Daß es Tränen bei der Trennung gegeben hat, dürfte sicher sein.

Die nächste Station auf dem weiten Weg, der dem kleinen Reisenden bevorstand, war Hochsal, und zwar das dortige Pfarrhaus. Der Ort – Geburtsort des Pfarrers Eschbach – liegt unweit von Laufenburg in nördlicher Richtung. Sein Kirchturm heißt „Die alte Hotz", was auf den Hotzenwald hinweist, in den Hochsal eingebettet ist. Pfarrer des Ortes war Eschbachs Amtsbruder Dietz; auch Eschbachs Vater lebte noch dort. Für den Aufenthalt des Prinzen, auch wenn er nur vorübergehend war, mußte Dietz eingeweiht werden, was durch Eschbach geschah. Auch Pfarrer Dietz machte – wie Eschbach – später Karriere. Er wurde von Großherzog Ludwig zum Geistlichen Rat ernannt und gehörte zu seinen engsten Vertrauten, was schon etwas seltsam anmutet, denn Dietz war katholischer Pfarrer und der Großherzog Protestant, in seiner Lebensführung jedoch ein zynisch-libertinöser Freigeist, weit entfernt von einem gut christlich-katholischen Lebenswandel.

Von Hochsal aus ging die Reise in Richtung Bayern zunächst nach dem südlich von Donaueschingen gelegenen Mundelfingen. Der dort seit 1814 wirkende Pfarrer Engesser wird als weiterer – wenn auch nur vorübergehender – Herbergsvater Kaspar Hausers genannt. Beweise dafür gibt es nicht, doch machte auch Engesser eine erstaunliche Karriere. Er wurde 1824 in Karlsruhe Direktor der katholischen Kir-

chensektion und stand bei Großherzog Ludwig in hohem Ansehen.
Die nächste Station nach Mundelfingen war Schloß Heiligenberg. Die gleichnamige Landgemeinde des Kreises Konstanz liegt unweit des Bodensees und wird von dem Schloß der Fürsten von Fürstenberg überragt, das auf einem 728 m hohen Hügel über dem Ort thront. Es befindet sich noch heute im Besitz der Fürsten von Fürstenberg. Berühmt ist sein großer Saal, dessen geschnitzte Holzdecke aus dem 16. Jahrhundert wohl die schönste Deutschlands ist. Der damalige Fürst von Fürstenberg, Karl Egon von Fürstenberg, geboren 1796, badischer General, Mitglied und Vizepräsident der badischen Ständekammer, hatte enge Verbindungen zu der Familie Hochberg und heiratete wenig später Amalie, die Tochter der Gräfin. Hier bestand also keine Gefahr, daß geredet wurde; um so weniger, als auch dieser Aufenthalt nicht von langer Dauer war. Endstation der langen Reise war ein der Reitzensteinschen Verwandtschaft gehörendes Schloß in Franken oder der Oberpfalz, das bis heute unbekannt geblieben ist, obwohl es von Kaspar Hauser gegenüber seinem Nürnberger Vormund, Freiherrn v. Tucher, so genau beschrieben wurde, daß man danach einen Riß hätte anfertigen können, wie Anselm Ritter v. Feuerbach, der Präsident des Ansbacher Appellationsgerichtes bemerkte. Tucher machte dazu folgende Angaben, wobei „er" für Kaspar Hauser steht:

Er erinnere sich, sagte er, eines großen Platzes, in dessen Mitte ein Röhrenbrunnen gewesen, rund um diesen Platz seien die Zimmer herumgebaut gewesen; wenn man die Thüre aufgemacht, habe man durch mehrere Zimmer hindurchsehen können. Altdeutsche Ritter- und Fürstenbilder in der Gallerie erinnerten ihn an eine Statue, die an der Treppe mit dem Schwerte in der Hand gestanden. Der Knopf dieses Schwertes sei ein Löwenkopf gewesen. Späterhin gab er noch folgendes an: an den äußeren Wänden dieses Gebäudes waren Säulen mit Steinbildern. Der Brunnen war wie der am Hofe des Nürnberger Rathauses, aber größer und mit stärkerer Wasserströmung. Vom Schloßhofe führten keine Treppen zu der Thüre des Gebäudes. Die Zahl der Thüren und Thore, durch welche man in das Gebäude kam, weiß er nicht genau anzugeben; es mögen, sagte er, vier oder fünf gewesen sein. Zum Teil groß und offen, alle oben rund. Inwendig im Gebäude ging eine große breite Treppe hinauf, vier oder fünf mal gebrochen.

Unten neben der Treppe stand ein runder Stein, so hoch als das Geländer der Treppe; darauf stand eine weiße, steinerne Bildsäule mit Schnurr- und Knebelbart, in der Hand ein bloßes, gegen die Erde gestütztes Schwert. Zwei Reihen von Zimmern befanden sich im Innern des Gebäudes, die eine Reihe war unten, zu der anderen mußte man die Treppe hinaufsteigen. Unten konnte man ganz herumgehen, so daß man durch die Thore auf den Brunnen hinaussehen konnte. Zu der unteren Reihe der Zimmer führten Flügelthüren.

In jedem Zimmer der oberen Reihe waren zwölf Sessel, drei Kommoden, zwei Tische, einer in der

Mitte und einer an der Wand; nur im Bibliothekszimmer waren keine Kommoden. Die Tische waren nicht alle gleich, wohl aber die Kommoden und die Sessel. Eines der Zimmer war das größte, es war das erste, in welches man eintrat. Das daneben befindliche war noch schöner. In allen Zimmern waren große Spiegel mit goldenen Rahmen; in vieren der Zimmer, dem Silber- und Bibliothekszimmer und in den beiden vorhin genannten, hing von der Decke ein Lüster. Im größten Zimmer war der Tisch länglichrund.
Die Kommoden hatten in der Mitte der vorderen Seite eine hervortretende Rundung. Jede Schublade hatte zwei Löwenköpfe, an welchen man sie herauszog, in der Mitte waren Schlüssellöcher. Viele Bilder hingen an den Zimmerwänden. Im Bibliothekszimmer waren zwei Spiegel und ein großer Tisch. In einem der Zimmer waren silberne Schüsseln, Teller, Gabeln, Messer, auch Kaffeetassen, jede dieser Gerätschaften besonders und alles hinter Glasthüren. Unter den Glasschränken waren hölzerne Schränke mit Flügelthüren, in welchen die meisten und schönsten Tassen standen.

Aus Hausers Schilderung geht hervor, daß es sich um eine großzügige Anlage handelt, keinesfalls also um ein raumbegrenztes Bergschloß, sondern um einen in der Ebene gelegenen Bau, dem Stil nach ein Renaissanceschloß. Schlösser dieses Baustils gibt es in Nordbayern nicht allzu viele. Die meisten dortigen Herrensitze sind Barockbauten oder nachträglich barockisiert. Insofern wäre die Suche nach

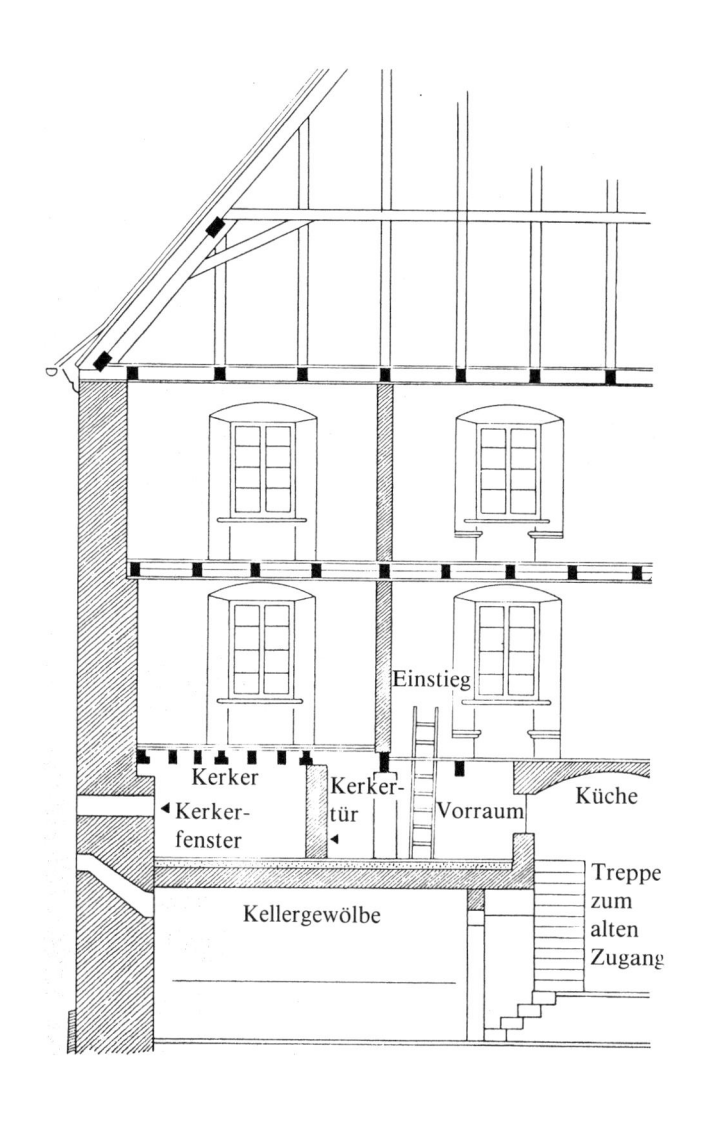

Schnitt durch den Schloßbau mit Lage des Kerkers

einem Schloß, das Hausers Angaben entspricht, auf wenige Objekte beschränkt. Es müßten im Flachland gelegene Anlagen großen Stils sein, entweder ehemalige Wasserburgen oder grabengeschützte Talburgen, die später zu Schlössern umgebaut wurden. Schlösser dieser Art waren jedoch meistens fürstliche Residenzen und nicht in gräflichem oder freiherrlichem Besitz. Auch dies würde die Suche weiter begrenzen. Ein solches Schloß müßte sich außerdem damals – in den Jahren 1816/1817 – im Besitz eines Verwandten des badischen Ministers Reitzenstein befunden haben.

Zu dem Schloß, das Kaspar Hauser nach einem Traum beschrieben hat, bemerkt der Hauser-Forscher Fritz Klee: „Es gibt ein Schloß, auf das der Traum Hausers ziemlich paßt. Ich habe dieses besucht, auch eine andere Spur führt dorthin. Da jedoch die Untersuchungen hierüber noch nicht abgeschlossen sind, so müssen nähere Mitteilungen vorerst unterbleiben." (Klee, Fritz: Neue Beiträge zur Kaspar-Hauser-Forschung, 1929, Seite 111, Anmerkung 62) Zu diesen näheren Mitteilungen ist es durch den Tod des Verfassers nicht mehr gekommen. Auch hat er keine Aufzeichnungen hinterlassen, aus denen Genaues zu entnehmen wäre. Vermutungen sprechen von Schloß Rügland, nördlich von Ansbach, und von Schloß Reuth, südlich von Marktredwitz. Bei beiden ist jedoch viel Phantasie vonnöten, um in ihnen Hausers Schloßtraum realisiert zu sehen.

Noch aber war für das Kind die letzte Station nicht erreicht, der Ort wo die Gefangenschaft erst wirklich begann und wo sie schließlich auch endete.

Um den weiteren Gang der Ereignisse zu verstehen, ist es jedoch notwendig, einen Blick auf die politische Landkarte Badens und Bayerns im 19. Jahrhundert zu werfen.

Dieses Jahrhundert hatte mit einem Paukenschlag begonnen. Der französische Erste Konsul, der General Napoleon Bonaparte, griff entscheidend in den zweiten Koalitionskrieg (1799 – 1801) ein und zwang durch seine Siege Österreich und dessen Verbündete 1801 zum Frieden von Lunéville, in welchem das linke Rheinufer an Frankreich abgetreten wurde. Diejenigen deutschen Fürsten, die durch diese Abtretung Gebietsverluste erlitten, sollten rechtsrheinisch entschädigt werden. Mit der Regelung der Entschädigungsfrage beauftragte der Regensburger Reichstag 1803 den sogenannten Reichsdeputationshauptschluß. Aber diese Institution diente nur als staatsrechtliches Feigenblatt. Es war in Wirklichkeit Napoleon, der die territoriale Neuordnung in Deutschland vornahm. Die Gebiete der vielen geistlichen Fürsten wurden nun säkularisiert, d.h. an weltliche Herren gegeben, und die zahlreichen Reichsstädte wurden mediatisiert, d.h. sie waren nun nicht mehr dem Deutschen Kaiser, sondern einem Landesherrn unterstellt. Baden erhielt im Zuge dieser Neuordnung für seine linksrheinischen Verluste eine sechsmal so große Entschädigung, darunter auch die rechtsrheinischen Teile der alten Kurpfalz mit den Ämtern Bretten, Heidelberg und Mannheim, Gebiete also, die seit

1777 zu Bayern gehört hatten. Im Juli 1806 veranlaßte Napoleon sechzehn deutsche Fürsten, sich von Kaiser und Reich loszusagen und den sogenannten „Rheinbund" zu gründen, dessen Schutzherrschaft er übernahm. Daraufhin legte der Deutsche Kaiser Franz II. die Kaiserkrone nieder. Durch die Auflösung des Heiligen Römischen Reiches Deutscher Nation erlangte der deutsche Teilstaat Baden – und nicht nur dieser – die volle Souveränität im staatsrechtlichen Sinne. Indem der bisherige Markgraf Karl-Friedrich dies am 13. 8. 1806 erklärte, nahm er gleichzeitig den Titel eines Großherzogs von Baden an.

Für die verlorenen pfälzischen Lande – linksrheinisch an Frankreich, rechtsrheinisch an Baden – erhielt Bayern die Markgrafschaft Ansbach-Bayreuth sowie zwanzig Reichsstädte – darunter die Reichsstadt Nürnberg – des weiteren die Gebiete der geistlichen Fürstentümer Würzburg, Bamberg, Regensburg, Passau und Eichstätt und außerdem noch die Besitzungen einer großen Anzahl bisheriger reichsständischer Fürsten, Grafen und Herren. Durch den Untergang des alten Deutschen Reiches erlangte Bayern, wie auch Baden, die volle staatliche Souveränität und wurde Königreich. Trotz dieser neuen Würde und trotz des erheblichen Gebietszuwachses blieb das politische Streben der Wittelsbacher jedoch auf den Wiedererwerb der Pfalz gerichtet. Es war ihr Stamm- und Heimatland, wenngleich sie seit dem Aussterben der bayerischen Linie mit Karl Theodor Kurfürst von der Pfalz 1777 auch in München die Macht übernommen hatten.

Mit der sich 1813 abzeichnenden Niederlage Napoleons war der Heimfall der linksrheinischen Pfalz an Bayern in greifbare Nähe gerückt. Im Vertrag von Ried sicherte Österreich dem auf die Seite der gegen Napoleon Verbündeten übergetretenen Bayern zu, daß dieses Gebiet einen Zugang zum übrigen bayerischen Staatsgebiet erhalten sollte, was allerdings nur auf Kosten Badens geschehen konnte. Zur Ausführung der Rieder Vereinbarung schloß Österreich, das gerne den badisch gewordenen Breisgau zurückerhalten hätte, 1815 einen Geheimvertrag mit Bayern. Dieser bestimmte, daß Bayern im Falle des Aussterbens der direkten zähringischen Linie des Hauses Baden den badischen Teil der ehemaligen wittelsbachischen Kurpfalz zurückerhalten sollte. Bayern hatte also jetzt großes Interesse daran, daß diese Linie ausstarb. Es war folglich nicht daran interessiert, daß ein Kaspar Hauser auftauchte und sich als echter und damit thronfolgeberechtigter Zähringer herausstellte.

Auf dem Wiener Kongreß 1815 erhielt Bayern jedoch nur die linksrheinische Pfalz, so daß die Trennung von rechts- und linksrheinischem bayerischem Gebiet weiterhin bestehen blieb. Zwischen dem bayerischen Mainfranken und der ebenfalls bayerischen Rheinpfalz lag immer noch die Barriere der nordbadischen Gebiete um Heidelberg, Mannheim und Wertheim. Offensichtlich waren die badischen Diplomaten auf dem Wiener Kongreß erfolgreicher gewesen als der bayerische Vertreter Fürst Wrede, der seiner 1813 als General bei Hanau erlittenen Niederlage gegen Napoleon eine weitere auf diplomatischem Parkett hinzufügte. Das Aussterben der erbberechtigten Zähringer blieb aber als Möglichkeit, die immer näher rückte, nach wie vor bestehen. Zwar wurde in Baden durch Hausgesetz vom 4. 10. 1817 die Unteilbarkeit des Landes bestimmt und der Thronanspruch der Hochbergschen Söhne anerkannt, aber gegen diese Regelung protestierte Bayern sofort. Ludwig I., der spätere bayerische König, bekannte 1818 brieflich: „Mein feurigster Wunsch und meine bestimmte Meinung bleibt es, auf den Besitz der Pfalz zu bestehen." Erst durch den Frankfurter Vertrag vom 10. 7. 1819 erkannten Rußland, Österreich, England und Preußen – aber nicht Bayern – den Besitz Badens und das Erbrecht der Hochberger Linie an. 1827 erkrankte Großherzog Ludwig, der letzte legitime Zähringer, so schwer, daß mit seinem Ableben gerechnet werden mußte. Daraufhin drängten die militärischen Kreise Bayerns ihren Monarchen zu einer bewaffneten Intervention, um die bevorstehende Hochbergsche Thronbesteigung zu verhindern. Bayern zog Truppen zusammen, so daß man in Heidelberg täglich einen Handstreich erwartete. Nur durch die Drohung des russischen Zaren Alexander I. – er war mit Elisabeth, einer badischen Prinzessin verheiratet –, sich auf die Seite Badens zu stellen, wurde eine bayerische Militäraktion verhindert.

Die geschilderten politischen Gegebenheiten zeigen, warum Bayern an der badischen Erbfolge solchen Anteil nahm und weshalb es an einem leibhaftigen badischen Erbprinzen interessiert gewesen sein

könnte, sei es, um ihn als letzten echten Zähringer vom Thron fernzuhalten, sei es, um ihn zu einer Erpressung zu verwenden. Zwar war 1819 die Thronfolge der Hochberger Linie durch die europäischen Mächte anerkannt worden, aber was wäre gewesen, wenn Bayern nun plötzlich einen echten Zähringer hätte präsentieren können? Wenn ihr das verhindern wollt – so ein mögliches bayerisches Ultimatum – müßt ihr mit uns über die rechtsrheinische Pfalz und den Tauberkreis verhandeln, denn sonst werden wir einen echten Zähringer beibringen, und mit der Hochberger Linie ist es aus!
Von allen diesen politischen Überlegungen wußte das Kind nichts, das sich nun in einem nordbayerischen Schloß befand, welches einem Verwandten des badischen Staatsministers Reitzenstein gehörte. Was nun weiter folgte, läßt sich nur vermuten. Irgendwann, so ist anzunehmen, wird bei diesem Verwandten bayerischer Patriotismus über Reitzensteinsche Familienbande gesiegt haben und er zu dem Entschluß gekommen sein, das Kind, das vielleicht auch Umstände machte und lästig geworden war, jenen bayerischen Militärkreisen zu übergeben, die sich mit dem Verlust der rechtsrheinischen Pfalz nicht abfinden wollten. Und so ging die Reise weiter, aber jetzt war es nur noch ein Sprung nach Schloß Pilsach bei Neumarkt in der Oberpfalz.

Seitenansicht des Schlosses mit Lichtschacht des Kerkers (oben)

IV. Pilsach: zeitloses Dasein

„Um Pilsach her sind viel Wunder des Lichts. Pilsach ist schön, wenn am hohen Sommertag vom italienischen Himmel die Sonne allen Horizont in einen Goldmantel hüllt, und es ist schön, wenn der Mond sich still im dunklen Weiher spiegelt und silberne Fäden über die schlummernde Welt spinnt.
Das Haus stößt mit hohem Dach steil in den dunkelnden Himmel, im Weiher springt der Fisch, die steinerne Brücke leitet zum gepflasterten Gang. Die Haustür ist geschnitztes Rokoko.
Festes Haus, einst gewaffnet und bewehrt. Jetzt freundlich blickend aus blanken Fenstern mit vielen grünen Läden ringsum, an die Scheiben pocht der Apfelbaum, der Frauenschuh drängt sich an die Grundmauer. Naturnah die ländliche Anlage, traulich die Wirtschaftsgebäude zwischen Bach und Buschwerk geschmiegt, aber von drüben droht dunkelbewaldet der Berg, und in Winternächten seufzt das Haus von der Last seiner Geheimnisse und Erinnerungen. Der Park starrt in Rauhreif, der Weiher knackt, dann hallt es innen von dumpfen Schlägen, und über die Hofbrücke hallt es vom Hufschlag. Wohin läuft das Pferd, das keiner sieht?
Der Weiher schweigt, und die steinerne Brücke schweigt, die grauen, alten Pfeiler starren. Von wieviel Tritten hat sie gehallt, über gebreiteten Teppich schritt die Braut, über Tannenreis die Füße der Bahrenträger. Särge trugen sie hinaus, und Särge trug man hinein, wenn die Toten nach Haus kamen,

in der Heimat zu ruhen. Weh ist über die Brücke gegangen, als der erste Lehensträger davonging und Weh sagt die Brücke, und Wehe sagen ihre steinernen Pfeiler. Aber nie ist größeres Weh über ihre Steine gegangen als damals, als man das Kind über die Brücke trug und dann, als sie den lebendig Begrabenen hinaustrugen. Denn darum ist es, daß der unbegriffene Schauer von den Wänden rinnt, daß so oft in den finsteren Sturmnächten Entsetzen in die Herzen tropft ..." (Klara Hofer, ehemalige Besitzerin von Schloß Pilsach, in: Das Schicksal einer Seele, Nürnberg 1924)

Das Dorf Pilsach liegt ca. 40 km südöstlich von Nürnberg und 6 km nördlich von Neumarkt/Oberpfalz in einem weiten Tal, dem Lauf eines Baches folgend. Es wird von zwei Höhen, dem Ottenberg im Westen und dem Röthelberg im Osten, umgeben. Die Landschaft ringsum ist lieblich und anmutig, mit alten Mühlen an plätschernden Bachläufen und sanft gerundeten, bewaldeten Bergen.

Anfang des 19. Jahrhunderts lag Pilsach weitab von jeglichem Verkehr in tiefer Abgeschiedenheit. Die alte 1870 aufgelassene Landstraße berührte den Ort nicht, sondern verlief in weiter Entfernung über den Röthelberg. Heute führt sie als B 8 von Neumarkt nach Nürnberg. Die Autobahn von dort nach Regensburg verläuft zwar nur etwa zwei Kilometer südlich von Pilsach, an dem abgeschiedenen, ländlichen Gesicht der Ortschaft aber haben diese Verkehrswege der Neuzeit wenig geändert.

Das Schloß liegt am östlichen Rand der Ortschaft inmitten eines verwilderten Parks mit hohen, dunk-

len Bäumen und ist von einem modrigen Wassergraben, der aus dem Bach gespeist wird, umgeben. Daneben liegen Stallungen, Scheunen und das einstöckige Jägerhaus. Schloß Pilsach ist ein schlichter, rechteckiger Bau mit zwei Stockwerken über dem Erdgeschoß und einem hohen Walmdach mit mehreren kleinen Mansardenfenstern. Das Erdgeschoß hat keine Fenster, nur die beiden darüber gelegenen Stockwerke, was auf den ehemaligen Wehrcharakter der Anlage hinweist. Eine mit einem Holzgeländer versehene Brücke führt über die Wasserfläche zum Eingang, dem einzigen des Schlosses. Seine jetzige Gestalt erhielt das Gebäude im 17. Jahrhundert, nach dem Dreißigjährigen Krieg.
Der Besitzer von Schloß Pilsach war seit 1808 ein Freiherr von Grießenbeck. Er kam in Jugendjahren als Edelknabe an die Pagerie des Münchner Hofes und wurde mit 17 Jahren Leutnant des dortigen Leibregiments. Bis 1810 diente er in der bayerischen Armee, nahm mit Auszeichnung an mehreren Feldzügen teil, wurde Major und erhielt für seine Verdienste – neben anderen militärischen Ehrenzeichen – den Max-Joseph-Orden. Ein langwieriger Prozeß um die Mitgift seiner Frau zwang ihn, seinen Abschied zu nehmen. 1812 wieder eingestellt, wurde er als Rittmeister und Eskadronchef zur berittenen Gendarmerie nach Regensburg kommandiert und kam dann 1816 als Kompanieführer nach Passau. Vom Jahre 1817 an nahm seine Karriere einen erstaunlichen Aufschwung. Er wurde zum königlich-bayerischen Hofkämmerer ernannt und vier Jahre später zur Leibgarde der Hatschiere nach

München versetzt. 1836 zum Oberst befördert, erhielt Grießenbeck als Kommandeur den Befehl über das bayerische Kadettenkorps. Als er 1848 in den Ruhestand trat, war er Generalmajor der bayerischen Armee und konnte auf eine lange Reihe von Auszeichnungen dieser Armee und damit auf einen Aufstieg zurückblicken, der sicherlich weit über die normalen militärischen Beförderungen hinausging.
Diese militärische Laufbahn brachte es mit sich, daß sich der Schloßherr von Pilsach nur selten in seinem Besitz aufhalten konnte. Das war auch schon damals der Fall, als er noch Gendarmerieoffizier in Regensburg und Passau gewesen war. Zu der einsamen Lage von Schloß Pilsach kam also hinzu, daß das Schloß die meiste Zeit des Jahres leer stand und nur dann vorübergehend bewohnt war, wenn sein Besitzer auf Urlaub heimkam, um mit dem Verwalter die Abrechnungen über Pacht und Holzertrag durchzugehen. Pferde und Viehbestand waren nicht vorhanden und die zum Schloß gehörenden Felder verpachtet. Die Aufsicht über den ausgedehnten Waldbesitz hatte der neben dem Schloß in dem sogenannten „Jägerhaus" wohnende Herrschaftsjäger, der gleichzeitig auch Verwalter des Schlosses war.
Der Besitz des Gutes Pilsach schloß auch die sogenannte Patrimonialgerichtsbarkeit über Pilsach und einige umliegende Ortschaften mit ein, die dem Grundherrn die private Ausübung der Rechtsprechung über seine Hörigen erlaubte. In Deutschland bestand sie bis 1877. Ihre allgemeine Aufhebung auf dem Staatsgebiet des Deutschen Reiches verfügte

erst das Gerichtsverfassungsgesetz vom 27. Januar 1877.
Im Falle des Gutes Pilsach wurde die Gerichtsbarkeit nicht durch den Schloßbesitzer Freiherrn v. Grießenbeck selbst ausgeübt, sondern war von diesem wegen seiner seltenen Anwesenheit im Schlosse dem Justitiar Schwab in Neumarkt übertragen worden. Aber nicht nur die Rechtsprechung oblag dem Patrimonialgerichtsherrn, sondern auch der Vollzug. Der aber setzte voraus, daß ein Gefängnis vorhanden war. Dieses Gefängnis von Schloß Pilsach, das durch den häufigen Besitzerwechsel in den auf den Freiherrn v. Grießenbeck folgenden Jahren in Vergessenheit geraten war, wurde 1924 wiederentdeckt.
Zusammengefaßt zeigt sich, daß Pilsach aufgrund mehrerer Voraussetzungen der geeignete Ort war, um einen Gefangenen aufzunehmen, dessen Anwesenheit verborgen bleiben sollte:

1) Die Ortschaft war einsam und abseits vom Verkehr gelegen.
2) Das Schloß stand die meiste Zeit leer.
3) Es war ein Gefängnisraum vorhanden, der außerdem so versteckt lag, daß sein Vorhandensein später vergessen wurde.
4) In der Person des Jagdhüters und Schloßverwalters war ein Bediensteter verfügbar, der einen Gefangenen versorgen konnte.

Dieser Verwalter war der Herrschaftsjäger Franz Richter, 1788 in Pilsach geboren und bis 1824 unverheiratet. Er hatte Buch zu führen über die Erträgnisse des Waldes und die Ablieferung der Pacht und des Zehnten seitens der Bauern. In dem Jägerhaus neben dem Schloß wohnte er mit seiner Mutter. Diesem Mann wurde der Knabe Kaspar Hauser nun übergeben. Der genaue Zeitpunkt der Ankunft im Schloß Pilsach läßt sich nicht feststellen. Es gibt jedoch Anhaltspunkte, die darauf hinweisen, daß sie wahrscheinlich in der Mitte des Jahres 1817 erfolgte. Die Wegstrecke zwischen Beuggen und Nordbayern betrug bei der damaligen Straßenführung etwa 500 km. Mit einem Reisewagen zurückgelegt und unter Berücksichtigung der eingelegten Zwischenstationen, häufig nötigen Pferdewechsels und jahreszeitlich bedingter schlechter Straßenverhältnisse – die Abreise aus Beuggen geschah Ende November 1816 – dürfte die Reise sicher an die 20 Tage, also bis zum Jahresende 1816, gedauert haben. Die Tatsache, daß sich Kaspar Hauser die Räumlichkeiten des Schlosses in Nordbayern so stark einprägten, daß er davon träumte und sie ziemlich genau wiedergeben konnte, beweist, daß der Aufenthalt dort mindestens mehrere Wochen gedauert haben muß. Der Pilsacher Schloßherr, Freiherr v. Grießenbeck, nahm in den Jahren vor 1817 jeweils 3 Wochen Urlaub, den er entweder im Frühjahr oder im Sommer in Pilsach verbrachte. Im Jahre 1817 aber verlegte er seinen Urlaub auffallenderweise in den November. Man könnte daraus schließen, daß er, um mögliche Spuren zu verwischen, in den davor liegenden Monaten offiziell und nachprüfbar nicht in Pilsach anwesend sein wollte. Da er häufig auf Dienstreisen war, um als Kompa-

niechef die ihm unterstellten Gendarmeriestationen zu inspizieren, konnte er dann eine solche Dienstreise benutzen, um bei der Einlieferung Kaspar Hausers in Pilsach zugegen zu sein. Die aufgeführten Gründe – der Reiseweg von Beuggen mit Zwischenstationen und die Urlaubsverlegung des Pilsacher Schloßherrn – weisen darauf hin, daß Kaspar Hauser wahrscheinlich im Frühjahr oder Sommer 1817 nach Pilsach verbracht wurde. Auch die Tatsache, daß die militärische Karriere des Freiherrn v. Grießenbeck von 1817 an steil nach oben führte, ist ein Hinweis auf dieses Jahr. Aus diesem Aufstieg geht aber auch hervor, daß v. Grießenbeck keinesfalls der Kopf jener bayerischen Offizierskamarilla war, die ein Interesse an der Gefangenhaltung des badischen Erbprinzen hatte. Aber er war Soldat und gewohnt zu gehorchen, ohne zu fragen.
Dem heutigen Besucher von Schloß Pilsach, der am schloßabgewandten Ufer des Wassergrabens um das Schloß herumgeht, fallen an der vom Eingang her gesehen linken Schloßseite zwei übereinander angeordnete schießschartenähnliche Luken auf, die sich unter dem linken Fenster der ersten Fensterreihe befinden. Da das Schloß von einem Wassergraben umgeben ist, der heute allerdings – versumpft und verschilft – mehr einem Weiher ähnelt, konnte es nicht unterkellert werden; die Räume im Erdgeschoß mußten diese Funktion übernehmen. Der untere der beschriebenen Mauerdurchbrüche gibt einem dieser Erdgeschoßkeller Licht, der darüber gelegene aber diente der Erhellung des Verlieses, in dem Kaspar Hauser gefangengehalten

wurde, welches also über dem Keller liegt. Dieser 1924 wiederentdeckte Gefängnisraum befindet sich auf der linken Seite des Treppenaufgangs von Schloß Pilsach, auf halber Höhe der Treppe, und war damals von der rechts neben der Treppe liegenden Küche aus zugänglich. Dieser Eingang wurde 1864 jedoch zugemauert. Heute ist deshalb nur ein Einstieg über eine Leiter vom 1. Stock aus möglich. Er führt in einen lichtlosen Vorraum und von dort durch einen 80 cm hohen und 50 cm breiten Türdurchbruch in den eigentlichen Kerker. Die schweren, eisernen Türriegel der Türleibung zeigen, daß sich hier einstmals eine massive, verschließbare Tür befunden haben muß. Der Kerker selbst ist 4,30 m lang, 2,60 m breit und 1,65 m hoch. Die Wände sind vermörtelt. Die Decke wird von wuchtigen Längsbalken getragen, auf denen Querbretter ruhen. Darüber befindet sich eine dicke Schicht aus Schotter und Gesteinsbrocken. Dadurch und durch die Mauerstärke ist der Raum nach allen Seiten schalldicht und verhältnismäßig warm, wie auch absolut trocken, da er nicht zu ebener Erde liegt. Der nach außen führende Lichtschacht, von dem schon die Rede war, taucht ihn in ein spärliches Dämmerlicht, das wohl auch bei hochstehender Sonne kaum heller sein dürfte. Dieser Lichtschacht befindet sich an der dem Eingang gegenüberliegenden Längswand in 65 cm Höhe über dem Fußboden. Er ist etwa 30 cm hoch, 20 cm breit und – entsprechend der Mauerstärke – 1,60 m tief. Als Vergitterung befindet sich darin ein 1,30 m von der Innenwand entfernt angebrachter senkrechter, blattförmiger Eisenstab, der

*Gaststätte Bärleinhuter und Obere Wörthstraße,
Nürnberg*

wegen seiner beiden seitlichen Äste einer Tulpenpflanze ähnelt. In seinen späteren Erinnerungen hat Kaspar Hauser den Gefängnisraum, in dem er untergebracht war, folgendermaßen beschrieben:

Das Gefängniß, in dem ich bis zu meiner Befreiung leben mußte, war ohngefähr sechs bis sieben Schuh lang, vier breit und fünf hoch. Der Boden schien mir festgestampfte Erde zu seyn, an der Vorderseite waren zwei kleine Fenster mit Holz verschlichtet, welches ganz schwarz aussah. Auf dem Boden war Stroh gelegt, worauf ich zu sitzen und zu schlafen pflegte. Meine Füße waren von den Knieen an mit einer Decke bedeckt. Über meinem Lager auf der linken Seite war im Erdboden ein Loch, worin ein Topf angebracht war; es war auch ein Deckel darüber, den ich wegschieben mußte, und immer wieder darüber deckte. Die Kleider, die ich in dem Gefängnisse getragen habe, waren ein Hemd, kurze Hosen, in denen aber das Hintertheil fehlte, daß ich meine Nothdurft verrichten konnte, weil ich die Hosen nicht ausziehen konnte. Die Hosenträger hatte ich auf dem bloßen Leib. Das Hemd war darüber. Meine Nahrungsmittel waren nichts anderes als Wasser und Brod; an Wasser hatte ich zuweilen Mangel; Brod war immer genug da, ich aß wenig Brod, weil ich keine Bewegung hatte; ich konnte ja nicht gehen, und wußte nicht, daß ich aufstehen könnte, weil mir das Gehen niemand gelehrt hatte; es ist mir nie der Gedanke gekommen, aufstehen zu wollen. Ich hatte zwei hölzerne Pferde und einen Hund, mit denen ich mich immer unterhalten habe;

ich hatte Bänder von roth und blauer Farbe, damit putzte ich die Pferde und den Hund, aber manchmal fielen sie herunter, weil ich sie nicht binden konnte. Wenn ich erwachte, lag das Stück Brod neben mir und ein Krüglein Wasser. Zuerst griff ich nach dem Wasser, um meinen Durst zu stillen, dann aß ich Brod, hierauf nahm ich die Pferde und putzte sie eine Zeitlang, dann nahm ich den Hund; war ich mit diesem fertig, so trank ich das übrige Wasser aus, und nahm nochmal die zwei Pferde, that wieder alle Bänder herunter, und putzte sie von neuem, und machte eine Zeit lang so fort. Dann aß ich Brod, ich wollte auch trinken, aber es war kein Wasser mehr darin, da nahm ich den Hund, und wollte ihn putzen, wie die Pferde, aber ich konnte ihn nicht mehr fertig bringen, weil mein Mund zu trocken wurde, ich nahm sehr oft das Krüglein in die Hand und hielt es lange an den Mund, aber es ging niemals Wasser heraus, ich stellte es immer wieder hin, und wartete eine Zeitlang, ob nicht bald ein Wasser kommt, weil ich nicht wußte, daß mir das Wasser und Brod gebracht werden mußte; ich hatte ja keinen Begriff, daß außer mir noch Jemand seyn könnte. Ich habe nie einen Menschen gesehen, auch niemals einen gehört; wenn ich eine Zeitlang gewartet habe, und es ist kein Wasser gekommen, dann legte ich mich rückwärts und schlief ein. Ich erwachte wieder, da ist mein erstes gewesen, nach dem Wasser zu langen, und so oft ich erwachte, war ein Wasser in dem Krüglein, und auch ein Brod da. Das Wasser trank ich beinahe immer aus, dann war mir sehr wohl, ich nahm die Pferde und machte es

gerade wieder so, wie ich's schon erzählte. Gewöhnlich fand ich das Wasser recht gut, aber manchmal war es nicht so gut, und wenn ich getrunken hatte, verlor ich alle Munterkeit, aß nicht mehr, und spielte auch nicht, sondern schlief ein. Wenn ich erwachte, war's einmal so hell, als das anderemal; ich habe niemals eine Tageshelle gesehen, als in der ich jetzt lebe.
(1829: Über Kaspar Hausers Leben – Von ihm selbst geschrieben)

Diese Beschreibung deckt sich weitgehend mit den tatsächlichen Verhältnissen des Pilsacher Kerkers, zwei Unstimmigkeiten fallen dabei aber auf: Kaspar Hauser spricht von zwei kleinen Fenstern, obwohl doch nur eines vorhanden ist, und erwähnt auch nicht das eigenartige Eisenblatt, mit dem dieses eine „Fenster", der Luftschacht, vergittert war. Beide Unstimmigkeiten sind jedoch erklärbar. Hauser war nicht gewohnt, perspektivisch zu sehen, und so mußte er die innere und die äußere Mündung des Lichtschachtes für je ein Fenster halten. Den Eisenstab im Lichtschacht erwähnt er zwar nicht, doch soll das Fenster mit Holz „verschlichtet" gewesen sein, das ganz schwarz ausgesehen habe. Der Lichtschacht war also mit Holz zugestellt, was sicher in den Wintermonaten geschah, um das Eindringen der Kälte zu verringern. Um so mehr müßte ihm aber im Sommer, wenn der Lichteinfall von außen größer war, das eigenartig geformte Eisengitter aufgefallen sein. Daß das der Fall war und sich dieses Bild in seinem Unterbewußtsein festsetzte, zeigt ein

Aquarell, das er 1829 angefertigt hat. Es stellt eine Art Tulpenpflanze dar, die in ihren silhouettenhaft scharfen Umrissen eine auffallende Ähnlichkeit mit dem Eisenblatt des Lichtschachtes hat. Außerdem sind die Blätter dieser Pflanze von ihm falsch an den Stengel angesetzt worden. Sie liegen sich — wie bei dem Eisenblatt — gegenüber und sind nicht gegeneinander versetzt, wie das bei einer Tulpe der Fall ist. Das Bild war also nicht nach der Natur, sondern aus der unterbewußten Erinnerung gefertigt, da sonst ein solcher Fehler nicht aufgetreten wäre. Die beiden Spielzeugpferde, die Kaspar Hauser erwähnt, wurden 1864 gefunden, gingen dann aber wieder verloren. Eines davon tauchte 1982 beschädigt wieder auf, als in Schloß Pilsach ein Fußboden erneuert und deshalb aufgerissen werden mußte. Bei seiner Vernehmung in Nürnberg am 7. 11. 1829 hatte Kaspar Hauser die Pferde genau beschrieben: „Die beiden Pferde waren von Holz, 8 bis 9 Zoll hoch. Doch getraue ich mich nicht zu behaupten, ob die weiße Farbe derselben Natur oder Folge eines Anstrichs gewesen." Das gefundene Pferd zeigt sowohl die Holzmaserung als auch den weißen Anstrich, und auch die Maße stimmen. Weiter sagte Kaspar Hauser aus, daß die Pferde hölzerne Schweife gehabt hätten und mit 4 kleinen Rädern versehen gewesen seien. Auch diese Aussage wird durch das gefundene Spielzeugpferd bestätigt. Am rechten Vorderhuf ist ein Zapfen erkennbar, der wahrscheinlich die Verbindung zu einem Brett mit 4 Rädern hergestellt hat, und an der der Hinterseite ist die Bohrung für den Holzschweif genau zu erkennen.

Aus Kaspar Hausers Feststellung in seinen Erinnerungen, daß das Wasser manchmal nicht so gut gewesen und er dann eingeschlafen sei, ist zu schließen, daß es in diesen Fällen mit einem Schlafmittel, wahrscheinlich Opium, versetzt worden war, um den Kerker reinigen zu können, während sein Insasse schlief. Die Nahrung bestand seinen Angaben zufolge aus Wasser und Brot. Als er 1928 in Nürnberg auftauchte, hat er jede andere Nahrung zunächst mit Abscheu von sich gewiesen. Für seinen Betreuer muß diese Form der Ernährung die einfachste gewesen sein, da eine anders geartete Versorgung mehr Umstände gemacht hätte und weniger geheim zu halten gewesen wäre. Aber Brot und Wasser waren für das Kind nicht nur Nahrung: Brot und Wasser bestimmten den Tagesablauf. Es gab keinen festen Zeitpunkt außer dem des Erwachens, wenn das Brot neben ihm lag und der Wasserkrug gefüllt war. War der Krug leer und das Brot gegessen, dann schlief das Kind ein. Dazwischen spielte es mit seinen beiden Holzpferden. „Ob ich mit dem Tag erwachte, kann ich nicht angeben, weil ich keinen Begriff von Tag und Nacht hatte", schrieb Kaspar Hauser später. Es gab keinen strahlenden Morgen, keine mittägliche heiße Sonne und keinen lauen Regen am Abend, es gab nur den schwachen Dämmerschein, der durch den Lichtschacht in das Verlies fiel. Es gab keinen Tag, aber auch keine Nacht mit Mond und Sternenhimmel, nur die dunkle Stille des Kerkers. Dieses Sein und gleichzeitige Nichtsein beschreiben die Verse der Dichterin Christiane Rosetti:

„Ich sehe nicht die Schatten,
spür' nicht des Regens Fall,
hör' nicht den schwermutsatten
Gesang der Nachtigall;
und träumend stumm im Dämmern,
das niemals steigt noch fällt,
weiß nicht ob ich gedenke,
ob ich vergaß der Welt."

Nie hörte das Kind eine menschliche Stimme, und nie sah es ein menschliches Wesen. Und so wie Tag und Nacht kaum mehr unterscheidbar waren und damit eins wurden, so wurden auch die Jahreszeiten eins und keinem Wechsel mehr unterworfen. Die Zeit war einem bewußtlosen Leben gewichen, und das davor Gewesene versank. Die Welt existierte nicht mehr. Aber sie sollte sich zurückmelden, denn die Zeit war eben doch nicht stehengeblieben: das Kind wuchs und wurde größer. Wenn ihm dieser Umstand selbst auch nicht bewußt wurde, die Personen, die er betraf, zwang er zum Handeln. Einen kleinen Jungen kann man zwar wie ein Tier gefangenhalten, einen jungen Burschen aber kaum mehr, und jedes weitere Jahr hätte die Probleme noch verschärft. Es mußte also etwas geschehen, um so mehr, als sich 1827 gezeigt hatte, daß ein zähringischer Erbprinz als Druckmittel gegenüber Baden für Bayern wertlos geworden war. Die harte Haltung Rußlands, das zum Eingreifen entschlossen war, als ein bayerischer Überfall auf Nordbaden drohte, machte alle bayerischen Hoffnungen zunichte, jemals wieder in den Besitz der rechtsrheinischen kurpfälzischen Lande zu gelangen. Hinzu kam, daß ein Hinweis Bayerns auf die wahre Identität Kaspar Hausers damals zu einer Gefährdung des gesamten dynastischen Systems in Deutschland und zu einem Erstarken der freiheitlich-demokratischen Kräfte geführt hätte. Bayernkönig Ludwig I. äußerte sich dazu später: „In diesem Augenblick, wo die liberale Zersetzung die deutschen Throne gefährdet, den badischen Herrscher disqualifizieren, das hieße die Festigkeit aller deutschen Dynastien in Frage zu stellen." Es war also ein Gebot der Staatsräson, den nutzlos gewordenen Häftling so geräuschlos wie nur möglich freizugeben und zu entlassen, wobei vielleicht auch eine Rolle gespielt haben mag, daß die Frau des Schloßverwalters und Gefängniswärters Franz Richter nach nur kurzer Ehe im Februar 1828 gestorben war, die Versorgung des Gefangenen jetzt also nur bei diesem gelegen hätte. Die Freilassung zum jetzigen Zeitpunkt, 1828, schien auch völlig ungefährlich zu sein. 1812 geboren, war Kaspar Hauser nun 16 Jahre alt; er wußte nichts von seiner Herkunft und nichts mehr von seiner früheren Kindheit.

Da Kaspar Hauser am Pfingstmontag, den 26. 5. 1828, in Nürnberg auftauchte, müssen die Vorbereitungen für seine Haftentlassung in der Zeit davor erfolgt sein. In den Zahlungslisten der Hatschiergarde, der Freiherr v. Grießenbeck angehörte – sie befinden sich heute im Bayerischen Staatsarchiv in München –, sind die Urlaube vermerkt, die die Offiziere erhielten. Daraus geht hervor, daß der Baron 1827 keinen Urlaub genommen hatte, 1828

*Unschlittplatz mit den Häusern Nr. 8 und 10,
Nürnberg*

aber – gegen seine Gewohnheit – zweimal in Pilsach gewesen ist, und zwar auch an Ostern. Er unterzeichnete am 10. 4. 1828 eine Einwohnerliste, die am 17. 4. 1828 bei dem zuständigen Landgericht eingegangen ist, wie aus dem Eingangsvermerk hervorgeht. Ein weiterer Beweis also für seine Anwesenheit in Pilsach vor Mai 1828. Diese Anwesenheit von Ostern an war erforderlich, um für die Wegführung Kaspar Hausers die notwendigen Vorbereitungen zu treffen, ihm etwas Sprechen und Schreiben und vor allem das Gehen beizubringen, nachdem er die ganzen Jahre nur gesessen und gelegen hatte. Sein Lehrer war niemand anderer als sein bisheriger Betreuer, der Jagdhüter und Schloßverwalter Franz Richter. Wie sich der Unterricht abgespielt hat, beschreibt Kaspar Hauser in seinen 1829 entstandenen Erinnerungen „Über Kaspar Hauser's Leben – Von ihm selbst geschrieben".

Als das erstemal der Mann zu mir hereinkam, stellte er einen ganz niedrigen Stuhl vor mich hin, legte ein Stück Papier, und einen Bleistift darauf, dann nahm er meine Hand, gab mir den Bleistift in die Hand, drückte mir die Finger zusammen und schrieb mir etwas vor. Das that er recht oft, bis ich's nachmachen konnte. Dieses zeigte er mir sieben bis achtmal; es gefiel mir sehr wohl, weil es schwarz und weiß aussah; er ließ meine Hand frei, ließ mich allein schreiben, ich schrieb fort, und machte es gerade wie er's mir vorgezeigt hatte, und wiederholte dieses öfter. Wenn der Mann meine Hand losließ, machte ich mir gar nichts daraus und schrieb fort,

mir kam kein Gedanke, warum meine Hand alle Festigkeit verlor. In dieser Zeit kann der Mann hinter mir gewesen seyn und mir zugesehen haben, ob ich es nachmachen kann oder nicht; ich hörte ihn nicht kommen, auch nicht fortgehen. Ich schrieb eine Zeitlang so fort, und bemerkte gleich, daß meine Buchstaben den vorgezeichneten nicht ähnlich sind; ich ließ aber nicht eher nach, bis ich die Ähnlichkeit erreichte. Dann wollte ich wieder trinken, weil ich vor dem Eifer meinen Durst gar nicht so bemerkte; aß ein wenig Brod, nahm die Pferde putzte sie wieder so, wie ich oben erzählt habe. Aber ich konnte sie nicht mehr so leicht putzen, als zuerst, weil mich der Stuhl hinderte, der vor mir über meinen Beinen stand; und machte mir viel mehr Anstrengung, weil die Pferde neben dem Stuhl standen, und ich hatte nicht so viel Verstand, daß ich den Stuhl weggethan, oder die Pferde, auf den Stuhl gestellt hatte. Da hatte ich viel mehr Durst bekommen, und hatte kein Wasser mehr, sodann schlief ich ein. Als ich erwachte, stand der Stuhl noch über meinen Füßen; mein erstes ist immer gewesen, nach dem Wasser zu langen; darauf aß ich ein Brod, schrieb sodann eine Zeitlang, nahm die Pferde und den Hund, als ich fertig war trank ich mein weniges Wasser aus, aß ein wenig Brod. Dieses wiederholte ich.
Ob ich mit dem Tag erwachte, kann ich nicht angeben, weil ich keinen Begriff von Tag und Nacht hatte. Ich kann auch nicht sagen, wie lang ich schlief, nach meiner jetzigen Vermuthung ziemlich lang, mein Spiel währte immer, so viel ich jetzt bestimmen kann, höchstens vier Stunden. Wie der

Mann mir das Schreiben zeigte, sagte er kein Wort zu mir, sondern nahm meine Hand und schrieb mir vor; als er mich bei der Hand nahm, kam mir's nicht in Gedanken mich umzusehen, um den Mann zu erkennen; ich hatte ja nicht gewußt, daß es eine solche Gestalt giebt, wie ich bin. Der Mann kam zum zweitenmal, brachte ein Büchlein mit legte es vor mich aufgeschlagen auf den Stuhl, nahm meine Hand und fieng zu sprechen an, er deutete auf die Pferde hin, und sagte leiß: Roß etliche mal nacheinander; als ich dieses hörte, horchte ich lange, ich hörte immer das nämliche; dann kam mir's in Gedanken, ich solle es auch so machen, ich sagte auch die nämlichen Worte, nahm ein Bändchen mit der linken Hand und sagte nochmal Roß, weil ich mit der rechten Hand nicht hinlangen konnte, die mir der Mann hielt; dann sagte er etlichemal: „dieses merken" und legte meine Hand auf's Büchlein hin, und zugleich auf die Pferde und fuhr mit hin und wieder. Welches mir sehr wohl gefiel, er sagte dabei: dieses nachsagen, dann bekommst du solche schöne Roß vom Vater. Diese Worte sagte er mir etlichemal vor, ich sagte es nicht nach und horchte sehr lange, und da ich immer dieselben Worte hörte, fieng ich's wieder zum Nachsprechen an; er sagte es vielleicht noch sieben oder achtmal vor, dann konnte ich's ein wenig deutlicher nachsprechen, wie ich es deutlicher nachsprechen konnte, deutete er nochmal auf die Pferde hin, fuhr wieder so hin und wieder, und sagte: „dieses merken," „den Roß vorsagen, dann darfst du auch so fahren," dieses gefiel mir am allerbesten. Jetzt war meine Hand frei und das Büchlein lag auf dem Stuhl; ich sah immer auf das Büchlein hin, weil es mir so wohl gefiel, da es gerade so aussah, wie mein Papier, worauf ich geschrieben hatte; ich sagte es noch etlichemal für mich allein, ich trank mein weniges Wasser aus, aß ein wenig Brod, fuhr dann mit den Pferden anfangs ganz langsam und ohne Geräusch, wie mir's der Mann gezeigt hatte; sagte auch die Worte zu den Pferden; dabei wurde ich sehr durstig müde und schläfrig und wenn ich kein Wasser mehr hatte legte ich mich rückwärts und schlief ein. Als ich erwachte, lag mein Büchlein noch auf dem Stuhl. Dieses sah ich nicht eher, als bis ich das Wasser getrunken hatte; dann schrieb ich, putzte die Pferde und den Hund; nachher gieng's über das Büchlein, und sagte die Worte, die mir der Mann gelehrt hat, und deutete gerade so auf die Pferde, und sagte auch diese Worte, „dieses merken, du schöne Roß vom Vater bekommst," dann deutete ich in's Büchlein hin, und wiederholte es nochmal, nachdem fuhr ich so hin und wieder, fühlte wieder Durst, trank mein weniges Wasser aus, aß ein wenig Brod, sagte jene Worte noch etlichemal, und fieng zu fahren an; fuhr aber so stark, daß es mir selber wehe that. Da kam der Mann mit einem Stock, schlug mich auf den Arm, welches mir sehr wehe that und weinte; ich war von dieser Zeit an sehr stille und fuhr nicht mehr mit den Pferden. Nachdem ich lange geweint habe, wollte ich trinken, ich hatte kein Wasser mehr, aß mein weniges Brod und schlief ein. Als ich erwachte saß ich auf, und trank mein Wasser, dann legte ich die Bänder ganz leise hin auf die Pferde, wie der Mann es mir gezeigt hatte, und sagte jene gemerkten Worte zu den Pferden, schrieb wieder, nachdem ich auch eine Zeit lang in das Büchlein dieselben Worte sprach, nahm das Krüglein, trank mein weniges Wasser aus, ich spielte noch eine Zeit lang, ich wurde sehr müde und schläfrig und schlief ein. Ich werde noch etlichemal erwacht seyn, vielleicht noch vier oder fünfmal, bis mich der Mann forttrug. In der Nacht, in welcher der Mann kam, schlief ich recht gut, wie ich erwachte war ich schon angezogen, bis auf die Stiefel, die zog er mir an, setzte mir einen Hut auf, hob mich in die Höhe und lehnte mich an die Wand, nahm meine beiden Arme und legte sie um den Hals. Als er mich aus dem Gefängniß trug mußte er sich bücken, und es gieng einen kleinen Berg hinaus, vielleicht war's eine Treppe; dann gieng es ein Stück weit eben fort, ich fühlte schon große Schmerzen und fieng an zu weinen; jetzt kam ein großer Berg, als ich ein Stück weit hinauf kam, sagte der Mann, du mußt gleich zu weinen aufhören, sonst bekommst du keine Roß. Ich gehorchte ihm, er trug mich noch ein Stück weit, ich schlief ein. Wie ich erwachte, lag ich auf der Erde mit dem Angesicht, dem Boden zugewendet. Ich bewegte mich mit dem Kopf, vielleicht sah der Mann, daß ich erwacht war, er hob mich auf, nahm mich unter den beiden Armen, und lehrte mir das Gehen. Und wie ich zu gehen anfangen sollte, schob er mit seinen Füßen die meinigen fort, um mir begreiflich zu machen, wie ich's machen sollte. Ich werde etliche Schritte weit gegangen seyn, da fieng ich zu weinen an, ich fühlte schon sehr viele

Schmerzen an den Füßen, der Mann sagte, "du mußt gleich aufhören zu weinen, sonst bekommst du keine Roß." Ich sagte: "Roß," womit ich wollte, daß ich bald heim zu meinen Rossen käme, der Mann sagte mir, du mußt das Gehen recht lernen und merken, du mußt auch ein solcher Reiter werden, wie dein Vater ist. Er plagte mich noch immer mit dem Gehen; ich fieng an zu weinen, weil mir die Füße sehr wehe thaten. Er sagte nochmal jene Worte: "du mußt gleich zu weinen aufhören, sonst u.s.w." wenn er vorher diese Worte gesagt hatte, hörte ich immer gleich zu weinen auf; dießmal aber nicht, weil mir die Füße sehr wehe gethan haben; worauf er mich mit dem Angesicht auf den Boden hinlegte, und ich werde eine Zeitlang gelegen seyn, bis ich einschlief. Da ich wieder erwachte, hob er mich in die Höhe und sagte: ich solle das Gehen recht lernen, dann bekommst du schöne Roß, er schleppte mich gerade wieder so fort, wie das erstemal. Ehe der Mann auf dem Wege mir vorzusprechen anfieng, legte er mich sehr oft auf die Erde hin, weil ich immer gleich ermüdet war. Jetzt fieng er an mir vorzusprechen:

"I möcht a söchäna Reiter wären, wie mei Vater gwän is."

Diese Worte wiederholte er sehr oft; bis ich dieselben recht deutlich nachsprechen konnte.

Ich fieng an zu weinen, weil mir die Füße und der Kopf, besonders aber die Augen schrecklich wehe thaten, ich sagte: "Roß", womit ich andeuten wollte, man sollte mich heim zu meinen Rossen führen. Der Mann verstand, was ich damit sagen wollte, und sagte "bald bekommst du schöne Roß vom Vater"; ich fieng an zu weinen, er legte mich nieder aufs Gesicht, ich weinte noch immer fort; er sagte: du mußt gleich zu weinen aufhören, sonst bekommst du keine schöne Roß, und legte mir etwas weiches unter das Gesicht, und ich hörte zu weinen auf, und schlief ein. Da ich wieder erwacht bin, hob er mich auf, schleppte mich fort, und mußte mir noch immer meine Füße mit den seinigen fort schieben, ich konnte noch nicht die Füße allein bewegen. Wenn er mit mir höchstens 20 Schritte weit gegangen war, fieng ich jedesmal zu weinen an, und sagte: "I möcht a söchäna Reiter wären, wie mein Vater gwän is." Dann sagte der Mann: "wenn du nicht zu weinen aufhörst, so bekommst du keine Roß." Nun hörte ich eine Zeit lang auf, weil ich meinte, dann würde ich bald zu meinen Rossen heim kommen, ich glaube, es hätte keine sechs Schritte gewährt, so fieng ich schon wieder zu weinen an; er legte mich nieder, und so oft er mich ausruhen ließ, schlief ich aus Müdigkeit ein. Ich erwachte wieder, er hob mich auf, und schleppte mich fort, er sagte mir die Worte: "I möcht a söchäna Reiter wären, wie mein Vater gwän is", noch sehr oft vor. Vielleicht sind wir sechs bis acht Schritte weit gegangen, fieng es zu regnen an, ich wurde ganz naß, fieng mich sehr stark zu frieren an; ich weinte; weil ich immer mehr Schmerzen fühlte; er legte mich auf die Erde hin in nassen Kleidern, es fror mich sehr, ich konnte nicht einschlafen, weinte eine Zeitlang fort, dann legte er mir wieder etwas weiches unter das Gesicht, und ich schlief unter den

*Gedenktafel Unschlittplatz Nr. 8,
Ecke Mittlere Kreuzgasse*

größten Schmerzen ein. Wie ich wieder erwacht bin, waren die größten Schmerzen vorüber, er hob mich auf, schleppte mich fort, ich hatte schon so viele Begriffe vom Gehen, daß ich die Füße selber aufgehoben und bewegt habe. Dann sagte der Mann, ich solle nur das Gehen merken, „dann bekommst du recht schöne Roß von deinem Vater," und sagte auch jene Worte: Du mußt auch recht auf den Boden sehen", worauf er mir zugleich immer den Kopf gegen den Boden neigte, und sagte, „wenn du dieses recht gut so machen kannst, so bekommst du die Roß." Ich sah ohnedieß niemals in die Höhe, weil mir die Augen schrecklich wehe thaten, er hätte es mir gar nicht zu sagen brauchen, aber desto mehr sah ich auf den Boden. Ich fieng an zu weinen, er legte mich wieder auf das Gesicht, ich weinte noch immer fort; er legte mir etwas weiches unter das Gesicht, und ich hörte auf zu weinen, und schlief ein. Als ich wider erwachte, da sagte ich: „Roß", er hob mich auf, schleppte mich fort, ich sagte nochmal jene Worte, womit ich mich ausgedrückt habe, er sollte mich heim zu meinen Rossen führen und nicht mehr so wehe thun. Ich gieng vielleicht dreisig Schritte, so fieng ich zu weinen an, ich bekam nach und nach immer mehr Schmerzen im ganzen Leib, besonders an den Augen, im Kopf und Füßen, dann sagte der Mann jene Worte. Da hörte ich am ersten auf, weil ich große Sehnsucht nach den Pferden hatte. Er führte mich noch ein Stück weit, da fieng ich schon wieder zu weinen an, und sagte jene Worte. Hierauf sagte der Mann: „jetzt kommst du bald zu deinen Rossen ham;" ich sagte auch dieselben Wor-

te. Er legte mich nieder und ich schlief ein. Wie ich wieder erwachte, sagte ich, „Roß ham", womit ich mich ausdrücken wollte, mir thun meine Füße sehr wehe, er möchte mich bald zu meinen Rossen heim führen, und mir nicht mehr so wehe thun. Hierauf legte er mich nieder und sagte jene Worte: „Jetzt bekommst du bald Roß, aber zu weinen mußt du aufhören", mit diesen Worten schlief ich ein. Ich erwachte wieder, er hob mich auf, und schleppte mich fort, und ich sagte jene Worte sehr oft: „ich Roß ham" ich wollte sagen ich kann es mit meinen Füßen nicht mehr so machen, aber er schleppte mich doch fort unter seinen gewöhnlichen Drohungen. Er führte mich wieder fort, ich bekam immer mehr Schmerzen. Dann wurde es auf einmal Nacht, ich weis es mich nicht zu erinnern, daß er mich niederlegte, aber wie es wieder hell gewesen ist, lag ich auf der Erde, ich sagte: „Roß ham", damit wollte ich sagen, warum thun mir die Augen und der Kopf so wehe, und bekomme so lange meine Roß nicht. Er hob mich in die Höhe und reichte mir Wasser dar, ich trank recht viel und dieses hat mich ganz erquickt; ich hätte schon eher Durst gehabt, aber ich konnte kein Wasser verlangen, weil ich nicht wußte, daß mir der Mann Wasser geben könne. Wie ich das Wasser getrunken hatte, waren meine Schmerzen viel leichter. Dann schleppte er mich wieder fort, ich konnte auch etwas schneller gehen, so daß nach meiner Meinung es nicht mehr so langsam gieng als anfangs, aber dem Mann muß es doch noch zu langsam gegangen seyn, weil er dennoch immer mit seinen Füßen nachschob. Als ich eine zeitlang gegan-

gen war, kamen wieder sehr viele Schmerzen, ich fieng zu weinen an, und sagte: „Roß ham." Er tröstete mich: „Jetzt kommst du bald zu deinem Vater", ich sagte: „Roß ham." Er legte mich auf die Erde hin, aber ich konnte nicht gleich einschlafen und weinte eine zeitlang und sagte: „Roß ham", womit ich sagen wollte, warum mir den immer meine Augen so wehe thun, mit diesen Worten u.s.w. endlich einschlief. Da ich wieder erwachte, hob er mich wieder auf und führte mich fort. Es gieng auch mit dem Gehen etwas besser nach meiner Meinung, weil mich der Mann nicht mehr so fest hielt, ich fühlte auch die Schmerzen nicht mehr so stark unter den Armen, und der Mann sagte: „Du mußt noch besser gehen lernen"; worauf er auch wieder jene Worte sagte: „Du bekommst bald schöne Roß; weil du das Gehen so gut kannst", worauf er zugleich mit seinen Füßen die meinigen dabei fortschob, und dieses machte er mir verständlich. Ich glaube, er ließ mich ein wenig freier gehen, um zu probieren, ob ich auch allein gehen könne; aber ich glaube, daß ich hingefallen seyn würde, weil ich die Füße nicht mehr vorwärts bringen konnte, und auf beiden Seiten empfand ich einen plötzlichen Schmerzen, der wahrscheinlich daher rührte, daß mich der Mann geschwind ergriff, als ich hinfallen wollte. Ich fieng an zu weinen, er legte mich nieder und sagte jene Drohung, ich hörte auf und schlief endlich ein. Als ich erwachte, war mein erstes Wort: „Roß ham, I möcht a söchäna Reiter wären, wie mei Vater gwän is." Er hob mich auf, führte mich fort, ich glaube, daß das Gehen viel besser gegangen seyn muß, weil ich manchmal gar keine Schmerzen unter den beiden Armen fühlte; Ich werde eine Zeit lang gegangen seyn, so fieng es wieder zu regnen an, da ich ganz naß wurde, und sehr viel von der Kälte litte. Ich weinte, er sagte diese Worte etlichemal nach einander: „haben's dich angeschüttet", ich fieng sie an nachzusprechen: womit ich sagen wollte, es thut mir alles sehr wehe. Er legte mich auf den Boden hin, und ich konnte nicht gleich einschlafen, weil die Kleider ganz naß waren, und sehr viele Schmerzen hatte, er legte mir etwas weiches unter das Gesicht, und endlich schlief ich doch ein. Wie ich wieder erwachte, hob er mich auf, schleppte mich fort, ich empfand noch sehr viele Schmerzen, weil ich ganz naß war, es fror mich auch sehr. Er sprach mir jene Worte immer vor; ich konnte keines nachsprechen, über das lange Vorsprechen gab ich ihm zur Antwort: „Roß ham" u.s.w. wollte ich sagen, warum ich denn es jetzt immer mit den Füßen so machen muß, welches mir sehr wehe thut. Er sagte: „wenn du nicht mehr weinst, dann bekommst du Roß vom Vater, aber das Gehen muß du recht merken". Ich fieng wieder an zu weinen, da legte er mich auf den Erdboden und mit den Worten: Roß u.s.w. schlief ich endlich ein. Da ich wieder erwachte, sagte ich jene vorgesagten Worte. Er hob mich auf, schleppte mich fort und sagte: „Jetzt bekommst du deine Roß, aber das Gehen mußt du recht merken." Er führte mich fort eine Zeit lang, ich fühlte immer mehr Schmerzen und es wurde auf einmal Nacht, und ich fühlte mich ganz unbewußt. Und wenn ich erwacht bin, sah ich mich auf dem Boden liegend, und war wieder so hell, als es vor der Nacht gewesen ist, er setzte mich auf, reichte mir Wasser dar, welches ich sehr begierig trank, nach dem wurde mir sehr leicht; ich glaubte, es sind die Hälfte der Schmerzen weg. Er gab mir auch Brod, aber ich aß sehr wenig, weil ich keinen Hunger hatte, oder vielleicht konnte ich vor Schmerzen keines essen, das Wasser, welches er mir nochmal reichte, erquickte mich ganz besonders. Jetzt hob er mich auf, führte mich fort, ich konnte viel leichter gehen, ich hatte es nicht mehr so nöthig auf dem Mann seinen Armen zu liegen. Der Mann lobte mich, „weil du so Gehen gelernt hast, so bekommst du jetzt bald schöne Roß." Ich konnte ununterbrochen ohngefähr 40 bis 50 Schritte weit gehen, welches mir vorher nicht möglich war. Ich fieng jene gemerkten Worte an zu sprechen, wodurch ich immer meine Ermüdung und Schmerzen ausdrücken wollte; er legte mich nach diesen Worten sogleich auf die Erde hin; ich war sehr müde und schläfrig und schlief sogleich ein. Da ich erwacht bin, hob er mich auf, nahm mich das erstemal unter einen Arm, schleppte mich fort und sprach immer fort die nämlichen Worte, bis ich sie recht gemerkt und deutlich nachsprechen konnte. Er plagte mich so lange, weiter zu gehen, bis ich anfieng zu weinen. Er legte mich auf die Erde hin, und sagte: „du mußt gleich zu weinen aufhören", u.s.w. ich war sehr ermüdet, und schlief sogleich ein. Ich erwachte wieder, er hob mich auf, führte mich fort. Er legte mich noch etlichemal nieder, um mich ausruhen zu lassen, bis er mir die Kleider wechselte. Er setzte mich auf die Erde hin, ohne daß ich es ver-

langt hatte, zog mir meine Kleider aus, legte mir andere an, in denen ich in die Stadt Nürnberg kam. Während er mir die Kleider auszog und diese anzog, war er hinter mir, er langte nur vor. Als ich angezogen war, hob er mich auf, wollte mich wieder fortführen, aber ich fieng an zu weinen, und sagte jene gemerkten Worte: womit ich sagen wollte, ich kann nicht mehr gehen, ich bin sehr müde, es thun mir auch die Füße so wehe; dann sagte der Mann: „wenn du nicht gleich aufhörst zu weinen, so bekommst du keine Roß", u.s.w., allein ich hörte nicht auf, bis er mich niederlegte, daß ich ausruhen konnte, ich schlief ermüdet ein. Da ich erwacht bin, sagte ich jene Worte. Hierauf reichte er mir Wasser, welches mich so sehr erquickte, welches ich nicht beschreiben kann; er hob mich ganz in die Höhe und führte mich fort, und sagte mir immer dieselben Worte vor, bis ich sie recht deutlich nachsprechen konnte. Dann probierte er auch, ob ich noch nicht allein gehen kann, er ließ mich frei und allein und hielt mich nur hinten am Jäckchen. Aber ich würde doch noch etlichemal hingefallen seyn, denn ich konnte einigemal meine Füße nicht mehr vorwärts bringen, und fühlte einen starken Schmerzen an beiden Seiten. Ich fieng an zu weinen, und sagte die gemerkten Worte, womit ich sagen wollte, er solle mir nicht so wehe thun. Er tröstete mich wie immer und legte mich gleich nieder, und ich schlief sogleich ein. Als ich erwachte, sagte ich dieselben gemerkten Worte, damit wollte ich sagen, was denn dieses sey, welches mir immer fort in den Augen so vielen Schmerzen verursachte, und gar nicht auf-

hörte, wehe zu thun. Er hob mich auf und schleppte mich fort, und sagte: "du mußt das Gehen recht merken", worauf er mir wieder neue Worte vorzusprechen anfieng. "In dem großen Dorf da ist dein Vater, der giebt dir schöne Roß, und wenn du auch ein solcher Reiter bist, dann hole ich dich wieder." Jetzt fieng ich wieder an zu weinen, er legte mich nieder, und ließ mich ausruhen. Er hob mich auf, führte mich wieder fort und fieng jene Worte an vorzusprechen; ich fieng sie alle nachzusprechen an. Hierauf sagte er: "dieses merken und nicht mehr vergessen", worauf er wieder andere Worte sprach, und gab mir den Brief in die Hand. "Dahin weisen wo der Brief hie gehört." "I möcht a söchäna Reiter wären, wie mein Vater gwän is." Dieses sagte er mir am öftesten vor, bis ich sie deutlich nachsprechen konnte. Ich weinte, er legte mich nieder und ich schlief aus Müdigkeit ein. Da ich wieder erwacht bin, reichte er mir wieder Wasser dar, ich trank, welches sehr gut war, nachdem hob er mich auf, führte mich fort, worauf er mir immer dieselben Worte vorsprach, und zugleich auch den Brief in die Hand gab, und wenn ein Bu kommt, so mußt du es so machen. Von dieser Zeit an, da er mir die Kleider gewechselt hatte, legte er mich gewiß noch zehnmal auf die Erde hin, um mich ausruhen zu lassen, wobei er immer diejenigen Worte vorsprach, um ja keines zu vergessen. Als mich der Mann stehen ließ und mir den Brief in die Hand gab, sagte er diejenigen Worte nochmal vor, worauf er mich verlassen hatte.

Neues Tor, Nürnberg, Innenansicht

In dieser Beschreibung wird nach der Schilderung der Freilassung aus dem Kerker erzählt, daß es zweimal Nacht wurde, bevor „der Mann" Kaspar Hauser verlassen hat. Daraus ist zu schließen, daß der Weg von Pilsach nach Nürnberg fast 3 Tage gedauert hat, denn als Kaspar Hauser am 26. 5. 1828 dort auftauchte, war es 16.30 Uhr. Diese Wegdauer ist aber kaum möglich, wenn man bedenkt, daß die Entfernung etwa 40 km beträgt, bewohnte Gegenden zu vermeiden waren, und Kaspar Hauser mehr getragen wurde, als daß er selbst ging, wie man in seiner Beschreibung liest. „Der Mann schleppte mich fort", heißt es mehrmals in Hausers Bericht. Auch wie dieses „Schleppen" vor sich ging, wird geschildert: „Er nahm meine Arme und legte sie um den Hals", heißt es einmal, und an anderer Stelle, „ich konnte viel leichter gehen, ich hatte es nicht mehr so nötig, auf dem Mann seinen Armen zu liegen."

Daraus ist zu entnehmen, daß „der Mann", der Jagdhüter Franz Richter, Kaspar Hauser, einen 16jährigen Jungen, der sicher fast 120 Pfund wog, Huckepack auf dem Rücken getragen hat. Und das zwar mit Unterbrechungen, aber doch immerhin über eine Strecke von 40 km. Angesichts dieser offensichtlichen Unmöglichkeit wird nun eingewendet, Kaspar sei von dem Jäger so getragen worden, wie jemand, der diesen Beruf ausübt, ein erlegtes Reh trägt, also über die Schulter gelegt und die Läufe vor der Brust zusammengebunden. Abgesehen davon, daß diese Beförderungsart in Hausers Bericht keine Stütze findet, wäre auch ein solcher

Transport über die Distanz von 40 km und über Stock und Stein nicht durchzuführen, weder in 3 Tagen noch überhaupt. Wo sollte andererseits Hauser plötzlich die Kraft hernehmen, um 30 – 40 km zu Fuß zurückzulegen, da er doch über zehn Jahre lang — nach seiner eigenen Darstellung — nur gelegen oder gesessen hatte? Nun gibt es eine bestimmte Sorte von Hauserianern, denen es bei der Verklärung ihres Idols weniger um die Fakten geht, als vielmehr um dessen Kontakt zwischen Erde und geistiger Welt, um die spirituelle Herkunft des Menschen, um die Präexistenz und sonstiges esoterisches Klingeling. Und wenn Jesus über den Wassern wandelte, warum sollte Kaspar Hauser den Weg von Pilsach nach Nürnberg nicht auf ähnlich beschwingte Weise bewältigt haben?

Hauser wurde in Nürnberg am Unschlittplatz aufgefunden. Dieser liegt im Westen der Stadt, der Weg von Neumarkt her mündete aber von Süden kommend beim Frauentor in das Stadtgebiet. Man konnte sich zwar östlich und südöstlich vom Lorenzer Reichswald kommend einigermaßen unbemerkt der Stadt nähern, aber auch dann war man noch weit entfernt vom Unschlittplatz. Um dorthin zu gelangen, hätten die beiden seltsamen Wanderer nach dem Frauentor und dem Frauentorgraben das Spittlertor und noch einige Gassen passieren müssen, was einer Strecke von annähernd 2 km entspricht. Und auf diesem Wege soll das merkwürdige Paar, der Junge von seinem Begleiter mehr geschleppt als selbst gehend, von niemandem gesehen worden sein? Es war Pfingsten, die Stadt deshalb leer und die Mehrzahl der Einwohner in der ländlichen Umgebung vor den Mauern. Das ist ein weiterer Grund dafür, daß die Ankunft von Kaspar und seinem Begleiter hätte bemerkt werden müssen, denn die Gegend vor der Stadt war nicht menschenleer. Da gab es Gärten, Wiesen, Felder, einzelne Gehöfte und Gasthäuser, die richtige Landschaft also, um sich darin pfingstlich zu ergehen. Und dann Nürnberg selbst: Türme, Tore, Mauern, spitzgiebelige Dächer; Kaspar muß das doch erblickt haben, staunend über die Welt, die sich ihm eröffnete. Nichts davon aber in seinen Erinnerungen. Er hat nichts gesehen und wurde nicht gesehen. Als er am Unschlittplatz angetroffen wurde, war er allein.

Aus alldem ergibt sich, daß Kaspars Schilderung der Ereignisse nach seiner Freilassung aus dem Kerker nicht den Weg von Pilsach nach Nürnberg betrifft, sondern lediglich die Gehübungen darstellt, die man mit ihm vornahm, um ihm wie einem Kleinkind das Gehen wieder beizubringen. Die Erwähnung des zweimaligen Nachtwerdens widerlegt diese Feststellung nicht, sondern bestätigt sie. „Dann wurde es auf einmal Nacht, ich weiß mich nicht mehr zu erinnern, daß er mich niederlegte", schreibt Kaspar Hauser, und dann noch eindeutiger, „es wurde auf einmal Nacht und ich fühlte mich ganz unbewußt". Er wurde also zweimal ohnmächtig, was bei der Tortur, der er unterworfen wurde, auch kein Wunder war. Wahrscheinlich ist es also so gewesen, daß Hauser um Mitte Mai herum aus dem Verlies weggetragen wurde und dann in den verbleibenden ein bis zwei Wochen bis zum 25. 5. das

Gehen erlernt hat. Es wäre eine Unmöglichkeit gewesen, mit dem Jungen sofort die Reise nach Nürnberg anzutreten, in der Hoffnung, daß er unterwegs gehen lernt. Die Reise konnte erst unternommen werden, nachdem diese Voraussetzung erfüllt war und er den Gebrauch seiner Glieder beherrschte. Dann wird man ihn am 26. 5. 1828 schlafend in einer Kutsche nach Nürnberg gebracht haben, wobei diesem Schlaf sicher wieder durch Opium nachgeholfen worden war. Die vermutlich benutzte Chaussee – heute die Bundesstraße 8 – verläuft ohne große Höhenunterschiede und war, vielbefahren nach Regensburg führend, sicher in gutem Zustand. Man kann unter diesen Voraussetzungen davon ausgehen, daß es möglich war, in einer Stunde etwa eine Meile (7,5 km) zurückzulegen, so daß für die ganze Fahrt von Pilsach nach Nürnberg etwa 5 Stunden nötig waren. Am Ende der Reise setzte man Kaspar, der noch im Halbschlaf und schlaftrunken war, in der Nähe des Unschlittplatzes ab und drückte ihm den Geleitbrief in die Hand. Während seiner Gehübungen wurde Kaspar, wie er in seiner Lebensbeschreibung mitteilt, durch ständige Wiederholung der Satz „ich möchte ein solcher Reiter werden, wie mein Vater gewesen ist" (I möcht a söchäna Reiter wärn, wie mei Vater gwän is) eingeprägt. Man wollte ihm also bedeuten, sein Vater sei Kavallerist gewesen und er, Kaspar, solle das auch werden. Um den Häftling ohne Aufsehen loszuwerden, hatte man sich demnach entschlossen, ihn bei den Soldaten unterzubringen, denn dort würde er am wenigsten auffallen. In dem nahegelegenen

Neumarkt waren die 6. Bayerischen Chevauxlegers in Garnison gewesen, die inzwischen nach Nürnberg verlegt worden waren. Dorthin mußte Kaspar deshalb gebracht werden. Der Brief, den man ihm mitgab — er erwähnt ihn mehrmals in seiner Lebensbeschreibung — war an den Rittmeister Friedrich v. Wessenig, den Chef der 4. Eskadron der dort stationierten Chevauxlegers, adressiert. Dieser war früher in Neumarkt Rekrutenoffizier gewesen und deshalb dem Freiherrn v. Grießenbeck sicher bekannt. Auf dem abgekratzten Siegel des Briefes waren, als er später geöffnet wurde, noch die Buchstaben J F R erkennbar. Der Vater des Pilsacher Schloßverwalters hieß Johann Ferdinand Richter. Von ihm wird das Petschaft an den Sohn gekommen sein. Der Brief lautete:

An
Tit. Hl. Wohlgebohner Rittmeister bey der
4ten Esgataron bey 6ten Schwolische Regiment
in
Nierberg

Von der Baierischen Gränz
Daß Orte ist unbenant
1828
Hochwohlgebohner Hl. Rittmeister!
Ich schücke ihner ein Knaben der möchte seinen König getreu dienen Verlangte Er, dieser Knabe ist mir gelegt worden, 1812 den 7 Ocktober, und ich selber ein armer Taglöhner, ich Habe auch selber 10 Kinder, ich habe selber genug zu thun daß ich

mich fortbringe, und seine Mutter hat nur um die erziehung daß Kind gelegt, aber ich habe sein Mutter nicht erfragen Könen, jetz habe ich auch nichts gesagt, daß mir der Knabe gelegt ist worden, auf den Landgericht. Ich habe mir gedenckt ich müßte ihm für mein Sohn haben, ich habe ihm Christlichen Erzogen, und habe ihm Zeit 1812 Keinen Schrit weit aus den Haus gelaßen daß Kein Mensch nicht weiß davon wo Er aufgezogen ist worden, und Er selber weiß nichts wie mein Hauß Heißt und daß ort weiß er auch micht, sie derfen ihm schon fragen er kan es aber nicht sagen, daß leßen und schreiben Habe ich ihm schon gelehrte er kan auch mein Schrift schreiben wie ich schreibe, und wan wir ihm fragen was er werde so sagte er will auch ein Schwolische werden waß sein Vater geweßen ist,

Will er auch werden, wer er Eltern häte wir er keine hate wer er ein gelehrter bursche worden Sie derfen im nur was zeigen so kan er es schon, Ich habe im nur bis Neumark geweißt da hat er selber zu ihnen hingehen müssen ich habe zu ihm gesagt wen er einmal ein Soldat ist, kome ich gleich und suche ihm Heim sonst häte ich mich von mein Hals gebracht Bester Hl Rittmeister sie derfen ihm gar nicht tragtiren er weiß mein Orte nicht wo ich bin, ich habe im mitten bey der nacht fort geführt er weiß nicht mehr zu Hauß,

    Ich empfehle mich gehorsamt
    Ich mache mein Namen nicht
    Kuntbar den ich Konte gestraft
    werden,

*Und er hat Kein Kreuzer geld nicht bey ihm
weil ich selber nichts habe wen Sie im nicht Kalten
so müssen Sie im abschlagen oder in Raufang
auf henggen.*

Dem Brief beigefügt war ein Begleitzettel in Oktavformat, dessen Inhalt suggerieren sollte, er sei von der Mutter des „Knaben" geschrieben worden, als sie ihr Kind dem „Taglöhner" „gelegt" hat:

> *Das Kind ist schon getauft sie Heist Kasper in Schreib name misen sie im selber geben das Kind möchten Sie auf Zihen sein Vater ist ein Schwolische gewesen wen er 17 Jahr alt ist so schicken sie im nach Nirnberg zu 6ten Schwolische Regiment da ist auch sein Vater gewesen ich bitte um die erzikung bis 17 Jahre gebohren ist er im 30 Aperil 1812 im Jaher ich bin ein armes Mägdlein ich kan das Kind nicht ernehren sein Vater ist gestorben.*

Der Brief ist in flüssiger deutscher Schrift zu Papier gebracht, der Begleitzettel ist dagegen mit lateinischen Buchstaben und in offensichtlich verstellter Schrift geschrieben. Schon damals, 1828, stellten die Nürnberger Behörden fest, daß „eine große Ähnlichkeit zwischen beiden Schriftzügen" bestehe.

Neues Tor, Nürnberg, Außenansicht

Und weiter: „Auch sind beide offenbar mit ein und derselben Dinte geschrieben. Denn wäre der Zettel 16 Jahre älter als der Brief, so würde die Dinte eine ganz andere Farbe als die im Brief angenommen haben." Auch müßte das „arme Mägdlein" hellseherische Fähigkeiten gehabt haben, denn 1812 lagen die 6. Chevauxlegers noch nicht in Nürnberg. Neuere graphologische Untersuchungen der beiden Schriftstücke haben bestätigt, daß sie von einer Hand stammen. Hinsichtlich der Person des Schreibers sagen diese Gutachten aus, daß es sich bei ihm um einen nicht eben gebildeten, aber schreibgewandten Menschen handeln müsse, keinesfalls also um einen „Taglöhner", wie sich der Briefschreiber bezeichnet. Zitat: „Die Schreibgewandtheit ist gar nicht gering. Außer einer sicheren Federführung mit einem Einschlag Kalligraphie, zeigen sich gelegentlich intellektuelle Fertigkeiten. Schreiber ist Subalternbeamter, nicht unintelligent und nicht ungewandt."

Wie schon erwähnt wurden die gerichtsherrlichen Aufgaben in Pilsach nicht durch den Freiherrn von Grießenbeck wahrgenommen, sondern waren von diesem, da er nur selten anwesend war, dem Justitiar Schwab in Neumarkt übertragen worden. Schwab war jedoch aufgrund eines chronischen Leidens nicht in der Lage zu schreiben und bediente sich deshalb eines Schreibers, und zwar des ebenfalls in Neumarkt wohnenden, 1791 geborenen Johann Jakob Lutz. Lutz war eine Art Winkeladvokat und das, was man damals einen Briefsteller nannte. Er setzte also für eine Kundschaft, die entweder stilistisch ungewandt oder überhaupt des Schreibens unkundig war, Briefe und an Behörden gerichtete Schriftstücke auf. In den Neumarkter Akten befinden sich Verzeichnisse, die Lutz an Schwabs Stelle geschrieben hat. Schriftvergleiche zeigen, daß seine Schrift der Schrift des Briefes weitgehend entspricht. Das Wasserzeichen des Briefes ist außerdem dasselbe wie das Wasserzeichen dieser Aktenstücke. Lutz dürfte also mit ziemlicher Sicherheit als der Schreiber von Brief und Begleitzettel anzusehen sein. Zu dem Text des Briefes äußert sich der graphologische Gutachter folgendermaßen: „Ein Diktat ist dieser Text augenscheinlich nicht, wohl aber glaube ich, daß er im Auftrage eines anderen geschrieben worden ist." Der Text ist geläufig und ohne Stocken zu Papier gebracht worden. Er wurde – im Hinblick auf seine Länge – also offensichtlich von einem Konzept abgeschrieben. Darauf weisen auch kleine Fehler und Auslassungen hin, wie sie beim Abschreiben entstehen. Wenn der Text aber abgeschrieben wurde, und dafür spricht vieles, wer war dann der Verfasser?

Um das herauszufinden, ist es nötig, den Brief einer Textanalyse zu unterziehen. Die zahlreichen orthographischen Fehler spielen dabei keine Rolle. Sie sind ganz offensichtlich beabsichtigt, um den „Taglöhner" glaubhaft zu machen. Die Länge des Briefes und seine Gliederung, in deren Rahmen alles ausgesagt wird, was der Empfänger wissen muß, zeigen den Verfasser stattdessen als Mann von Bildung und Verstand.

Und so sieht diese Gliederung aus:

I. Ort, Datum und Anrede
II. Inhalt
   1. Absatz: was mit dem Knaben geschehen soll und woher er kommt
   2. Absatz: wie er auf den Weg gebracht wurde
   3. Absatz: daß es keinen Zweck hat, ihn auszufragen
III. Grußformel
IV. Nachsatz

Der „Taglöhner" weiß also, daß Ort und Datum auf einen Brief gehören, er weiß, wie der Rittmeister korrekt anzusprechen ist und er verwendet zum Schluß eine ebenso korrekte Grußformel. Ab und an fällt der Briefverfasser im Text aus seiner Taglöhnerrolle, wenn er hochdeutsche Ausdrücke verwendet, wie er sie eben normalerweise gebraucht. Er schreibt von einem „Knaben" und nennt diesen an anderer Stelle einen „gelehrten Burschen". So aber drückt man sich nicht aus an der „Baierischen Gränz", von der der Brief angeblich kommt; die Formulierungen passen nicht in den Kontext des Schriftstückes. Auf einen Offizier als Verfasser verweisen die Wendungen „seinem König getreu dienen" und „ein Schwolischer werden, wie sein Vater gewesen ist", sowie die straffe Formgebung des Briefes, der in Kürze alles enthält, was zu wissen nötig ist. Ein „armer Taglöhner" hätte den ausgesetzten Knaben dem Pfarrer oder Bürgermeister übergeben, nur ein Soldat konnte auf den Gedanken kommen, ihn bei den Chevauxlegers unterzubringen. Auf Schloß Pilsach und Neumarkt verweisen die Textstellen „Von der Baierischen Gränz" und „er weiß nicht, wie mein Haus heißt", das Wort „Schwolische" und schließlich die direkte und unverhohlene Nennung des Ortes Neumarkt. Die „Baierische Gränz" verlief früher nordwestlich von Neumarkt. Es war die Grenze zwischen der bayerischen Oberpfalz und dem Gebiet der Freien Reichsstadt Nürnberg. Normale Häuser haben keine Namen, also muß auch nicht betont werden, daß der Knabe ihn nicht weiß. Schlösser aber haben Namen, und bei Neumarkt, das genannt wird, liegt Schloß Pilsach. Und in Neumarkt waren die „Schwolischen" stationiert, bevor sie nach Nürnberg verlegt wurden. Die direkte Ortsbenennung stellt eine ganz bewußte Information dar, um Nachforschungen in dieser Richtung überflüssig zu machen; denn wer wird schon jemanden, der gesucht wird, aber nicht gefunden werden will, ausgerechnet an dem Ort suchen, den der Gesuchte selbst als seinen Aufenthalt benennt. Die im Brief verwendeten Ausdrücke und Redensarten entsprechen der Umgangssprache der Oberpfalz. Die Worte „Rauhfang" (= Rauchfang) und „Kalten" (= behalten) sind dagegen niederbayerisch. Gemeint ist, wenn er, der Rittmeister, den Knaben nicht behalten will, soll er ihn in den Rauchfang hängen. Das klingt nun zwar schaurig, ist aber, wie so vieles in Bayern, nicht so schlimm gemeint, wie es sich anhört. Der Schloßherr von Pilsach, Freiherr v. Grießenbeck, war in der Ober-

pfalz aufgewachsen und war später auch in Niederbayern, in Passau, stationiert. Er wird also sowohl die eine als auch die andere Mundart gekannt haben. „Abschlagen" ist ein Begriff aus der Jägersprache. Das Wild schlägt seine Jungen ab, indem es sie verläßt und dadurch zur Selbständigkeit zwingt. Im Briefzusammenhang wird damit gesagt, daß der Rittmeister Hauser wieder fortschicken solle, wenn er ihn nicht brauchen könne. Auch diese Formulierung aus dem Waidmannsvokabular ist ein Hinweis auf v. Grießenbeck, denn das Jagdrecht war damals noch ein Feudalrecht, das ausschließlich der Aristokratie zustand.
Faßt man die bisherigen Aussagen über den Verfasser des Briefes zusammen, dann weisen alle Indizien auf v. Grießenbeck als den Urheber des Textes hin. Dafür käme auch sonst niemand in Frage, vorausgesetzt, daß Schloß Pilsach wirklich der Gefängnisort Kaspar Hausers gewesen ist. Dafür sprechen folgende Tatsachen:

1) Pilsach lag damals einsam und abseits jeglichen Verkehrs. Das Schloß ist durch einen kleinen Park und den umgebenden Wassergraben vom Ort isoliert. Es besitzt ein verborgenes Verlies. Der Schloßbesitzer hatte einen anderen Wohnsitz, so daß das Schloß meistens leer stand. Es liegt im Umkreis von Nürnberg, wo Hauser 1828 auftauchte.
2) Die räumlichen Gegebenheiten des Verlieses entsprechen den Angaben, die Hauser über sein Gefängnis gemacht hat.
3) Die Spielzeugpferde, die Hauser als Gefährten

seiner Einsamkeit beschreibt, wurden in Schloß Pilsach aufgefunden.

4) Die Formgebung des Eisengitters im Lichtschacht des Verlieses ähnelt dem von Hauser angefertigten Aquarell einer Tulpe.

5) Das Pilsacher Verlies liegt erheblich über dem Erdboden. Das deckt sich mit der späteren Feststellung Hausers, daß er durch den Lichtschacht den Gipfel eines Baumes habe sehen können.

6) Die militärische Karriere des Schloßbesitzers begann 1817, also im Jahr der vermutlichen Einlieferung Hausers in Pilsach.

7) Das Wasserzeichen des Geleitbriefes ist identisch mit dem der Pilsacher Verzeichnisse aus der damaligen Zeit.

8) Der Siegelabdruck des Geleitbriefes stammt von dem Petschaft des Schloßverwalters.

9) Die im Geleitbrief genannte Bayerische Grenze verlief nordwestlich von Neumarkt zum Gebiet der Freien Reichsstadt Nürnberg hin.

10) Im Geleitbrief wird der Ort Neumarkt genannt, Pilsach liegt bei Neumarkt.

11) Im Geleitbrief ist von dem Namen des Hauses die Rede, den der Knabe nicht kenne. Nur Schlösser haben einen Namen, Häuser nicht.

12) Der Adressat des Geleitbriefes, ein Rittmeister, war in Neumarkt Rekrutenoffizier.

13) Seine Einheit, die 6. Chevauxlegers, waren in Neumarkt stationiert, bevor sie nach Nürnberg verlegt wurden, was das „Mägdelein" des Beizettels vorausgeahnt haben muß.

14) Die Worte, die Hauser von seinem Gefängnis-

wärter beigebracht worden waren, entstammten dem Dialekt der Gegend um Neumarkt.
15) Das Hemd, das Hauser bei seinem Auftauchen in Nürnberg trug, war an der Halskrause mit dem Monogramm „G" wie „Grießenbeck" gekennzeichnet. Seine Kleidung war aus der Livree eines Herrschaftsdieners geschnitten.

Die sorgfältige und um die Vermeidung jeglichen Verdachtes bemühte Verwahrung Kaspar Hausers, die auf seinen Lebenserhalt gerichtete Behandlung und zuletzt nun seine planvoll und aufwendig vorbereitete Überführung nach Nürnberg sind allein schon ein Beweis dafür, daß es sich bei ihm nicht um irgendein Findelkind gehandelt hat, sondern um eine Person, der von bestimmter Seite Bedeutung zugemessen wurde. Seine erstaunliche gesundheitliche Stabilität und Widerstandskraft, die ihn die elfjährige Haft in Pilsach überstehen ließen, sind auf die frühen Kinderjahre bei Blochmann in Karlsruhe und seinen Aufenthalt in Schloß Beuggen zurückzuführen. Jahre, in denen er nicht anders aufgewachsen war, als das bei Kindern seines Alters normalerweise der Fall ist. Hinzukam wahrscheinlich noch eine besonders kräftige körperliche Gesamtverfassung, wie sie aus den seinerzeitigen Verlautbarungen über den Gesundheitszustand des Erbprinzen zu entnehmen ist, die das Neugeborene als ein Kind von besonderer Größe und von über der Norm liegendem Gewicht bezeichnen.

V. Nürnberg: Eintritt ins Leben

Keine der deutschen Reichsstädte verfügte über ein so großes Hoheitsgebiet und besaß so große Ländereien wie Nürnberg, des Deutschen Reiches Schatzkästlein und Aufbewahrungsort der Reichskleinodien von 1424 bis 1796. 23 Quadratmeilen = 1266 Quadratkilometer waren es einst gewesen, und der Stadtstaat war damals zehnmal größer als das heutige Fürstentum Liechtenstein. Nach Norden grenzte das Nürnberger Stadtgebiet an das Fürstbistum Bamberg und die Markgrafschaft Bayreuth, nach Süden und Westen an die Markgrafschaft Ansbach und nach Süden und Osten an die bayerische Oberpfalz. Die äußerste Grenze im Südosten war 30 km vom Stadtkern entfernt. Seit 1806 aber war die reichsstädtische Herrlichkeit vorbei, Nürnberg war bayerisch geworden, das Stadtgebiet betrug kaum noch 5 Quadratkilometer, und die Einwohnerschaft war von einst über 40000 auf knapp 30000 geschrumpft. Nürnberg war nur noch eine Provinzstadt, zwar immer noch die größte Nordbayerns, aber nicht einmal Regierungssitz. Der bayerische Minister Montgelas hatte 1810 die Umgestaltung der bayerischen Provinzen in 8 Kreise verfügt, die nach französischem Vorbild nach Flüssen benannt wurden. Nürnberg lag im Kreis 2, dem Rezatkreis. Die Regierung dieses Kreises hatte ihren Sitz jedoch in Ansbach, nicht in Nürnberg.

Der Pfingstmontag des Jahres 1828, der 26. Mai, war ein strahlend schöner Tag. Während sich die

149

Einwohner Nürnbergs draußen in der Umgebung – am Dutzendteich und anderen Vergnügungsorten – bei Preßsack, Bratwürsten, Rauchbier und sonstigen fränkischen Genüssen erholten, lag die Stadt fast leer hinter ihrer mächtigen, vieltürmigen Stadtumwallung, die 1632 Wallenstein allein durch ihren finster drohenden Anblick davon abgehalten hatte, eine Belagerung auch nur zu versuchen. Er wußte warum, hatte er sich doch vier Jahre davor schon an Stralsund die Finger verbrannt. Zwar war der Schutz, den die Mauern boten, durch die Entwicklung der Waffentechnik unwirksam geworden, aber das eigentliche Stadtgebiet Nürnbergs war dennoch kaum über die Befestigungen hinausgewachsen, und der größte Teil der Bevölkerung lebte immer noch innerhalb des 5 km langen Mauerringes. Um in die Stadt zu gelangen, mußte man eines der vier mit mächtigen Rundtürmen bewehrten, doppelten Tore passieren, die den Wall durchbrachen und mit ihren Brücken über den vorgelagerten Graben führten: das Laufer Tor im Nordosten, das Frauentor im Südosten, das Spittlertor im Südwesten und das Neutor im Westen, nördlich der Pegnitz. Außer diesen Toren gab es noch zwei tunnelartig gewölbte Festungstore, die durch die riesigen Wallmauern vor der Burg führten und den Zugang dorthin ermöglichten: das Thiergärtnertor im Nordwesten und das Vestnertor im Norden. Die Stadttore waren bewacht, unbewacht waren nur die kleineren, in neuerer Zeit entstandenen Mauerdurchbrüche, die – schmal wie sie waren – nur Personen den Durchgang ermöglichten. Einer dieser Durchlässe,

Portal der ehemaligen Polizeiwache im Nürnberger Rathaus

das sogenannte Alleetörchen, befand sich in der Nähe des Unschlittplatzes, und für jemanden, der möglichst unbemerkt dorthin gelangen wollte, war dieser Einlaß am besten geeignet. Hier also, aber noch vor der Mauer, wird Kaspar Hauser abgesetzt worden sein. Und so kam es, daß die ersten Personen, die ihn sahen, der Schuster Leonhard Weikmann und sein Innungskollege Jakob Beck waren, die gemütlich plauschend in der Nachmittagssonne – es war ungefähr 16.30 Uhr – an der Ecke Unschlittplatz/Mittlere Kreuzgasse standen, wenige Schritte von der Weikmannschen Wohnung, Unschlittplatz Nr. 10, entfernt. Für die beiden Schuhmachermeister war der seltsame Vogel, der da mit unsicheren Schritten den Bärleinhuterberg vom spelunkenhaften Gasthof Bärleinhuter zum Unschlittplatz hinunterstolperte, eine willkommene Abwechslung von der feiertäglichen Langeweile. Als „pudelnärrischen Anblick" hat Beck später den ersten Auftritt Kaspar Hausers in der Welt bezeichnet. Und seltsam anzusehen war er schon, dieser junge Bursche. Seine Kleidung bestand aus einem hechtgrauen, tuchenem Spencer, eigentlich einem Frack, an dem man hinten die Schöße abgeschnitten und die Schnittstellen grob vernäht hatte, einer grauen Reithose mit Besatz auf den Innenseiten, einer rotgestreiften Weste und einem schwarzen Hut als Kopfbedeckung. An den Füßen trug er derbe, genagelte Stiefel, die, wie sich später herausstellte, defekt und zu eng waren.
Damals, im Mai 1828, bestanden Spannungen zwischen Rußland und der Türkei, und der Ausbruch

eines Krieges zwischen diesen beiden Staaten stand kurz bevor. Darüber versuchten die beiden Nürnberger Handwerker mit dem Ankömmling ins Gespräch zu kommen, stellten aber bald fest, daß dieser überhaupt nicht verstand, was man ihn fragte. Er wiederholte nur stammelnd die Worte, die er von den Fragenden hörte, „Krieg, Krieg", und sagte dann dazwischen etwas, das ungefähr wie „hoamweisen" klang. Nun ist Franken zwar bekanntlich ein Land, wo die Hasen „Hosen" und die Hosen „Husen" „haßen", aber trotz Kenntnis dieser Abwandlungen kamen die beiden Nürnberger Gesprächspartner Hausers mit dessen Stammelei nicht weiter. Jetzt aber hörten sie plötzlich einen zusammenhängenden Satz: „A söchäna Reiter möcht i wärn, wie mei Vater gwän is" (ein solcher Reiter möchte ich werden, wie mein Vater gewesen ist). Gleichzeitig hielt ihnen der Bursche einen versiegelten Brief hin, der in mangelhafter Orthographie, aber gut lesbar, an den Rittmeister der 4. Eskadron der 6. Chevauxlegers in Nürnberg adressiert war. Da Weikmann und Beck nicht wußten, wer der Chef der 4. Eskadron war, schlug Beck vor, den Jungen zur Wache am Neutor zu bringen, und machte sich dann, wohl etwas enttäuscht über die Unergiebigkeit des Gesprächs, davon. Weikmann stand nun nach den gescheiterten Unterhaltungsversuchen mit dem Fremdling allein auf dem menschenleeren Unschlittplatz, und da er nichts mehr mit ihm anzufangen wußte, befolgte er den Rat seines Kollegen, ihn zur Neutorwache zu bringen. Der Weg dorthin ist kurz. Er geht zunächst über die

Maxbrücke, die die Pegnitz gegenüber dem Henkersteg überspannt, und führt dann am Weinstadel vorbei, den Maximiliansplatz überquerend, über Geiersberg und Neutorgasse zum Neutor. Das Neutor war und ist heute noch ein hoch gewölbtes Doppeltor mit einem zwischen den beiden Toren liegenden Waffenhof, bewehrt mit einem mächtigen Rundturm, der sich in der Neutorgasse unmittelbar vor dem Innentor erhebt. Der Weg ging nun durch dieses Tor und über die den Graben überspannende Brücke zu dem auf der anderen Seite liegenden weißblauen Schilderhaus der Wache, der Hauser seinen Brief vorzeigte. Schuster Weikmann, der damit seine Mission als erfüllt ansah, ging seines Weges, um wenigstens noch die verbleibenden Stunden des Pfingstmontages zu genießen, und ließ Kaspar bei der Wache zurück. Über das, was nun in den folgenden Stunden geschah, gibt es keine Nachricht. Anzunehmen ist, daß der Ankömmling auf der Wache genauso auszufragen versucht wurde wie vorher durch die beiden Schuhmachermeister und sicher mit dem gleichen Mißerfolg. Chef der 4. Eskadron und damit Adressat des Briefes war Rittmeister v. Wessenig. Er wohnte in der nahe dem Neutor gelegenen Irrerstraße, im Haus Nr. 19, und dorthin wurde Hauser jetzt gebracht. Vom Neutor aus gelangt man in wenigen Minuten an diese Stelle, indem man vom Neutor aus stadteinwärts geht und am Beginn der Lammstraße nach rechts in die Irrerstraße einbiegt, die in einem Bogen zum Weinmarkt verläuft, einem kleinen, der Sebalduskirche vorgelagerten Platz. In der Biegung der Straße lag damals

– bis zu seiner Zerstörung durch Fliegerbomben – das Haus Nr. 19. An seiner Stelle befindet sich heute ein Neubau mit Büroräumen. Es war nun gegen 19 Uhr abends, als an der Haustür der rittmeisterlichen Wohnung geschellt wurde. Der Bursche des Rittmeisters öffnete und sah Hauser davor stehen, der sein Sprüchlein „ein Reiter möcht' ich werden" sagte und seinen Brief abgab. Von Form und Siegel des Schriftstückes beeindruckt, führte ihn der Bedienstete ins Haus, setzte ihn auf einen Stuhl und begann, ihn auszufragen. Auf alle Fragen aber erhielt er nur die Antwort „woaß i nit". Nach diesen vergeblichen Versuchen bot ihm der Bursche Fleisch und Bier an, was Hauser aber mit Abscheu zurückwies und nur das dann gereichte Brot und Wasser zu sich nahm. Durch Deuten auf seine Füße machte er darauf aufmerksam, daß er dort Schmerzen habe. Der Diener führte ihn daraufhin in den Stall, wo er sich sofort auf das Stroh legte und einschlief. Rittmeister von Wessenig war nicht anwesend, sondern in Erlangen auf der Bergkirchweih. Wer einmal dieses Fest miterlebt hat, das heute noch jedes Jahr an derselben Stelle wie damals gefeiert wird, kann gut verstehen, daß der Rittmeister nicht gerade entzückt war, bei seiner Rückkunft im Stall seines Hauses jemanden anzutreffen, den er dem Äußeren nach für einen Landstreicher halten mußte. Gleich nach seinem Eintreffen hatte ihn seine Tochter mit dem Ruf „ein wilder Mensch ist im Stall" davon in Kenntnis gesetzt. Hauser wurde nun aufgeweckt, sah die Uniform und den Säbel, sagte sein Sprüchlein auf und antwortete wie bisher auf alle Fragen mit „dös woaß i nit". Inzwischen hatte der Rittmeister den Brief aufgerissen und schnell durchgelesen. Er war müde und hatte keine Lust, sich mit diesem hergelaufenen Burschen weiter zu befassen. Seinem Begleiter, dem Polizeiaktuar v. Scheurl, der mit ihm auf der Bergkirchweih gewesen war, übergab er deshalb den Brief und bat ihn, Hauser zur Polizeiwache des Rathauses zu bringen, die dann für seine Unterbringung sorgen sollte. Der Weg von der Irrerstraße zum Nürnberger Rathaus führt über den Weinmarkt und an der Sebalduskirche vorbei und ist nur kurz. Hauser aber war sichtlich überanstrengt, torkelte hin und her und konnte sich auf der Wache kaum auf den Beinen halten. Auch dort wies er alle angebotenen Nahrungsmittel – außer Wasser und Brot – zurück und antwortete auf alle Fragen wie bisher mit „dös woaß i nit" oder mit „dös derf i nit sogn". Auf einen vorgelegten Zettel schrieb er aber mit ungelenken Buchstaben seinen Namen: „Kaspar Hauser". Eine Durchsuchung seiner Kleidung brachte ein Sammelsurium aller möglichen Gegenstände zum Vorschein, und zwar ein Stück Brot als Wegzehrung, einen Rosenkranz, mehrere katholische Gebetstexte und religiöse Schriften, einen Schlüssel, ein paar weißblau geblümte Stoffetzen wie von einem Bettüberzug und ein Stück Papier, in das etwas Glimmersand eingeschlagen war. Der Rosenkranz und die religiösen Texte sollten wohl ein Hinweis auf seine christliche Erziehung sein, von der im Begleitbrief die Rede war, ein Schlüssel galt in der Oberpfalz damals als Abwehrmittel gegen den bösen Feind, die Bettbezugsfetzen sollten — nach der gleichen Überlieferung — die Eingewöhnung an einem fremden Ort erleichtern und der Sand — wahrscheinlich stammte er vom Pilsacher Otterberg, wie Untersuchungen nachgewiesen haben — entsprach der Sitte, beim Abschied etwas Heimaterde mitzunehmen. Unter den religiösen Schriften war eine mit dem Titel „Kunst, die verlorene Zeit und übel zugebrachte Jahre zu ersetzen". Humor hatten diejenigen also, die dem Kaspar das in die Tasche gesteckt hatten, wenn man auch nicht so richtig darüber lachen mag. Inzwischen war es fast Mitternacht geworden, und der Polizeisoldat Blaimer bekam nun den Auftrag, Kaspar auf den Turm zu dem Gefängniswärter Hiltel zu führen, der ihn dort bei einem anderen Häftling unterbringen sollte, um ihn durch diesen aushorchen zu lassen. Jetzt begann die letzte Wegstrecke dieses ereignisreichen Tages, die Burgstraße aufwärts, vorbei am Haus des Freiherrn v. Tucher und dem Fembohaus, hinauf zur Burg und in den Gefängnisturm „Luginsland". Der Luginsland ist der östlichste Turm der Nürnberger Burg. Er wurde 1377 errichtet, um von dort aus die damals noch zollernsche Burggrafenburg überwachen zu können, jetzt aber diente er als Gefängnis. Der Gefangenenwärter Hiltel war noch wach, doch es dauerte, bis er auf das Glockenzeichen hin herunterkam und aufschloß. Blaimer übergab ihm den „Delinquenten", sagte, was ihm aufgetragen war, und machte sich auf den Rückweg. Aufwärts ging es jetzt über neunzig Stufen, hoch in den Turm. Dann endlich konnte sich Kaspar auf der zweiten Bettstatt der

Arrestzelle ausstrecken und schlief sofort ein. Er hörte nicht mehr die Instruktionen, die Hiltel seinem Zellengenossen gab, nämlich den Neuankömmling im Auge und die Ohren offen zu halten.

Der heutige Besucher von Nürnberg, der den Spuren Kaspar Hausers bei seinem Auftauchen in der Stadt folgen möchte, findet noch viele Schauplätze unverändert, trotz der Bombenstürme, die im 2. Weltkrieg über Nürnberg hinweggegangen sind. Neutor, Weinstadel, Maxbrücke und Henkersteg bieten den gleichen Anblick wie damals, und auch das Haus des Schusters Weikmann, Unschlittplatz 10, blieb erhalten. Dreigeschossig und schmal steht es eingeklemmt zwischen den beiden großen Fachwerkhäusern Nr. 12 und Nr. 8. In seinem Erdgeschoß befindet sich zwar keine Schuhmacherwerkstatt mehr, statt dieser heute aber ein Schuhgeschäft. Haus Nr. 8 ist das Eckhaus zur Mittleren Kreuzgasse, wo damals die beiden Schuster standen, als Kaspar Hauser auftauchte. An ihm ist eine bronzene Gedenktafel angebracht, die darauf hinweist. Der Bärleinhuterberg, die Obere Wörthstraße, führt gegenüber aufwärts zur heute noch existierenden Gaststätte „Bärleinhuter" in der Mühlgasse. Sie ist so windschief und verwahrlost wie einst. Von ihren ehemals drei Obergeschossen hat sie jedoch eines eingebüßt. Und noch immer lehnt sie sich, als wollte sie demnächst umfallen, an das links neben ihr stehende große Fachwerkhaus an. Um die Irrerstraße 19 aber – es wurde schon darauf hingewiesen – braucht sich kein Tourist

Burgstraße und Fembohaus, Nürnberg

mehr zu bemühen. Der Weg von dort an der Sebalduskirche vorbei zum Rathaus und dann die Burgstraße hinauf zum Luginsland läßt sich jedoch noch nachvollziehen, wobei man bei dieser Gelegenheit im Fembohaus das Stadtmuseum besichtigen kann. Hauser war auf dem Turm eingeliefert worden mit der Anordnung, ihn zu einem Gefangenen zu legen, der ihn aushorchen sollte. Hiltel, der Gefängniswärter, sperrte ihn deshalb zu einem Metzgersknecht, der wegen Randalierens zu 48 Stunden Haft verdonnert worden war. Der Metzger aber konnte, wie alle anderen zuvor, aus Kaspar nichts herausbringen und erklärte am anderen Tag, daß dieser ein Ochs sei, ein Urteil, das aus seiner Sicht verständlich war. Zu dieser Feststellung fühlte er sich auch dadurch veranlaßt, daß Kaspar Hauser das Mittagessen – Nudeln mit Rindfleisch – verschmäht hatte, das nun der Metzger zusätzlich vertilgte. Anstelle des Metzgers versuchte es jetzt Hiltel mit Fragen, erhielt aber auf alles nur die Antwort „dös woaß i nit" oder „hoamweisen" oder auch wieder „a söchana Reiter möcht i wärn". Dabei hatte er den Eindruck, daß Hauser überhaupt nicht begriff, was er da redete, sondern nur etwas plapperte, was man ihm beigebracht hatte. Fragen führten also zu keinem Ergebnis, und Hiltel beschränkte sich nun darauf, den neuen Turmbewohner zu beobachten, und der hatte nun tatsächlich seltsame Eigenschaften und Angewohnheiten. Alle Menschen nannte er unterschiedslos „Bua" und alle Tiere „Roß", wobei er vor schwarzen Tieren offensichtlich Furcht hatte. Tag und Nacht, Sonne und Mond bedeuteten ihm nichts, er hatte davon keinen Begriff. Gegenüber jeder Art von Licht, ob Tageslicht oder künstliches Licht, war er sehr empfindlich und blinzelte, wenn es ihm in die Augen schien. Bei Nacht aber konnte er sehen wie andere nur bei Tage und auf weite Entfernung Gegenstände unterscheiden. Feuer war ihm vollkommen unbekannt, denn er griff spielerisch in die Kerzenflamme und schrie entsetzt auf ob der Schmerzen, die ihm diese Erscheinung zufügte. Er staunte über alles, was er sah, das Leben schien ihm neu. Seine Füße waren bei der Ankunft wund; die Fußsohlen waren weich, wie bei einem neugeborenen Kind, so als ob er nie gelaufen wäre. Er ging mit nur kleinen Schritten, wackelte hin und her und wurde beim Gehen, das er nur allmählich lernte, schnell müde. Als Nahrung nahm er nur Wasser und Brot zu sich und verweigerte jedes andere Angebot. Alle mit ihm angestellten Schreibversuche schlugen fehl, nur seinen Namen „Kaspar Hauser" konnte er mit ungelenken Buchstaben schreiben. Eine Woche nach seiner Einlieferung in den Turm nahm ihn Hiltel aus der Gefängniszelle nach unten in seine Wohnung und wies ihm dort einen kleinen Raum zu, der die Möglichkeit bot, ihn zu beobachten, ohne selbst gesehen zu werden.

Mit Hiltels beiden Kindern, einem elfjährigen Jungen und einem dreijährigen Mädchen, freundete er sich schnell an, ebenso mit dessen Frau, die er „Mutter" nannte, wie er es von den beiden Kindern hörte.

Da es bisher nicht gelungen war, von Hauser irgend etwas über seine Herkunft zu erfahren, nahm nun

Nürnbergs 1. Bürgermeister, Jakob Friedrich Binder, als Vorstand der städtischen Polizei die weitere Untersuchung selbst in die Hand. Zunächst wurde der Stadtgerichtsarzt Dr. Preu zugezogen und um ein Gutachten über den körperlichen und geistigen Zustand des Findlings gebeten. Am 28. 5. wurde Kaspar Hauser daraufhin von Dr. Preu untersucht und das Ergebnis am 1. 6. 1828 dem Nürnberger Magistrat vorgelegt. Das Gutachten hatte folgenden Wortlaut:

Nach mehrtägiger Beobachtung sowohl von meiner Seite als durch den hierzu besonders instruierten Gefangenenwärter gab ich über unsern Findling nachstehendes Gutachten ab:
„Dieser Mensch ist weder verrückt noch blödsinnig, aber offenbar auf die heilloseste Weise von aller menschlichen und gesellschaftlichen Bildung gewaltsam entfernt worden. Er kann nichts als notdürftig lesen und einige Worte schreiben. Der Polizeigefangenwärter kann ein Muster davon aufweisen. Er ist wie ein halbwilder Mensch in Wäldern erzogen worden, ist zur ordentlichen Kost durchaus nicht zu bequemen, sondern lebt blos von schwarzem Brot und Wasser. Doch ist er geimpft, wie man am rechten Arm deutlich sieht. Dieses könnte vielleicht zu weiteren Forschungen führen. Auch habe ich mit vieler Mühe aus ihm herausgebracht, daß er zu Hause ein Roß gefüttert hat, das weiß war."

Dr. Preu konnte natürlich nicht wissen und wohl auch nicht annehmen, daß das weiße Roß, das der Findling gefüttert hatte, ein Spielzeugpferd war.

Als Kaspar bei weiteren Untersuchungen nach Wasser verlangte, mischte Dr. Preu etwas Opiumtinktur darunter. Kaum hatte Hauser davon einen Schluck genommen, stellte er das Glas mit der Bemerkung weg, es schmecke so, wie das Wasser, das er manchmal in seinem Gefängnis erhalten habe und auf dessen Genuß hin er dann eingeschlafen sei. Da Dr. Preu wenige Tage später erkrankte, wurde nun sein Stellvertreter, Dr. Osterhausen, mit der weiteren medizinischen Begutachtung des Findlings betraut. In dem von ihm erstellten Gutachten wird u. a. folgendes ausgeführt: „Wenn er mit ausgestrecktem Ober- und Unterschenkel in horizontaler Lage auf dem Boden sitzt, so bildet der Rücken mit der Beugung des Oberschenkels einen rechten Winkel, und das Kniegelenk liegt in gerader Stellung so fest auf dem Boden, daß am Kniebug nicht die geringste Höhlung zu bemerken und kaum ein Kartenblatt unter die Kniekehle zu schieben ist. Daraus geht genügsam hervor, daß der Findling viele Jahre hindurch ununterbrochen in sitzender Stellung zugebracht haben muß."

Inzwischen hatte es sich in Nürnberg herumgesprochen, welch seltsamer Vogel da oben auf dem Turm logierte, und man strömte in Scharen dorthin, um das Wundertier zu bestaunen. Uns Medienverwöhnten, die wir abends im Fernsehen und morgens durch die Tageszeitung mit Sensationen gefüttert werden, mag das seltsam vorkommen, denn das Auftauchen eines Kaspar Hauser in unserer Zeit hätte in der örtlichen Presse unter der Rubrik „Aus dem Bericht der Polizei" wahrscheinlich nur zu der kurzen Zeile „Schwachsinniger jugendlicher Landstreicher aufgegriffen" geführt und wäre kaum beachtet worden. Damals aber lebte man in der Zeit des Biedermeier und der Romantik, in einer Zeit also, in der sich die idyllische Selbstzufriedenheit und geruhsame Behaglichkeit bürgerlicher Lebenshaltung mit einer schwärmerischen Gemüts- und Gefühlslage verband, die dem Reich des Phantastischen und Wunderbaren zugeneigt war. Die Lebensumstände allerdings boten wenig, was dieser geistigen Haltung entsprochen hätte. Selbst die größeren deutschen Städte jener Zeit, zu denen Nürnberg zählte, waren kaum über den Umfang hinausgewachsen, den sie im späten Mittelalter erreicht hatten. Außerhalb der alten Stadtmauern lagen nur zerstreute Häuser inmitten von Gärten, Wiesen und Feldern. Die Straßen und Plätze der Stadt waren schlecht mit buckligem und unregelmäßigem Kopfsteinpflaster und kleinere Straßen überhaupt nicht gepflastert. Bürgersteige gab es nicht. Mehr war auch nicht erforderlich, weil ein Verkehr im heutigen Sinne fehlte, denn die Entfernungen waren kurz, da Wohn- und Arbeitsstätte häufig zusammenfielen oder nahe beieinander lagen. In den Straßen gab es keine glänzenden Schaufenster, nur hier und da die schlichten Auslagen der Handwerker. Die tausend Dinge des täglichen Bedarfs wurden nicht auf langen Wegen zusammengeholt, alles war rings um die Wohnung erhältlich. Außerdem waren die Straßen eng und verwinkelt und deshalb für großen Verkehr nicht geeignet. Vorspringende Erker, Giebel und die zu den Hauseingängen führenden Treppen unterbrachen die Häuserfluchten und waren weitere Hindernisse. Am Abend setzte man sich vor das Haus in die Laube oder ging, wenn es die Jahreszeit erlaubte und an Sonn- und Feiertagen, vor die Tore der Stadt in den eigenen Garten oder in Feld und Wald hinaus, denn irgendein Anreiz, in den Straßen der Stadt zu promenieren, war nicht vorhanden. Wenn dann die Dämmerung in die Nacht überging, lag die Stadt still, wie ausgestorben, mit ihren lauschigen Winkeln und Gäßchen, in die der Mond hineinschien. Beleuchtet waren nur die größeren Straßen mit wenigen Öllampen, die alle hundert Schritte auf Masten oder in der Mitte von quer über die Straße gezogenen Ketten angebracht waren. Und wenn heute Autos, Busse, Straßen-, Hoch- und Untergrundbahnen die Wahrzeichen der modernen Großstadt sind, so war damals – bis in die Mitte des 19. Jahrhunderts – der Nachtwächter mit Spieß und Horn eine Art Symbol städtischen Lebens. Es war ein einschneidendes Ereignis, wenn in die nächtliche Stille der schlafenden Stadt vom Turm die große Glocke ihr dumpfes Feuersignal ertönen ließ und die schlaftrunkenen Bürger aus den Betten an die Wassertonnen und ungefügen Handpumpen rief. Vor diesem zeitgeschichtlichen Hintergrund einer biedermeierlichen Idylle mußte das Auftauchen von Kaspar Hauser wie eine Sensation wirken, und bald drang die Nachricht darüber über die Mauern Nürnbergs hinaus. Inzwischen, Anfang Juli 1828, hatte Bürgermeister Binder höchstpersönlich den Findling auf dem Luginsland aufgesucht, um ihn zu vernehmen. Was er dabei von ihm hörte oder gehört haben wollte, wurde in einer Bekanntmachung am 14. 7. 1828 veröffentlicht. Diese Bekanntmachung, immerhin eine offizielle Verlautbarung, mutet uns heute sonderbar an, da sie in einem reichlich sentimentalen Ton gehalten ist. Es wird darin „von der höchsten Unschuld der Natur", von der „unbeschreiblichen Sanftmut" und den „herrlichen Anlagen" des Findlings gefabelt, während das Wesentliche, die Beschreibung von Person und Beigaben, nur kurz abgehandelt wird. Immerhin aber waren Geleitbrief und Begleitzettel darin abgedruckt. Erreicht wurde durch die Bekanntmachung zwar gar nichts, aber die allgemeine Aufmerksamkeit noch stärker als bisher schon auf Kaspar Hauser gelenkt, denn die Veröffentlichung war nicht nur in Nürnberg gelesen worden, sondern in alle Zeitungen gelangt. Interesse, Neugierde und Mitleid waren wachgerufen, der Findling wurde wie ein fremdartiges Tier bestaunt, Besucher fragten nach ihm, man besuchte ihn auf der Burg, und auf Gesellschaften und in Gasthäusern wurde er zur Schau gestellt. Sein Schicksal forderte zu gefühlvollen Überlegungen heraus. Ein Verbrechen war an ihm begangen worden, nicht nur durch die jahrelange Gefangenhaltung in einem Kerker, sondern vielleicht schon bei der Geburt. Denn wer konnte wissen, aus welcher Wiege man ihn gerissen hatte, um seine wahre Herkunft zu verschleiern. Bei den übergeordneten Dienststellen stieß die Bekanntmachung des Nürnberger Bürgermeisters allerdings auf scharfe Kritik. Das Ansbacher Appellationsgericht rea-

Turm Luginsland der Nürnberger Burg

gierte darauf am 15. 7. 1828 mit einem Schreiben an die Kreisregierung, in dem darauf hingewiesen wurde, daß „durch diese voreilige Bekanntmachung aller Umstände die zu leitende Kriminaluntersuchung wenn auch nicht vereitelt, so doch sehr erschwert werden muß". Präsident des Appellationsgerichts war Anselm Ritter v. Feuerbach, der Schöpfer des bayerischen Strafrechtes von 1813 und mit Friedrich Karl v. Savigny der bedeutendste unter den Juristen des frühen 19. Jahrhunderts. Er reiste nun selbst nach Nürnberg, um den Findling in Augenschein zu nehmen und entschied, Kaspar in die Obhut des Nürnberger Professors Daumer zu übergeben, um ihn der öffentlichen Neugierde zu entziehen. Der 1800 geborene Daumer hatte das Gymnasium in Nürnberg besucht, dessen Direktor von 1808 – 1816 der Philosoph Georg Wilhelm Hegel gewesen war. Er studierte dann in Erlangen, Leipzig und München neben Philosophie auch Philologie, worin er das Staatsexamen ablegte. Ab 1822 war er Professor an der Schule, die er bis 1817 besucht hatte. Bereits seit Ende Juni 1828 war er Lehrer Kaspar Hausers, als dieser sich noch auf dem Turm befand; eine Aufgabe, mit der ihn der Nürnberger Magistrat betraut hatte. Daumer wohnte auf der Hinteren Insel Schütt, die von den zwei Armen der Pegnitz bei ihrem Eintritt in die Stadt umflossen wird.

Das Anwesen lag neben dem sogenannten Annengärtchen. Es war ein altes Gebäude, verwinkelt, mit vielen Räumen und Kammern. In seinem hinteren Teil besaß Daumer eine Wohnung im 1. Obergeschoß. Dorthin wurde Kaspar Hauser jetzt gebracht. Das Haus, wie die gesamte übrige Bebauung der Insel Schütt, wurde im 2. Weltkrieg vernichtet. Die Fläche wird heute von einer Grünanlage mit darunterliegender Tiefgarage eingenommen. Nur der sogenannte Schuldturm bei der Spitalbrücke blieb erhalten. Bei Daumer machte Kaspar rasche Lernfortschritte und gewöhnte sich allmählich auch daran, von seiner üblichen Kost, Wasser und Brot, abzugehen und Gemüse, Kartoffeln und Fleisch zu sich zu nehmen. Zunächst erkrankte er jedoch an einem Nervenfieber als Folge der fortgesetzten Sinnesüberreizung, der er ausgesetzt gewesen war. In die Zeit bei Daumer fällt auch jener Traum, in dem die Erinnerung an seinen Schloßaufenthalt in der Zeit zwischen Beuggen und Pilsach zurückkehrte. Daumers Frage nach einem Wappen konnte er nicht beantworten, da ihm der Begriff fremd war. Er meinte aber, aus früherer Erinnerung von einem Bild zu wissen, das in der Mauer über einer Tür eingelassen gewesen sei, und fertigte eine Zeichnung an, die nichts anderes als ein Wappen darstellte. Identifizierbar waren darin einige Merkmale, nämlich gekrönter Wappenschild, heraldische Löwen, Längsbalken und gekreuzte Schwerter. Die Ähnlichkeit mit dem Wappen der Beuggener Komture v. Reinach ist unverkennbar. Eine Phantasieschöpfung konnte die Zeichnung also nicht sein. Hauser mußte dieses Wappen in früher Kindheit gesehen haben, wofür gerade die ungenaue Darstellung der Einzelheiten spricht.

Die Bekanntmachung des Nürnberger Bürgermeisters Binder hatte weit über Nürnberg hinaus in ganz Deutschland und selbst im Ausland Aufsehen erregt. Aus Baden kam ein an die Nürnberger Behörden gerichteter anonymer Brief mit dem Hinweis, Kaspar Hauser sei der 1812 geborene Sohn des Großherzogs Karl. In Nürnberg sah man diese Mitteilung als schlechten Scherz an und schenkte ihr deshalb keine weitere Beachtung. Immerhin zeigte sie aber, daß man in Baden auf Kaspar Hauser aufmerksam geworden war. Und aufmerksam geworden war nicht nur der Anonymus, sondern waren auch jene Kreise, die über die Herkunft Kaspar Hausers nicht zu rätseln brauchten, weil sie ihnen nur zu gut bekannt war. Badischer Großherzog war Ludwig, jener Ludwig, der mit der Gräfin Hochberg in mehr als einer Hinsicht verbandelt war. Die Gräfin war zwar inzwischen 1820 verstorben, Ludwig aber hatte sich von dem 1827 erlittenen Schlaganfall so gut erholt, daß er wieder seinen Liebhabereien – in diesem Falle ein Synonym für Liebschaften – nachgehen konnte. Sein Intimus Hennenhofer befand sich zu dieser Zeit im 35. Lebensjahr und stand wie immer zu allen Diensten zur Verfügung. So hatte er durch eine fingierte Petition erreicht, daß Ludwig eine Abänderung der badischen Verfassung als Ausdruck des Volkswillens ausgeben konnte, obwohl mit ihr eine Verringerung der Volksrechte verbunden war. 1828 war Hennenhofer aufgrund der „vielfachen Beweise treuer Anhänglichkeit an uns und unser großherzogliches Haus so wie dem in einer Reihe von Jahren erprobten unermüdeten Diensteifer" von Ludwig in den Adelsstand erhoben worden. Das damit verbundene Wappen zeigt über dem Schild eine schwarzgekleidete Figur, die die rechte Hand wie zum Schwur erhoben hat, während die linke Hand hinter dem Rücken gehalten wird, was als Mittel gilt, einen Schwur abzuleiten, also unwirksam zu machen. Ob den Beteiligten das Symbolhafte dieser Darstellung wohl bewußt war? Besseres hätte man sich jedenfalls als Krönung eines Hennenhoferschen Wappenschildes nicht einfallen lassen können. Mit der Erhebung in den Adelsstand war Hennenhofer gleichzeitig zum Direktor der diplomatischen Sektion im Ministerium der Auswärtigen Angelegenheiten ernannt worden. Er war also nach heutigem Verständnis so etwas wie der oberste badische Spionage- und Abwehrbeamte. In dieser Funktion hatte er natürlich Verbindung zu allen möglichen dunklen Existenzen aus dem Umfeld der diplomatischen Umtriebe. Da das von Kaspar Hauser erregte Aufsehen immer mehr zunahm, mußte er aus dem Weg geräumt werden, bevor ein eventueller Verdacht nach Baden wies, oder es mußte versucht werden, einen solchen Verdacht von Baden ab- und in eine andere Richtung zu lenken. Von diesen Überlegungen wußte der Findling nichts, als er sich arglos im Juni 1829 vor den Toren Nürnbergs in der Plattner-Anlage erging. Diese liegt an der nach Erlangen führenden Bucherstraße nördlich des Thiergärtner Tores. Heute sind von dem damaligen kleinen Park nur noch ein paar Büsche und Bänke übrig, umgeben von Supermärkten, Verkaufskiosken, Straßenbahnhaltestellen und einem brausenden Verkehr.

Kaum eine Maus könnte sich hier mehr verstecken. Damals aber warf sich aus einem Gebüsch, in dem er sich verborgen hatte, ein Mann auf Kaspar Hauser. Als sich Leute näherten, floh er und konnte nicht ergriffen werden, so sehr man auch die Umgebung absuchte.

Wenig später aber ereignete sich ein anderer Vorfall. Das Interesse der Bewohner Nürnbergs an dem Findling war inzwischen etwas abgeflaut, für durchreisende Fremde war er aber immer noch eine Attraktion. Und so nahmen auswärtige Besucher immer wieder die Gelegenheit wahr, ihn in der Daumerschen Wohnung aufzusuchen. Anfang September wurde Kaspar zu Hause von zwei Fremden angesprochen, von denen der eine, der einen schwarzen Schnurr- und Backenbart trug, „sehr böse Züge in seinem Gesicht hatte", wie Hauser später berichtete. Die beiden sahen sich genau um und ließen sich alles zeigen, wobei sie vor allem eine Holzkammer unter der Stiege interessierte. Sie kämen von weither, und den Ort würde er doch nicht kennen, ließen sie Kaspar auf seine Frage hin wissen, bevor sie wieder gingen. Etwa sechs Wochen danach, am 17. Oktober, durfte Hauser, der eine Rechenstunde gehabt hätte, zu Hause bleiben, weil er sich nicht wohlfühlte. Als er die Toilette aufsuchte – entsprechend den schlichten Verhältnissen der damaligen Zeit ein Plumpsklo auf dem Hof – hörte er die Holzkammertür gehen. Bevor er noch nachsehen konnte, erhielt er einen Hieb auf den Kopf, der ihn zu Boden warf. „Du mußt noch sterben, ehe du aus Nürnberg wegkommst", rief ihm der Attentäter im

Fliehen zu. Da außer ihm niemand zu Hause gewesen war, wurde Kaspar erst Stunden später blutüberströmt aufgefunden, mit einer Schnittwunde, die quer über die Stirn verlief und bis auf die Knochenhaut ging. Bei seiner Vernehmung gab er an, daß der Mann, der ihm den Hieb versetzt hatte, mit einem schwarzen Mantel bekleidet gewesen sei und sein Gesicht hinter einem schwarzen Tuch verborgen gehabt habe. Von einer Zeugin wurde ausgesagt, daß sie zur Zeit des Attentats zwei Männer gesehen habe, die schnellen Schritts das Daumersche Haus verließen. Eine andere Zeugin berichtete, daß eine Person, auf die Hausers Beschreibung zutraf, sich in einer Wassertonne, die zur Brandbekämpfung beim Heilig-Geist-Spital aufgestellt war, die – wahrscheinlich blutigen – Hände gewaschen habe. Trotz dieser Angaben wurde der Täter nicht aufgespürt. Er hatte genügend Zeit, sich in aller Ruhe zu entfernen, da Stunden vergingen, bis der verwundete und halbbewußtlose Kaspar aufgefunden wurde. Wie der Täter, so blieb auch die Tatwaffe unauffindbar. Man war deshalb darauf angewiesen, ihre Beschaffenheit einer Zeichnung zu entnehmen, die Hauser von ihr angefertigt hatte. Danach handelte es sich um eine Hiebwaffe mit einem Griff, die einem ungefügen Schabemesser oder dem Knochenbeil eines Metzgers ähnelte. Die von Stadtgerichtsarzt Dr. Preu vorgenommene Untersuchung der Wunde ergab, „daß sie mit einem sehr scharf schneidenden Instrument beigebracht worden ist. Die Ränder sprechen für die scharfe Schneide des Instruments." Falls beabsichtigt war, Kaspar Hauser zu töten, war das Attentat jedenfalls mißglückt. Aber war das beabsichtigt? Die Gesichtsvermummung spricht dagegen, denn ein Ermordeter kann seinen Mörder nicht mehr beschreiben. Wenn Mordabsicht vorgelegen hat, dann war die Ausführung stümperhaft. Wenn der Überfall aber nur als Drohung gedacht war, den Mund zu halten und in den Hintergrund zu treten, dann war die Planung stümperhaft, weil der Betroffene, Kaspar Hauser, gar nicht verstehen konnte, was die Drohbotschaft ihm übermitteln sollte.

Am gleichen Tag, an dem der Anschlag auf Hauser verübt wurde, stieg in Nürnberg ein Mann ab, der in dem kurzen Dasein des Kaspar Hauser eine große Rolle spielen sollte: Philipp Henry 4. Earl of Stanhope. Er nahm im Gasthof „Wildemann" am Nürnberger Kornmarkt Quartier, einem Etablissement dritter Güte und Seiner Lordschaft keinesfalls angemessen, was nur den Grund haben konnte, daß der Earl nicht aufzufallen beliebte. Und dazu hatte er auch allen Grund, denn am 23. Oktober, wenige Tage nach dem Attentat, empfing er dort zwei Männer, die schon eher zum Niveau des Gasthofs paßten. Der eine von ihnen war dunkel, schnurr- und backenbärtig, groß, von imponierender Gestalt und blatternarbigem Gesicht. So aber hatte Hauser jenen Mann beschrieben, der ihn zusammen mit einem anderen sechs Wochen vor dem Attentat aufgesucht und sich so sehr für die abgelegene Holzkammer interessiert hatte.

Mehrfach war auch ein eleganter Fremder — wahrscheinlich Stanhope — gesehen worden, der einen

Spitalbrücke der Pegnitz, links die Insel Schütt, Nürnberg

öffentlichen Aushang über das Attentat studierte und sich bei Vorübergehenden nach Hausers Befinden erkundigte. Derselbe Fremde wurde im Lorenzer Reichswald beim Schmausenbuck, östlich der Stadt, beobachtet, als er sich mit einem „wüsten Gesellen" unterhielt, mit welchem sich noble Herren im allgemeinen weder überhaupt noch gar im Walde zu unterhalten pflegen.

Jetzt nach dem Überfall war Hauser wieder Stadtgespräch. Der Lord jedoch nahm davon offiziell nicht die geringste Notiz und reiste wieder ab. Eineinhalb Jahre später aber kam er nach Nürnberg zurück, um sich sofort als Pflegevater für Kaspar Hauser anzubieten.

Schon ein halbes Jahr nach Kaspars Auftauchen in Nürnberg, also im November 1828, hatte Daumer seinen inzwischen schriftmächtigen Pflegling aufgefordert, seine Erinnerungen an die Zeit der Kerkerhaft niederzuschreiben. Diese Autobiographie, die Kaspar Hauser mehrmals abgeändert hatte, was auf Kosten ihrer Ursprünglichkeit ging, wurde jetzt von ihm fertiggestellt. Darin fällt auf, daß er ängstlich bemüht ist, jede nähere Beschreibung des Mannes zu vermeiden, der ihn nach Nürnberg „geweist" hatte, obwohl es unmöglich ist, daß er dessen Gesicht nicht wahrgenommen hat. Es müssen also sehr nachhaltige Drohungen gewesen sein, die ihn so lange nach diesen Erlebnissen immer noch davon abhielten, darüber irgendwelche Angaben zu machen. Etwa zur gleichen Zeit, Ende 1829, beschloß der Nürnberger Magistrat, für Kaspar einen Vormund zu bestellen. Die Wahl fiel auf Gottlieb Freiherr v.

Tucher, Gerichtsassessor beim Nürnberger Magistrat, der den rätselhaften jungen Menschen in den ersten Wochen seines Aufenthaltes auf dem Turm kennengelernt hatte. Nach Hausers Übersiedelung zu Daumer hatte er den Findling dort fast täglich besucht und reges Interesse an seinem Schicksal genommen. Tucher wurde nun zum Vormund „angeordnet", nachdem er „mittels Handschlag an Eides statt angelobt hat, daß er zum Besten seines Pflegesohnes alle mögliche Sorge trage".
Tucher entstammte einer alten, heute noch existierenden Nürnberger Patrizierfamilie, die geadelt worden war. Eine Nürnberger Großbrauerei, die sich allerdings nicht mehr im Familienbesitz befindet, trägt ihren Namen und die Flaschenetiketten zeigen das Familienwappen, einen Mohrenkopf. Eine der ersten Amtshandlungen v. Tuchers war, für eine andere Unterbringung seines Zöglings Sorge zu tragen, da Daumer inzwischen erkrankt war. Auch hielt man nach dem Attentat die Wohnung Daumers nicht mehr für sicher genug. Auf Vorschlag Tuchers übersiedelte Kaspar deshalb am 30. 1. 1830 in das Haus des wohlsituierten Kaufmanns und Magistratsherrn Johann Christian Biberbach am Hübnerplatz 5. Das Gebäude, in dessen Seitenflügel Hauser nun wohnte, war von einem in Nürnberg häufig anzutreffenden Typ mit großer Toreinfahrt, einem Erker im 1. Obergeschoß und einem kleinen, in das Dach eingebetteten Türmchen. Heute befinden sich dort nur noch Häuser, die in den fünfziger Jahren entstanden sind. Die alte Bebauung war von den alliierten Bombengeschwa-

dern des 2. Weltkrieges in Schutt und Asche gelegt worden, darunter auch das Haus Nr. 5. Nur die unmittelbar davor gelegene Stadtmauer ist erhalten geblieben bzw. wieder erneuert worden. Hausers Aufenthalt bei der Familie Biberbach dauerte von Januar bis Mai 1830. In dieser Zeit führte der Zufall einen preußischen Gardeoffizier nach Nürnberg, der auf der Rückreise von Italien war und den berühmten Findling kennenlernen wollte. Der Offizier, ein Herr v. Pirch, besaß einige ungarische Sprachkenntnisse. Bei seinem Besuch im Hause Biberbach sagte er versuchsweise zu Hauser einige Worte in ungarischer Sprache, darunter den Fluch „bassama teremtete". „Das hat der Mann gesagt", rief Kaspar daraufhin aus, womit er den Mann meinte, der ihn aus seinem Pilsacher Gefängnis nach Nürnberg gebracht hatte. „Bassama" erinnert an die Aufforderung „paß auf", und „teremtete" klingt ähnlich wie das deutsche „Sakrament". Zu beiden Ausrufen wird der, der mit Kaspar die Gehübungen vorgenommen hatte, so reichlich Anlaß gehabt haben, daß sie sich seinem Schüler einprägten. Bei anderen Worten, darunter „motschär", meinte Hauser, daß so seine Kindsmagd zu ihm gesagt habe. Seine Kindsmagd in Beuggen war Madam Dalbonne gewesen, die aus Triest stammte. Diese Stadt war zwar nicht ungarisch, sondern gehörte zum österreichischen Teil der Doppelmonarchie, aber südlich von ihr begann die kroatische Küstenregion, und Kroatien war damals ein Teil Ungarns. Deshalb – und angesichts des bewegten Lebens der Dalbonne sowieso – dürfte sie sicher über ungarische Sprachkenntnisse verfügt haben – das läßt auch ihre spätere Anstellung in Ungarn vermuten. Das Wort „motschär" läßt sich überdies unschwer als „mon cher" deuten und dieses „mein Liebling" wird die Kindsmagd so häufig zu ihrem Zögling gesagt haben, daß es in seiner Erinnerung haften blieb. Zweifellos waren durch die Sprachversuche bruchstückhafte Erinnerungen bei Kaspar aufgetaucht, denen reale Erlebnisse zugrunde lagen, welche auf Madam Dalbonne und Schloß Beuggen hinweisen.

Ein anderes Ereignis trat im Juli 1830 ein. Der pensionierte Berliner Polizeirat Johann Friedrich Karl Merker veröffentlichte eine Schrift mit dem Titel „Caspar Hauser – nicht unwahrscheinlich ein Betrüger". Er leitete damit eine lange Reihe ähnlicher Verlautbarungen ein, die heute allerdings fast völlig verstummt sind. Dieser Merker war ein Wichtigtuer, der zwei kriminalistische Zeitschriften herausgab, in denen aus seiner Feder so erhellende Beiträge enthalten waren wie „Mittel, um der Armenpflege durch die Benutzung der erfrorenen Kartoffeln zu Hilfe zu kommen" oder „Die Einführung der Tretmühle in das Berliner Arbeitshaus dürfte besonders zweckmäßig sein", Beiträge also, die gleichzeitig die überaus „soziale" Einstellung des Herrn Merker offenbaren. Die gewundene Formulierung „nicht unwahrscheinlich ein Betrüger", statt „wahrscheinlich ein Betrüger", sollte Objektivität suggerieren, von der aber keine Rede sein konnte, weil Merker Kaspar Hauser weder gesehen noch Einblick in die Akten erhalten hatte. Zu Merkers

Schrift äußerte sich Hiltel, Kaspar Hausers Gefängniswärter auf dem Luginsland, mit der typischen Verachtung des Praktikers gegenüber dem akademisch gebildeten Theoretiker, „der Herr Polizeirat solle einmal die Probe machen und als verstellter Spitzbube zu ihm kommen, er stehe dafür, daß er ihn entlarven würde". Und weiter, „er habe es mit den abgefeimtesten Spitzbuben zu tun gehabt und gewiß die nötige Erfahrung und Übung besessen, als ihm Hauser überliefert worden sei. Er habe sich bei diesem alle Mühe gegeben, den vermuteten Betrug zu entdecken, bei Tag und Nacht, auf alle Weise und bei aller Gelegenheit und nie das mindeste Verdächtige, Falsche, Trügliche an ihm wahrgenommen."
Merkers Schrift steht am Beginn all jener Darstellungen, die seine Betrugstheorie aufgreifen und weiterführen. Es handelt sich dabei zum großen Teil um Auftragsarbeiten von dynastischer Seite oder um Veröffentlichungen, bei denen Karrieredenken oder Profilierungsneurosen die Motivation gegeben hatten, oder um Rechtfertigungsschriften. Selbst da, wo all diese Gesichtspunkte entfallen, lohnt es sich nicht, sich mit diesen Erzeugnissen zu befassen, weil der Schwachsinn, der daraus spricht, zu offensichtlich ist. Der Motor jeglichen Betruges und jeden Betrügers ist der Eigennutz, ist das Erlangen eines Vorteils. Worin aber sollte der im Falle Kaspar Hausers bestanden haben? Der ganze Aufwand, der seinem Auftauchen in Nürnberg zugrunde lag, war doch nur darauf gerichtet, ihn beim Militär unterzubringen, was auch ohne diesen Aufwand mög-

lich gewesen wäre. Daß das nun, wenn es geklappt hätte, als Vorteilserlangung anzusehen sei, wird doch niemand glauben, der seine fünf Sinne beisammen hat. Unbestreitbar ist auch, daß die Tatsache, daß dieser Plan scheiterte, und der weitere Verlauf der Dinge niemals hätten von Hauser oder einem anderen vorausgeahnt, geschweige denn geplant werden können. Vor allem aber ist auch hier weit und breit kein Vorteil zu erblicken, denn kritisch betrachtet bestand Hausers ganzes, kurzes Leben nur darin, herumgestoßen zu werden und ständig unter Aufsicht zu stehen. Wünschenswert war dieses Dasein gewiß nicht. Es war vielmehr kaum lebenswert. Und wie sollte ein 16jähriger Junge bei der ständigen Beobachtung durch das öffentliche Interesse auch in der Lage sein, sich über fünf Jahre lang mit solcher Konsequenz bei Tag und Nacht in seinem Reden, Handeln und Gebaren zu verstellen und gleichzeitig die Fortschritte in seinem Werden von einem scheinbaren Kind zu einem erwachsenen und vernünftigen Menschen zu simulieren? Eine solche Erscheinung und ihre Entwicklung in betrügerischer Absicht darzustellen und diese Darstellung über einen solch langen Zeitraum durchzuhalten, wäre selbst einem schauspielerischen Genie nicht möglich gewesen. In einem 1978 erschienenen Werk über die entwicklungspsychologischen Fakten der Hauser-Geschichte wird angemerkt, „daß der zunehmende Bildungsgrad, die Form der Lernleistungen und die Art der Lernergebnisse Hausers einen so kontinuierlichen Verlauf zeigen", daß auch aufgrund dieser Tatsache

jede Betrugsvermutung abwegig erscheint. Zudem beweisen die bei Hauser festgestellten Impfnarben, daß dieser vornehmer Herkunft sein mußte, denn Impfungen waren damals, Anfang des 19. Jahrhunderts, nur bei den gehobenen sozialen Schichten üblich. Es war im Falle Hausers also überhaupt nicht nötig, eine solche Herkunft in betrügerischer Absicht vorzuspiegeln — was Hauser im übrigen auch nie getan hat, vielmehr wurde sie ihm von anderen unterstellt. Neuere graphologische Untersuchungen der von Kaspar bei seinem Auftauchen in Nürnberg mitgeführten Schriftstücke führten ebenfalls zu einem einen Betrug ausschließenden Ergebnis: „Das Empfehlungsschreiben und der beigefügte Zettel stammen nicht von der Hand Kaspar Hausers. Auch mit Rücksicht auf die Entwicklung der Handschrift Hausers besteht nicht die geringste Möglichkeit, daß Hauser den Empfehlungsbrief oder den beigefügten Zettel geschrieben hat." (E. Brunner, Institut für gerichtliche Schriftuntersuchungen, Zürich 1930.) „Man kann sich in Deutschland nicht lächerlich machen, sonst wäre diese famose These (die Betrugstheorie) durch das Gelächter unsterblich geworden, das sie hätte erregen müssen", schreibt der Schriftsteller Jakob Wassermann.
Abschließend bleibt noch die Frage, ob es sich bei Merkers Schrift um eine Auftragsarbeit gehandelt hat. Sie ist im Juli 1830 erschienen. In Baden war Großherzog Ludwig am 30. 3. 1830 gestorben. Damit hatten seine Ratgeber — an ihrer Spitze Hennenhofer — ihren Einfluß verloren, was dann auch zur späteren Demission Hennenhofers führte. Man

wird sich dort nun in der Behandlung der Hauserschen Angelegenheit von den Hennenhoferschen Hackebeil-Methoden abgewandt haben – die bislang ja auch erfolglos geblieben waren – um den subtileren des Staatsministers Reitzenstein den Vorzug zu geben. Das jedenfalls zeigt der weitere Gang der Ereignisse und in ihrem Rahmen vor allem das erneute Erscheinen und Verhalten des Lord Stanhope in Nürnberg. Zu diesen neuen, sanfteren Methoden würde Merkers Schrift gepaßt haben, ob sie wirklich dort einzuordnen ist, läßt sich nur vermuten, nicht beweisen.

Kaspar Hausers Aufenthalt im Hause Biberbach neigte sich inzwischen dem Ende zu. Schuld daran trug die Dame des Hauses. Schon im Dezember des Vorjahres hatte Freiherr v. Tucher seine bereits damals vorhandenen Bedenken dem Appellationsgerichtspräsidenten v. Feuerbach in Ansbach mitgeteilt: „Biberbach ist ein Kaufmann, der bis zum spätesten Abend auf dem Comptoir sitzt. Die Frau ist eine kränklich-launische, die, da sie, wie mir ihr Arzt anvertraute, an einer krankhaften Überreizung durch zu heftigen Geschlechtstrieb leidet, auf Kaspar nur höchst schädlich einwirken könnte." Kaspar, der noch unschuldig war, verstand nicht, was die Dame von ihm wollte, und wie bei ihrer biblischen Vorgängerin, der Gemahlin des Potiphar, schlugen ihre Gefühle in Haß um. Es gibt ein Foto von Frau Biberbach. Es zeigt ein ziemlich grobes Gesicht mit einer großen und dicken Nase. Auf dem Kopf trägt sie ein unter dem Kinn gebundenes Häubchen, unter dem dunkle, mittelgescheitelte,

glatte Haare sichtbar sind. Auch wenn man berücksichtigt, daß die Fototechnik damals noch in den Kinderschuhen steckte und das Foto die Dame in späteren Jahren zeigt, eine Schönheit war sie nicht, die Frau Biberbach. Und manch anderer, nicht so unerfahren wie unser Kaspar, hätte wahrscheinlich auch „nein danke" gesagt. Tucher sah noch einige Wochen zu, dann aber bot er dem Nürnberger Magistrat an, Hauser bei sich aufzunehmen, um ihn den Nachstellungen der Frau Biberbach zu entziehen. Vom 15. 7. 1830 an befand sich Kaspar nun im Hause seines Vormundes in der Burgstr. 1, das schräg gegenüber dem Nürnberger Rathaus gelegen war. Das alte, dreigeschossige Patrizierhaus mit Erker und zinnenbewehrten Giebeln war von einem kleinen, sich aus dem Dach erhebenden Türmchen gekrönt, das im Inneren zwei Zimmer umfaßte. Eines davon wurde nun Hauser angewiesen.
Das Gebäude wurde im 2. Weltkrieg zerstört, das unmittelbar dahinter liegende Fembohaus mit seinem reichen Volutengiebel blieb jedoch erhalten. In ihm befindet sich heute das Nürnberger Stadtmuseum.
Die Veröffentlichung Merkers, in der behauptet worden war, Kaspar Hauser sei ein Betrüger, veranlaßte die Nürnberger Behörden, die Amtsärzte Dr. Preu und Dr. Osterhausen mit der Erstellung eines weiteren, umfassenden Gutachtens zu beauftragen. Dr. Preu legte seine Stellungnahme Anfang Dezember 1830 vor, die zu folgenden Resultaten kam: „Er (Kaspar Hauser) hat seinen Körper früher wenig oder gar nicht geübt, folglich seine Gliedmaßen nie

*Schuldturm auf der Insel Schütt
bei der Spitalbrücke*

so gebraucht wie andere Menschen. Am wenigsten hat er seine Füße zum Gehen und Stehen gebraucht. Er hat viel und lange Zeit auf dem flachen Boden gesessen. Er hat lange Zeit des Einflusses des Tageslichtes und der Einwirkung des Tageslebens auf die Sinne entbehrt. Er ist ferner durch viele Jahre von aller menschlichen Gesellschaft entfernt und ihrer Art sich zu ernähren fremd geblieben. Er hat lange Zeit seine geistigen Kräfte gar nicht geübt." Aus alldem zog Dr. Preu die Schlußfolgerung, „daß Hauser wirklich von seiner frühen Kindheit an aus der menschlichen Gesellschaft entfernt und an einem Orte, zu welchem das Tageslicht nicht zu dringen vermochte, verborgen aufgezogen und in diesem Zustand bis an jenen Zeitpunkt hin verblieben ist, wo er mit einem Male, wie aus den Wolken gefallen, unter uns erschien. Und somit wäre anatomisch-physiologisch erwiesen, daß Kaspar Hauser nicht als ein Betrüger zu uns gekommen ist." Dr. Osterhausen teilte in seinem Gutachten, das er der Nürnberger Behörde Ende Dezember 1830 vorlegte, aufgrund seiner medizinischen Beobachtungen und Feststellungen Hausers bisheriges Leben in drei Perioden ein: „Erste Periode: Hauser lebte die erste Zeit seiner Kindheit unzweifelhaft unter Menschen und genoß selbst eine Erziehung. Zweite Periode: Wahrscheinlich war Hauser, als er eingekerkert wurde, schon 4 bis 5 Jahre alt. Sein Kerker muß, wie die Tagesblindheit, an der er litt, beweist, dunkel gewesen sein. Dritte Periode: Sie beginnt mit Hausers Freilassung aus der Haft. Er kam aus derselben zwar nach Wuchs und Aussehen als ein Jüng-

ling zwischen 16 und 17 Jahren, in Wahrheit aber als ein Kind, das sich seiner noch nicht bewußt ist.
Aus all diesem erhellet:
1. Hauser ist in Hinsicht seiner geistigen Entwicklung als ein verwahrlostes, sich seiner noch nicht bewußtes Kind nach Nürnberg gekommen.
2. Er konnte daher von seinem vorigen Leben und seiner Hierherreise keine Rechenschaft geben.
3. Die schnelle Entwicklung seiner geistigen Vermögen war ein krankhafter Zustand.
Hauser ist demnach kein Betrüger."

Beide Gutachten, das von Dr. Preu wie auch das von Dr. Osterhausen, sind hier nur in ihren wesentlichen Gesichtspunkten wiedergegeben. Sie waren beide insgesamt sehr viel umfangreicher.
Die Verdächtigungen Merkers führten weiter dazu, daß die Nürnberger Behörden den Gendarmerieoffizier Hickel im Frühjahr 1831 damit beauftragten, die Umgebung Nürnbergs nach dem Ort der Gefangenhaltung Hausers abzusuchen. Man stützte sich dabei auf Hausers Bericht, nach welchem sein Weg in die Stadt zweieinhalb bis drei Tage gedauert haben soll. Die Suche erstreckte sich deshalb hauptsächlich auf einen Umkreis von etwa 40 Kilometern rund um Nürnberg, wobei Hickels besonderes Augenmerk den Herrensitzen galt. Um Pilsach aber schlich er herum, wie die berühmte Katze um den heißen Brei, obwohl das nahegelegene Neumarkt im Begleitbrief ausdrücklich erwähnt worden und das Pilsacher Schloß nur vorübergehend bewohnt war, die meiste Zeit also leer stand. Man kann natürlich

argumentieren, daß das Schloß als Eigentum eines früheren Gendarmerieoffiziers für Hickel, der die gleiche Position bekleidete, außerhalb jedes Verdachtes lag. Man könnte daraus aber genauso schließen, daß es eben diese Verbindung war, die Pilsach von Nachforschungen ausnahm. Freiherr v. Grießenbeck, der sich 1829, 1830, 1832 und 1833 jeweils mehrere Wochen in Pilsach aufgehalten hatte, nahm jedenfalls merkwürdigerweise 1831, als Hickel seine Untersuchungen durchführte, keinen Urlaub nach Pilsach. Die Suche wurde am 28. Mai 1831 ergebnislos abgebrochen. Am gleichen Tage beehrte Seine Lordschaft Philip Henry Earl of Stanhope die Stadt Nürnberg erneut mit seiner Anwesenheit. Diesmal jedoch nicht still und heimlich, wie bei dem ersten Besuch, sondern mit Glanz und Gloria; zwar nicht unter Voranritt eines fanfarenblasenden Heroldes, aber immerhin so, daß man in Nürnberg erfahren mußte, wer da eingetroffen war. Nicht im Gasthof „Wildemann", dieser Herberge minder illustrer Reisender, stieg der Lord diesmal ab, sondern hielt nun Einzug im „ersten Haus am Platze", wie man heute sagen würde. Und wenn er sich damals, 1829, überhaupt nicht um Hauser gekümmert hatte – jedenfalls nicht offiziell und persönlich, obwohl der in Nürnberg Stadtgespräch gewesen war –, so setzte er nun plötzlich alle Hebel in Bewegung, um mit ihm bekannt zu werden. Der Lord stand, 1781 geboren, jetzt im 50. Lebensjahr. Er entstammte einem alten, bis ins 13. Jahrhundert zurückgehenden, englischen Adelsgeschlecht, das 1497 in den Ritterstand erhoben worden war. 1628 erfolgte die Erhebung in den Grafenstand, und seit 1718 trug die Familie den Namen Stanhope. Der Stammsitz der Familie war Chevening House in der Grafschaft Kent. Der Nürnberg-Besucher Philip Henry Earl of Stanhope war ein Neffe des bekannten englischen Staatsmannes William Pitt. Seine Schwester, die halbwahnsinnige, bestenfalls exzentrische Lady Esther Stanhope, in Lexika als Wohltäterin Syriens bezeichnet, hatte sich im Libanon einen Palast gebaut. Die Einwohner sagten ihr nach, Verbindung zur Geisterwelt zu haben, und nannten sie die „Zauberin von Dschihun", nach dem Ort, wo dieser Palast stand. Sie glaubte an die Wiederkunft des Messias und hielt auf ihrem libanesischen Felsenschloß zwei Araberstuten zu dessen bevorstehendem Ritt nach Jerusalem bereit; davon eine für sich selbst als messianische Begleitdame und gesalbte Prophetin. Jedenfalls hatte sie „nicht alle Tassen im Schrank", und manche meinen, bei ihrem Bruder ähnliches vermuten zu müssen. Dieser stand politisch in Opposition zu seinem liberalen Vater Charles, dem 3. Earl of Stanhope. Er hatte in Erlangen und Göttingen studiert, so daß er von daher fließend deutsch sprach. Weiter wurde von ihm berichtet, daß er in jungen Jahren das Entzücken der Salons von Madrid, Paris und Wien gewesen sein soll. Mit Festen und Gastmählern, die ein Vermögen verschlangen, war er bemüht, seine dortigen Standesgenossen zu beeindrucken. Geld gab er mit vollen Händen aus, und seine luxuriösen Ambitionen waren Tagesgespräch. Mit Gleichmut verlor er in Spielsälen riesige Summen. Schließlich aber geriet er durch diese Lebensweise in wirtschaftliche Schwierigkeiten. Seine Güter waren überschuldet, die Gläubiger drängten, und seine Freunde zogen sich zurück. Dies wohl auch zum Teil deshalb, weil er, der in England Frau und Kind hatte, nicht ganz einwandfreier Verhaltensweisen bezichtigt wurde, die man heute als „schwul" bezeichnen würde. Von nun an verbrachte er – zur Erleichterung seiner englischen Verwandten und Standesgenossen – seine Zeit mit Reisen, da seine Mittel nicht mehr ausreichten, um in England standesgemäß leben zu können, und um dem Ruf, den er dort hatte, aus dem Wege zu gehen. In den Kreisen des hohen englischen Adels sah man ihn als Abenteurer an, der in der Beschaffung seiner Geldmittel nicht wählerisch war. Es wurde gemunkelt, daß er sich seinen Unterhalt auf dem Kontinent als politischer Spion verdiene. Mit dem berüchtigten österreichischen Polizeiminister Graf Seldnitzky war er befreundet oder mindestens gut bekannt, was eine Agententätigkeit im Dienste Metternichs wahrscheinlich macht. Weiter wurde behauptet, er stehe im Dienste einer englischen Bibel- und Missionsgesellschaft und vertreibe deren religiöse Schriften. Außerdem soll er angeblich ein deutsches Gesang- oder Gebetbuch herausgegeben haben und als Autor methodistischer Traktätchen aufgetreten sein. Insgesamt also eine überaus schillernde Persönlichkeit. Ein graphologisches Gutachten umreißt Stanhopes Charakter folgendermaßen: „Überlegung mischt sich mit Vorliebe für Korrektes und Konventionelles. Ein Taktiker, ein Lavierer, arbeitend mit unauffälliger Vertauschung von Tatsachen und Sachverhalten, voller diplomatischer Falschheit und Verstecktheit. Scheinbar offen, dabei ein kalter Rechner und Intrigant, gibt er immer sofort Aufklärungen, um unbemerkter vertuschen zu können. Seine ununterdrückbare Heftigkeit versucht er hinter Behutsamkeit zu verstecken. Innerlich völlig zerrissen, schroff, sentimental und weich durcheinander, lebt er in einem fundamentalen Selbstwiderspruch. Haßliebe ist der typische Ausdruck für seine seelische Situation, die durch seine verheimlichte homoerotische Anlage noch kompliziert wird. Man muß ihn als latenten Kriminellen bezeichnen, d. h. als heimlichen Begünstiger und Anreger zu belangender Verbrechen ansehen. Die mörderische Feinheit seiner Rachsucht ist zu fürchten." (Dr. M. Pulver, Zürich, 1928)

Eine lavierte Federzeichnung, die dem englischen Zeichner Georg Cruikshant (1792 – 1878), einem Zeitgenossen Stanhopes, zugeschrieben wird, stellt diesen im Profil dar. Von ihr läßt sich ohne Schwierigkeit eine Verbindung zu der graphologischen Gutachtenaussage des „latenten Kriminellen" herstellen, denn das Gesicht, das hier dargestellt wird, würde selbst in einem Verbrecheralbum auffallen, so abstoßend ist es. Das also war der Mann, der sich jetzt intensiv darum bemühte, die Bekanntschaft Kaspar Hausers zu machen. Sein Name und die Gewandtheit seines Auftretens waren Garanten dafür, jene Kreise, die seinem Stand nicht angehörten, zu beeindrucken und dort Zugang zu erlangen, wo ihn sein Ruf noch nicht eingeholt hatte. In Deutschland gehörte es damals zu den eingewurzelten Vorstellungen, ein englischer Lord auf Reisen sei immer und in jedem Falle ein Mann, der das Geld mit vollen Händen zum Fenster hinauswerfen könne. Um diesem Ruf gerecht zu werden, hinterlegte Stanhope sofort nach seinem Eintreffen in Nürnberg bei dem Nürnberger Bankhaus Lödel & Merkel Kreditbriefe, die auf das Bankhaus Haber & Vierordt in Karlsruhe gezogen waren. Es war dies das Bankhaus, über welches das großherzogliche Haus Baden seine Geldgeschäfte abwickelte. Samuel Haber, der eine Teilhaber, war 1829 von Großherzog Ludwig in den erblichen Adelsstand erhoben worden. Diese Karlsruher Kreditbriefe und Stanhopes weiteres Vorgehen lassen vermuten, daß er in badischen Diensten stand. Offensichtlich hatte er die Aufgabe, zunächst den Versuch zu unternehmen, Einblick in die Nürnberger Akten über Kaspar Hauser zu erhalten, um festzustellen, inwieweit Verdachtsmomente nach Baden verwiesen, und dann alles zu tun, um einen Verdacht – ob gegeben oder nicht – von Baden weg in andere Richtung zu lenken, und schließlich, als letztes Mittel, Hauser aus Deutschland und aus dem Blickfeld der Öffentlichkeit zu entfernen. Zuerst aber mußte er mit Kaspar Hauser bekannt werden, und das war 1831 nicht mehr so leicht zu erreichen wie vorher. Kaspar wohnte nun im Haus seines Vormundes Freiherrn von Tucher, einem der vornehmsten Häuser in der Stadt, in dem schon aus gesellschaftlichen Gründen ein unkontrolliertes Kommen und Gehen ausgeschlossen war. Durch die Vermittlung des Bankiers Merkel, bei dem Stanhope seine Karlsruher Akkreditive hinterlegt hatte, gelang es dem Lord jedoch, bei dem Nürnberger Bürgermeister Binder eingeladen zu werden, und zwar zur selben Gelegenheit, zu der auch Hauser geladen war. Nachdem der Kontakt zu diesem dadurch hergestellt war, begann Stanhope Kaspar mit Süßigkeiten und anderen Aufmerksamkeiten zu beschenken, um sein Vertrauen zu erwerben. In derselben Absicht, aber auf die Nürnberger Behörden zielend, ließ er Anfang Juni eine Belohnung von 500 Gulden für denjenigen aussetzen, der in der Lage wäre, Angaben über die Täter des Verbrechens an Hauser zu machen. Die Summe sollte binnen dreier Jahre an Kaspar fallen, wenn eine Aufklärung bis dahin nicht erfolgt sei. Schon jetzt sollten ihm aber die Zinsen aus diesem Betrag zustehen. In der gesamten Hauser-Literatur werden diese 500 Gulden erwähnt, nirgends findet sich aber ein Hinweis, welche Kaufkraft dieser Betrag damals hatte. Genau läßt sich das heute natürlich nicht mehr sagen, aber es gibt Anhaltspunkte. Das Jahreseinkommen eines Lehrers betrug in den ersten Jahrzehnten des 19. Jahrhunderts etwa 100 Taler = 175 Gulden, dies allerdings bei freier Wohnung und Heizung. 1845 bezog der Bürgermeister der Dorfgemeinde Hohenwart bei Pforzheim ein Jahresgehalt von 72 Gulden. 1849 kostete eine Überfahrt nach USA 220 bis 350 Gulden. 1850 wurde der reichste Mann von Kassel auf ein Vermögen von 875 000 Gulden taxiert. 1896 betrug das Jahresdurchschnittsgehalt eines Landschullehrers in Preußen 1 395 Reichsmark = 465 Taler = 814 Gulden. Von den 500 Gulden, die Stanhope ausgesetzt hatte, konnte man damals also be-

quem zwei Jahre lang leben, wobei allerdings zu berücksichtigen ist, daß die Lebensansprüche geringer und die Mieten erheblich niedriger waren als heute. Die Kaufkraft der 500 Gulden entspricht also etwa der von DM 50000. Wer eine solche Summe als Privatmann auslobte, mußte folglich entweder selbst recht vermögend sein — was die Nürnberger von dem Lord annahmen, was aber nicht zutraf —, oder sie mußte ihm von anderer Seite zur Verfügung gestellt worden sein. Die Aussicht, daß jemand das Verbrechen aufdecken und sich die Belohnung verdienen würde, war denkbar gering, denn an der Tat Unbeteiligte hätten nur Vermutungen aussprechen können, und für die anderen bedeuteten 500 Gulden keinen Anlaß, sich selbst ans Messer zu liefern. Folglich meldete sich auch niemand.
Kaspars Vertrauen und das der Nürnberger Behörden hatte Stanhope aber erworben. Feuerbach, der Präsident des Appellationsgerichtes in Ansbach, machte ihm das ganze über Hauser vorliegende Aktenmaterial zugänglich, und in Nürnberg wurden alle Zeugen in dieser Sache von ihm befragt, so daß er bald nach Baden berichten konnte, daß es keine Fakten, sondern nur Vermutungen über einen badischen Hintergrund gäbe. Nun versprach er Kaspar das Blaue vom Himmel. Er erklärte ihm, eingedenk der seinerzeitigen Sprachversuche, er sei wahrscheinlich ein ungarischer Magnat, er müsse wieder in seine Würde eingesetzt werden, und man erwarte von ihm, daß er seine Untertanen mit Schonung und Liebe behandle und dergleichen mehr. Gleichzeitig regte er eine Reise nach Ungarn an — deren Kosten

er übernehmen wolle –, um Hausers Herkunft von dort zu beweisen. Diese Reise, die Kaspar zusammen mit seinem Vormund Tucher unternahm, wie auch eine weitere, die ein Jahr darauf erfolgte, verlief natürlich völlig ergebnislos. Aber der Zweck, eine falsche Fährte zu legen, war erreicht; zwei Monate später wurden die gerichtlichen Untersuchungen der Behörden im Fall Hauser als ergebnislos eingestellt. Nachdem Stanhope also erreicht hatte, was er hatte zunächst erreichen wollen, reiste er von Nürnberg wieder ab. Im September desselben Jahres war er aber schon wieder da, und nun versuchte er mit größter Hartnäckigkeit, die Behörden in Nürnberg dazu zu bewegen, ihm die Pflegschaft für Kaspar Hauser zu übertragen. Kaspars Vormund, Freiherr v. Tucher, wehrte sich zunächst gegen dieses Ansinnen, da er sehr bald den verhängnisvollen Einfluß bemerkt hatte, den der Lord auf seinen Zögling ausübte. Schon im September hatte er an Feuerbach nach Ansbach geschrieben: „Der Graf Stanhope ist nun ungefähr drei bis vier Wochen hier. Sein Einfluß auf Kaspar ist mir nichts weniger als angenehm. Doch habe ich dahingehend gewirkt, daß er nicht mehr von Reichtum, von Schlössern und Untertanen spricht. Man denke sich nun Kaspars ganzes Wesen hinzu und wenn ihn das nicht verrückt macht, so hat er wahrlich große Gnade vor Gott. Es blutet einem in der Tat das Herz, welches unsägliche Mißgeschick auf der Ausbildung des armen Jungen liegt." Gegen Stanhopes Antrag an das Kreis- und Stadtgericht, ihm die Pflegschaft für Kaspar Hauser zu übertragen, äußerte sich Tucher

noch entschiedener: „Da kam nun Graf Stanhope hierher und mit einem Male war aller gute Einfluß auf den Jungen verschwunden durch in hohem Grade schädliche Behandlung. Ich halte es für meine Pflicht als Vormund, die Zustimmung zu versagen, indem der Herr Graf sattsam bewiesen hat, daß er des Knaben Individualität nicht zu behandeln versteht und nur den schädlichsten Einfluß ausüben wird."
Trotz dieser Einwände Tuchers wurde Stanhope durch Beschluß des Gerichtes vom 2. 12. 1831 berechtigt und verpflichtet, für die Unterhaltung und Erziehung Kaspar Hausers zu sorgen. Dadurch sparte die Stadt Nürnberg die 200 Gulden ein, die sie bislang jährlich für Kaspars Unterhalt aufgewendet hatte, was wahrscheinlich den Ausschlag für die Entscheidung des Gerichtes gegeben hatte. Tucher trat daraufhin von der Vormundschaft zurück. Immerhin war man in Nürnberg nun doch so klug, Stanhope nicht auch noch die Vormundschaft zu übertragen, vielmehr wurde Nürnbergs Bürgermeister Binder zum neuen Vormund ernannt und Präsident Feuerbach zum Vertreter Stanhopes während dessen Abwesenheit bestellt. Feuerbach war es, der den Rat gab, Hauser von Nürnberg weg an seinen eigenen Wohnsitz Ansbach zu verbringen. Die Übersiedlung erfolgte am 1. 12. 1831. Und damit beginnt der letzte Abschnitt des kurzen Lebens des Kaspar Hauser – des badischen Erbprinzen Gaspard, des letzten legitimen Zähringers.

VI. Nochmal Ansbach: das Ende

Das Ansbach des Jahres 1831 hatte etwa 13 000 Einwohner, war also um mehr als die Hälfte kleiner als das 42 km entfernte Nürnberg. Bayerisch war es 1806 geworden, im gleichen Jahr wie Nürnberg und aus gleichem Anlaß, nämlich durch die von Napoleon verfügten innerdeutschen Grenzänderungen nach dem Ende des Heiligen Römischen Reiches Deutscher Nation. Der Sitz der Kreisregierung befand sich jedoch nicht in der ehemaligen Freien Reichsstadt Nürnberg, sondern im ehemals markgräflichen Ansbach. Vielleicht glaubte das bayerische Königreich, monarchische Gesinnung eher bei den Einwohnern des früheren Residenzstädtchens anzutreffen als bei den Bürgern Nürnbergs. Jedenfalls hat sich an der damaligen Weichenstellung bis heute nichts geändert. Sitz der Regierung Mittelfrankens ist heute wie damals Ansbach und nicht das inzwischen mehr als zehnmal so große Nürnberg. Auch Struktur und Charakter von Ansbach unterscheiden sich nicht wesentlich von früher. Zwar zählt es heute ungefähr 40 000 Einwohner, aber trotz dieser Vergrößerung ist es eine Verwaltungs- und Kulturstadt und – in baulicher Hinsicht – eine barock geprägte Stadt geblieben, deren historischen Kern der Krieg verschont hat. Von seinen Baulichkeiten sind neben Schloß, Orangerie und Hofgarten vor allem zu nennen: die spätgotische Johanniskirche mit der Gruft der Markgrafen von Ansbach (die Sarkophage wurden 1975 in die Gumbertuskirche verlegt), die im Ursprung romanische Gumbertuskirche aus dem 12. Jahrhundert mit der charakteristischen Dreiturmfassade vom Ende des 16. Jahrhunderts und der spätgotischen Kapelle des Schwanenritterordens sowie an der Nordseite der Kirche die ehemalige Hofkanzlei, ein Renaissancebau vom Ende des 16. Jahrhunderts mit reich gegliederter Fassade und schönen Giebeln. Das Gebäude beherbergt heute das Amtsgericht, früher das Appellationsgericht, dessen Präsident von 1817 an Anselm v. Feuerbach war. Eine Gedenktafel im Innenhof weist auf das Wirken dieses großen Juristen hin, dessen Leben mit der Kaspar-Hauser-Geschichte verbunden ist.

Das also war der Ort, an welchem Kaspar Hauser die letzten Monate seines Lebens verbringen sollte. Sein neuer Pflegevater, Lord Stanhope, quartierte sich im feudalen Hotel „Goldener Stern" an der Ansbacher Promenade ein, gegenüber dem Alexandertor – auch „Neues Tor" genannt –, während Kaspar zunächst im Hause v. Feuerbachs, Kleinjägerstraße 21, untergebracht wurde. Das Haus existiert heute noch unter der gleichen Hausnummer, die Straße heißt allerdings jetzt Karolinenstraße. Von nun an staunten die Ansbacher – wie zuvor die Nürnberger – über den Lord und sein von ihm so benanntes „Jünglingskind" Kaspar Hauser, wenn das seltsame Paar, das sich wie zwei Liebende gebärdete, durch die Straßen wandelte. „Honny soit qui mal y pense" – daß bei Stanhope noch anderes im Spiel sein könnte als väterliche Gefühle bei der so offen gezeigten Zuneigung für seinen Zögling,

Stadtmauer beim Hübnerplatz, Nürnberg

auf den Gedanken kam man in Ansbach nicht. Und so erregte sein Benehmen zwar Aufsehen, aber keinen Anstoß.

Durch die Vermittlung v. Feuerbachs wurde der Ansbacher Lehrer Johann Georg Meyer damit beauftragt, den von Daumer begonnenen Schulunterricht für Kaspar fortzusetzen. Hauser kam deshalb am 10. 12. 1831 in Meyers Wohnung in der Pfarrstraße 18 in Kost und Logis. Die Aufwendungen dafür und für den Unterricht übernahm Stanhope, jedenfalls nach außen hin. Das Haus in der Pfarrstraße 18 liegt dem ehemaligen Ansbacher Appellationsgericht, wo Feuerbach wirkte, direkt gegenüber. In seinem Untergeschoß befindet sich heute eine Bürobedarfs- und Schreibwarenhandlung. An der rechten Hausecke, über dem Schaufenster, ist eine ovale Gedenktafel angebracht, die auf Hausers Aufenthalt hinweist.

In die ersten Januartage des Jahres 1832 fällt die Fertigstellung einer Schrift v. Feuerbachs, in der die bisherigen Ereignisse in Kaspar Hausers Leben von seinem Auftauchen in Nürnberg an beschrieben werden. Diese Schrift mit dem Titel „Kaspar Hauser – Beispiel eines Verbrechens am Seelenleben des Menschen" ist die wohl bedeutendste zeitgenössische Veröffentlichung über den Fall Kaspar Hauser. Vorausgegangen war ihr 1831, nach der Einstellung des Gerichtsverfahrens in Nürnberg, Feuerbachs Publikation „Einige wichtige Aktenstücke, den unglücklichen Findling Kaspar Hauser betreffend". In der jetzt, ein Jahr später erschienenen Studie untersucht der Jurist v. Feuerbach, der als Präsident des Appellationsgerichts amtlich mit dem Fall befaßt war, im Zusammenhang mit der Schilderung der Ereignisse „die an der Person Kaspar begangenen Verbrechen, soweit dieselben angezeigt vorliegen, nach Bayerischem Strafrecht". Bei dieser Untersuchung führt er erstens „das Verbrechen widerrechtlicher Gefangenhaltung" und zweitens „das Verbrechen der Aussetzung" als Straftaten auf, die von den für Hausers Einkerkerung Verantwortlichen begangen worden seien. Über das im Strafgesetzbuch nicht enthaltene „Verbrechen am Seelenleben" schreibt v. Feuerbach im wichtigsten Teil seiner Studie folgendes:

„Wäre dem gemeinen Recht oder dem bayerischen Strafgesetzbuche ein besonderes Verbrechen gegen die Geisteskräfte oder, wie es richtiger zu bezeichnen wäre, ein Verbrechen am Seelenleben bekannt, so würde dieses, in der rechtlichen Beurteilung, neben dem Verbrechen der Gefangenhaltung den ersten Rang einnehmen, vielmehr jenes in diesem, als dem schwereren, untergehen (von demselben absorbiert werden) müssen. Die Entziehung äußerer Freiheit, wiewohl an sich schon ein unersetzliches Übel, steht gleichwohl in keinem Vergleich mit der nicht zu berechnenden Summe unschätzbarer, unersetzlicher Güter, welche in jenem Raube an der Freiheit und durch die Art und Weise seiner Vollziehung dem Unglücklichen teils gänzlich entzogen, teils für seine noch übrige Lebenszeit zerstört oder verkümmert worden sind, und wodurch nicht bloß an dem Menschen in seiner äußern leiblichen Er-

scheinung, sondern an seinem innersten Wesen, an seinem geistigen Dasein, an dem Heiligtum seiner vernünftigen Natur selbst der raubmörderische Frevel vollbracht worden ist.

Kaspar ist durch die während seiner Kindheit erlittene Einsperrung weder in Blödsinn, noch in Wahnsinn verfallen; er ist, wie wir in der Folge genauer erfahren werden, nach seiner Befreiung aus dem Zustand der Tierheit herausgetreten und hat sich soweit entwickelt, daß er, mit gewissen Einschränkungen, als ein vernünftiger, verständiger, sittlicher und gesitteter Mensch gelten kann. Gleichwohl wird niemand verkennen, daß es hauptsächlich der verbrecherische Eingriff in des Seelenleben dieses Menschen, der Frevel an seiner höhern geistigen Natur ist, welcher die empörendste Seite der an ihm verübten Handlung ausmacht. Das Unternehmen, einen Menschen durch künstliche Veranstaltung von der Natur und andern vernünftigen Wesen auszuschließen, ihn seiner menschlichen Bestimmung zu entrücken, ihm alle diese geistigen Nahrungsstoffe zu entziehen, welche die Natur der menschlichen Seele zu ihrem Wachsen und Gedeihen, zu ihrer Erziehung, Entwicklung und Bildung angewiesen hat: solches Unternehmen ist, ohne alle Rücksicht auf seine Folgen, an und für sich schon der strafwürdigste Eingriff in des Menschen heiligstes, eigenstes Eigentum, in die Freiheit und Bestimmung seiner Seele. Hierzu aber kommt vor allem noch dieses. Kaspar, während seiner Jugendzeit in tierischen Seelenschlaf versenkt, hat diesen ganzen großen und schönen Teil seines Lebens verlebt, ohne ihn gelebt zu haben. Er war während dieser Zeit einem Toten zu vergleichen; indem er seine Jugend verschlief, ist sie ihm vorübergegangen, ohne daß er sie gehabt hätte, weil er sich ihrer nicht bewußt werden konnte. Diese Lücke, welche die an ihm begangene Missetat in sein Leben gerissen, ist durch nichts mehr auszufüllen; die nicht verlebte Zeit nicht mehr zurückzuleben, die während seines Seelenschlafs ihm entflohene Jugend nicht mehr einzuholen. Wie lang er auch leben möge, er bleibt ewig ein Mensch ohne Kindheit und Jugend, ein monströses Wesen, das naturwidrig sein Leben erst in der Mitte des Lebens angefangen hat. Sofern ihm auf diese Weise seine ganze frühere Jugendzeit genommen worden, war er der Gegenstand eines – um mich so auszudrücken – partiellen Seelenmords."

Seine juristischen Überlegungen beschließt Feuerbach, indem er auf die Wahrscheinlichkeit weiterer, vorausgegangener Straftaten aufmerksam macht:

„Welche anderen Verbrechen allenfalls noch hinter der an Kaspar verübten Missetat versteckt sein mögen? auf welche Zwecke die verborgene Gefangenhaltung Hausers berechnet gewesen? diese Fragen würden uns zu weit in das luftige Gebiet der Vermutungen oder in gewisse geheiligte Räume führen, welche eine solche Beleuchtung nicht vertragen."

Der Hinweis auf „gewisse geheiligte Räume", die eine „Beleuchtung nicht vertragen" zeigt, daß Feuerbach schon damals gedanklich weiter war, als er als vorsichtiger Jurist zugeben wollte. Denn er spricht nur einerseits von Vermutungen, stellt diesen andererseits aber die „geheiligten Räume" gegenüber, die es vorzögen, im Dunkeln zu bleiben. Er sieht hier also schon weiter über Vermutungen hinaus. In die gleiche Richtung weisen seine Ausführungen am Schluß des siebten Abschnitts seiner Veröffentlichung. Dort heißt es:

„Allein dem Arme der bürgerlichen Gerechtigkeit sind nicht alle Fernen, noch alle Höhen und Tiefen erreichbar, und bezüglich mancher Orte, hinter welchen sie den Riesen eines solchen Verbrechens zu suchen Gründe hat, müßte sie, um bis zu ihm vorzudringen, über Josuas Schlachthörner, oder wenigstens über Oberons Horn gebieten können, um die mit Flegeln bewehrten hochgewaltigen Kolosse, die vor goldenen Burgtoren Wache stehen und so hageldicht dreschen, daß zwischen Schlag und Schlag sich unzerknickt kein Lichtstrahl drängen mag – für einige Zeit in ohnmächtige Ruhe zu bannen."

Anselm v. Feuerbach drückte sich in seiner Publikation deshalb so vorsichtig aus, weil diese für die Öffentlichkeit bestimmt war. In einem Brief an König Ludwig I. von Bayern hatte er jedoch schon 1830 den Verdacht geäußert, „unser rätselhafter Findling ist ein vertauschter, ausgewechselter und dann auf die Seite geschaffter Prinz des Großherzogs Carl von Baden und Stephanies, folglich keine geringere Person, als der nunmehrige echte Großherzog von Baden selbst". Anlaß dieses Briefes war die kurz zuvor erfolgte Thronbesteigung des Groß-

herzogs Leopold von Baden, des ältesten Sohnes der Gräfin Hochberg.
Seine Schrift widmete v. Feuerbach „Seiner Herrlichkeit Graf Stanhope, Pair von Groß-Britannien", denn:

„Niemand hat nähere Ansprüche auf diese Schrift, als Eure Herrlichkeit, in dessen Person die Vorsehung dem Jüngling ohne Kindheit und Jugend einen väterlichen Freund, einen vielvermögenden Beschützer gesendet hat. Jenseits des Meeres, im schönen Alt-England, haben Sie ihm eine sichere Freistätte bereitet. In der großen Wüste unserer Zeit, wo unter den Gluten eigensüchtiger Leidenschaft die Herzen immer mehr verschrumpfen und verdorren, endlich wieder einem wahren Menschen begegnet zu sein, ist eines der schönsten und unvergeßlichsten Ereignisse meines abendlichen Lebens. Mit inniger Verehrung und Liebe

*Eurer Herrlichkeit
gehorsamster Diener
von Feuerbach."*

Doch schon bald sollte v. Feuerbach einsehen, wie sehr er sich in diesem „wahren Menschen" Stanhope getäuscht hatte, der keinerlei Anstalten traf, „dem Jüngling ohne Kindheit" im „schönen Alt-England" eine „sichere Freistätte" zu bereiten, wenn er auch wenig später durch seine Abreise aus Ansbach den Anschein erweckte, zu diesem Zweck aufzubrechen. Die Widmung v. Feuerbachs beweist, daß ein exzellenter Jurist nicht unbedingt auch ein ebenso exzellenter Menschenkenner sein muß. Sie ist aber auch ein Beweis dafür, wie gut Stanhope die Kunst beherrschte, anderen eine Komödie vorzuspielen und sie über seine wahren Absichten zu täuschen.

Am 19. Januar 1832 reiste der Lord also aus Ansbach ab, nachdem er sich dort insgesamt sieben Wochen aufgehalten hatte. Während dieser Zeit war er fast täglich mit Hauser zusammen, hatte also ausreichend Gelegenheit, diesen so genau kennenzulernen, daß seine spätere Stellungnahme gegen ihn hieraus nicht erklärt werden kann. Aber so weit war es noch nicht, vielmehr gestaltete sich der Abschied von seinem „Jünglingskind" äußerst tränenreich. Augenzeugen berichten, er sei so herzzerreißend gewesen, daß Worte zu seiner Beschreibung nicht ausreichten. Beide seien einander wieder und wieder in die Arme gefallen und hätten sich kaum trennen können. Stanhope versprach, bald – wahrscheinlich im Mai – wiederzukommen und Kaspar auf sein Schloß nach England mitzunehmen. Dann reiste er ab. Kaspar hat ihn nie wiedergesehen.

11 Kilometer südlich von Ansbach, in Richtung Gunzenhausen, liegt das Schloß Triesdorf, eine ehemalige Sommerresidenz der Markgrafen von Ansbach. Sein Erbauer war Markgraf Carl Friedrich Wilhelm, der mit einer Schwester Friedrichs des Großen vermählt war. Seinen Beinamen der „Wilde Markgraf" verdankte er seinem Lebenswandel, genauer gesagt seinen außerehelichen Eskapaden, für die das einsam gelegene Triesdorf den geeigneten Rahmen bot. Nach dem Ende der Markgrafenzeit

Haus Pfarrstraße Nr. 18, Ansbach

aber, also von 1791 an, war es still geworden in Triesdorf, und die Schloßanlagen, die Pavillons, Reithäuser, Stallungen und Nebengebäude lagen verlassen und träumten von vergangenen, heiteren Tagen. Das änderte sich erst 1796 wieder, als der Badische Hof und andere verjagte Fürsten hier auf neutralem Boden Zuflucht vor den französischen Revolutionsheeren fanden. Im Falkenhaus, dem sogenannten „Roten Schloß", wohnte die Reichsgräfin Hochberg, die dort mit ihrem dritten Sohn Max niederkam. Dieser vorübergehende Aufenthalt des Badischen Hofes war wohl der Anlaß dafür, daß Triesdorf immer schon mit Kaspar Hauser in Verbindung gebracht wurde. Auch die spätere Herzogin Hamilton, Tochter der Großherzogin Stephanie, war der Meinung, daß „der Ort, in welchem der Unglückliche gefangengehalten worden war, vielleicht ein Forsthaus in der Nähe des kleinen Dorfes Triesdorf gewesen sei". (Hohenlohe, Alexander von, Aus meinem Leben, 1925).

Nachdem die kurze Zeit der Emigration deutscher Höfe nach Triesdorf vorbei war, fiel das Schloß wieder in seinen Dornröschenschlaf zurück, und es könnte deshalb durchaus möglich sein, daß Kaspar Hauser einmal vorübergehend in den leerstehenden Gebäuden untergebracht gewesen ist. Eine Besichtigung der sich heute in neuem Glanz zeigenden Baulichkeiten – sie beherbergen eine landwirtschaftliche Bildungsstätte und eine Außenstelle der Fachhochschule Weihenstephan – macht aber deutlich, daß keines der Gebäude Hausers Schloßtraum entspricht.

Um Kaspars Abschiedsschmerz zu lindern, aber auch um den Gerüchten um Triesdorf nachzugehen, unternahm Feuerbach mit ihm am Tag der Abreise Stanhopes einen Ausflug dorthin. Aber Hauser blieb stumm, um ihn herum war nichts, was ihn an seine Vergangenheit erinnert hätte, kein Déjà-vu-Erlebnis, nichts; nur Schneereste, Eis auf Teichen und Pfützen und der kalte Nordwind, der um die verlassenen Gebäude pfiff. Wahrscheinlich war Kaspar mit seinen Gedanken bei Stanhope und wünschte sich, daß es schon Mai wäre und der Lord ihn abholen würde. Es sollte ein Wunsch bleiben, der nie Wirklichkeit wurde.

Zur gleichen Zeit fuhr die Kutsche des Grafen über Feuchtwangen, Crailsheim und Schwäbisch Hall nach Mannheim, dem Witwensitz der Großherzogin Stephanie. Dort traf Stanhope am 21. Januar ein und hielt sich bis zum 26. Januar auf, und man fragt sich mißtrauisch – jede andere Gefühlsregung wäre bei diesem Dunkelmann verfehlt –, was er dort wohl zu suchen hatte. Die Antwort liegt zwar nicht auf der Hand, stellt sich aber bei einiger Überlegung ein. Der Lord ging zurecht davon aus, daß die Gerüchte um die Herkunft Kaspar Hausers auch zu Stephanie, Kaspars mutmaßlicher Mutter, gedrungen sein mußten, und wollte sie aushorchen über das, was sie wußte, ahnte oder glaubte. Um ihr Vertrauen zu erlangen, überreichte er ihr v. Feuerbachs Schrift „Kaspar Hauser – Verbrechen am Seelenleben eines Menschen" mit dessen persönlicher Widmung, die ihn, den Lord, als Freund und Wohltäter Kaspar Hausers auswies. Zwei Unterredungen soll Stanhope mit Stephanie gehabt haben. Dabei anwesend war auch ihr Kammerherr v. Schreckenstein. Worüber gesprochen wurde, ist nicht bekannt. Bereits am 24. Januar hatte die Großherzogin v. Feuerbachs Buch gelesen, und Stanhope berichtete dem Gerichtspräsidenten, daß er ihr versprochen habe, sie mit Kaspar Hauser zusammenzubringen, „daß es aber nur im Stillen geschehen und nicht allgemein bekannt werden sollte." Dieses Versprechen hat er natürlich nicht eingehalten — was auch nur verwundert hätte, wenn es anders gewesen wäre. Was er aber hatte erreichen wollen, nämlich Stephanie auszuhorchen, hatte er erreicht, und was sie von ihm hielt, konnte ihm gleichgültig sein, denn er hat sie nie wieder gesehen. Von Mannheim führte ihn die Reise weiter über Darmstadt und Frankfurt und dann nach Bonn, Brüssel, Calais, Dover und schließlich nach Schloß Chevening. Von allen Reisestationen schrieb er Briefe an Kaspar. Den Besuch bei Stephanie aber erwähnt er darin nicht.

Der Ausflug nach Schloß Triesdorf war also ergebnislos geblieben und hatte keine weiteren Aufschlüsse über Kaspar Hausers früheren Aufenthalt und seine Herkunft gegeben. In Ansbach aber hatte der vertraute Umgang des Lords mit Kaspar, wie auch die offen gezeigte Anteilnahme Feuerbachs an dem jungen Menschen dazu geführt, daß Hauser die Salons der feinen Gesellschaft offenstanden. Denn es mußte doch etwas Besonderes sein an jemandem, dem sich sowohl ein steinreicher englischer Hocharistokrat — so sahen die Ansbacher den Lord — als auch der Präsident des Appellationsgerichts, eine der bekanntesten und einflußreichsten Persönlichkeiten der Stadt, in dieser Weise annahmen. Im Hause des Generalkommissars und Regierungspräsidenten des Rezatkreises v. Stichaner war Kaspar ein gern gesehener Gast, der zum Mittagstisch eingeladen wurde und dort an zahlreichen Gesellschaften teilnahm. Mit der Tochter des Regierungspräsidenten, Lila v. Stichaner, war er freundschaftlich verbunden, und wie dort, so wurde er auch bei allen anderen ranghohen Familien Ansbachs mit offenen Armen aufgenommen. Überhaupt war es die Damenwelt des Städtchens, die ihn mit besonderer Aufmerksamkeit bedachte, wurde doch hinter vorgehaltener Hand über seine vermutlich hohe Abstammung gemutmaßt. So manche seiner Verehrerinnen mag sich schon als Schloßherrin in England oder als ungarische Gräfin gesehen haben. Insoweit war also alles zum Besten bestellt, und Kaspar hätte mit seinem Ansbacher Leben zufrieden sein können. Aber keine Rosen ohne Dornen, und die Ansbacher Dornen verkörperte Hausers neuer Lehrer und gleichzeitiger Hauswirt Johann Georg Meyer. Dieser Meyer war den äußeren Gegebenheiten nach nun keineswegs ein verknöcherter Pauker, sondern ein Mann von 32 Jahren, mit seiner Frau Henriette, die so alt war wie Kaspar, jung verheiratet. Von diesen Voraussetzungen ausgehend, hätte man annehmen können, daß Hauser hier viel Verständnis und pädagogisches Einfühlungsvermögen finden würde. Aber die Verhältnisse waren nicht so, und in der gesamten Pro-Hauser-

Literatur wird Meyer deshalb als ausgemachtes Ekel geschildert. Um nicht von vornherein in diesen Chor miteinzustimmen, ist es sicher angebracht, Meyer selbst zu Wort kommen zu lassen und erst dann zu urteilen. Dazu sei – quasi als sein Sprachrohr – als erstes seine Frau Henriette zitiert. Ihr hatte Frau Biberbach aus Nürnberg, die durch Kaspars Tugend so herb Enttäuschte, in einem Brief ihre Meinung über Kaspar mitgeteilt. „Er steckt voller Eitelkeit und Tücke", schrieb sie, und weiter „mit seiner Verstellungskunst treibt er es so weit, daß er sogar Tränen zur Bestätigung seiner Lügen hervorbringt." Sie schildert Hauser in den schwärzesten Farben und bittet, den Inhalt ihres Schreibens dem Präsidenten Feuerbach mitzuteilen, was Lehrer Meyer auch prompt tut, „denn", so antwortete Frau Meyer am 18. 4. 1832 nach Nürnberg, „mein Mann stimmt Ihren über Hauser gemachten Bemerkungen vollkommen zu. Schon nach den ersten Besuchen glaubte mein Mann, daß er nicht frei von Verstellung sei." Schon nach den ersten Besuchen also. Für Lehrer Meyer genügte offenbar ein Blick, um zu einem Urteil zu kommen und hinter Kaspars Verhalten Verstellung zu sehen. Da er bei Hauser ein Tagebuch vermutete, versuchte er mit allen Mitteln, darin Einblick zu erhalten, und hatte keinerlei Hemmungen, das auch noch zuzugeben. Er schreibt: „Zu dem Ende verschaffte ich mir bald einen Schlüssel, der Hausers sämtliche Behältnisse sperrte. Ich suchte dann, zusammen mit meiner Frau, vor allem Hausers Kleider durch. Wir suchten darauf jedes, auch das kleinste Behältnis, jede Ecke in der Stube, den Raum unter den Behältnissen, der Bettstelle, ja das Bett vollständig und ganz genau durch und wir fanden kein Buch."

Man kann nur staunen über einen Mann, der ganz ungeniert einen derartigen Übergriff auf die Privatsphäre seines Zöglings schildert, ohne offensichtlich auch nur das geringste Gespür dafür zu haben, wie sehr ein solches Verhalten ihn selbst richten mußte, beweist es doch, daß er von Menschenwürde nichts wußte oder nichts hielt und daß ihm einfachste Grundsätze der Pädagogik fremd waren. Welchen Drangsalierungen Kaspar im Hause Meyer ausgesetzt war, zeigt auch ein anderer Vorfall, den Meyer mit dem ihm eigenen völligen Mangel an Selbstkritik beschreibt:

„Meine Frau und ich gingen im vorigen Winter eines Abends spät von einer Gesellschaft nach Hause und sahen von der Straße aus bei Hauser noch helles Licht. Um zu sehen, ob er noch auf sei, oder ob er das Licht wieder habe brennen lassen, ging ich sogleich an seine Türe, welche von innen verriegelt war, klopfte an und rief, er möchte aufmachen. Es erfolgte keine Antwort. Ich klopfte stärker und immer stärker an, schlug mit der Faust kräftig an die Türe, – Hauser hörte nicht. – Meine Frau vor der Türe lassend, eilte ich schnell wieder auf die Straße, und siehe – das Licht war inzwischen gänzlich verschwunden. – Da es jedoch hätte möglich sein können, daß es von selbst zu Ende gegangen wäre, so wollte ich mich genau überzeugen. Ich schlug jetzt nicht nur mittelst der Faust an die Türe, sondern stieß mit den Absätzen der Stiefel an dieselbe, so

daß alle Leute im Hause darüber aufwachten. Später nahm ich ein Beil und wollte die Türe hineinsprengen, was ich aber nicht vermochte. Der schlafende Hauser wachte über all dieses Gepolter nicht auf.“

Der der Hauser-Geschichte gegenüber durchaus nicht unkritische Autor Hans Scholz kommentierte 1964 Meyers Verhalten folgendermaßen:

„Dies alles beschreibt dieser Berserker sich damit zu brüsten und der Welt hinzureiben, von welcher Verstocktheit der Hauser gewesen. Wenn man in Meyers Auslassungen über Hauser blättert, es zuckt einem in den Händen. Nach 130 Jahren noch. Wenn man lesen muß, wie dieser Ziehvater sich Nachschlüssel zu Hausers Behältnissen machen läßt, um zu schnüffeln, sobald dieser den Fuß über die Schwelle gesetzt hat. Und wie er sich dabei klug und weise dünkt, ohne den mindesten Sinn dafür, wie jämmerlich er sich bloßstellt, wenn er dieses hinterlistige Vorgehen auch noch schildert. Ein minder duldsamer Mensch als Hauser hätte den üblen Stockmeister kurzerhand verdroschen und recht daran getan."

Bei einem anderen Vorfall ging es um die Anzahl der Enkel des Regierungsrates Fließen, den Kaspar Hauser ab und zu im Hause des Regierungspräsidenten v. Stichaner traf. Meyer sprach von 18 bis 20 Enkeln, während Hauser von 11 Enkeln erzählte. Daraufhin Meyer: „Das weiß ich ziemlich gewiß, daß Sie nur so geschwinde eine Zahl in den Mund nehmen, um das Haus des Generalkommissärs wieder zu nennen und andeuten zu können, wie Sie mit den Verhältnissen derer genau bekannt wären, die auch öfters in das Haus des Generalkommissärs kämen." Aus diesen Worten spricht Meyers Ärger darüber, daß sein Zögling im Hause des Regierungspräsidenten und Generalkommissars v. Stichaner, wie auch in allen anderen Salons der feinen Gesellschaft Ansbachs verkehrte, die ihm, dem erprobten Staatsdiener der Mittleren Laufbahn, verschlossen blieben. Es war nicht zuletzt auch dieser gesellschaftliche Minderwertigkeitskomplex gegenüber seinem Schüler, an dem Meyer schwer zu kauen hatte. „Ob der Enkel 11 oder 20 sind, gilt hier gleichviel", fuhr er fort in der Diskussion über den Enkelsegen bei Fließens, um dann nach Kaspars Tod noch zu triumphieren: „Aus ganz sicherer Quelle ließ ich mir, nach seiner unglücklichen Verwundung, sagen, daß der fraglichen Enkel 18 seien." Die „ganz sichere Quelle" verrät er dabei natürlich nicht. Dieser Minderwertigkeitskomplex schlägt immer wieder in Meyers Schilderungen durch. Einmal glaubt er, von Kaspar belogen worden zu sein, und gibt sich voller Verständnis: „Indes ist Ihnen wohl zu verzeihen, da Sie in den verehrlichen und hochverehrlichen Zirkeln jedes Ihrer auch noch so unwahren Worte als lautere Wahrheit hinnehmen sehen." Man beachte den feinen Unterschied zwischen „verehrlich" und „hochverehrlich", den dieser selbst in Worten strammstehende Staatsdiener macht; denn Ironie war das nicht, dazu war Meyer viel zu humorlos, er meinte es ernst. Er warf Kaspar zunehmende Verlogenheit vor. Auf den Gedanken, daß sie nichts anderes war als eine Selbstschutzreaktion seines Zöglings gegenüber den Repressionen seines Lehrers, kam er natürlich nicht. Aber das war Kaspars einziger Ausweg aus dem Dilemma von Anpassung und Verurteilung. Meyer war — seine Bekundungen zeigen es — ganz offensichtlich ein Mann, der zur Erziehung und Weiterbildung Hausers völlig ungeeignet war. Er konnte oder wollte nicht sehen, daß es sich bei Kaspar aufgrund dessen Vorgeschichte um einen Schüler von besonderer Art handelte, der auch auf besondere Art angefaßt werden mußte. Statt dessen nahm Meyer an allem Anstoß, was sein Zögling, der ständig von ihm umschlichen und umlauert wurde, tat oder unterließ, um auch die kleinste Unregelmäßigkeit beanstanden zu können. Für Hauser war das alles nur zu ertragen im Hinblick auf des Lords Zusage, ihn im Mai mit nach England zu nehmen. Im Vertrauen darauf tröstete er sich mit Theaterbesuchen und durch seine Besuche in den Salons der angesehensten Familien Ansbachs; eine Lebensweise, die ganz auffallend kontrastierte mit dem bescheidenen Dasein, das er in der Wohnung Meyers führte, und die für diesen wiederum Anlaß war, Kaspar zu ducken, wo er nur konnte. Faßt man Meyers Selbstzeugnisse zusammen — „sein trefflichstes Bildnis ist der Feder dieses Meisterlehrers zu verdanken", wie Scholz schreibt — so ergibt sich ein Psychogramm, das von verständnislos-kleinkarierter Pedanterie über starrsinnig-rechthaberische Besserwisserei bis hin zu humorlos-engstirniger Zanksucht reicht und Meyer als den typischen subalternen Beamten ausweist, der nach oben katzbuk-

Schloß Triesdorf bei Ansbach

kelt und nach unten tritt. Um nochmals Scholz zu zitieren: „Man würde nicht wagen eine erfundene Romanfigur mit solchen Zügen auszustatten, wie er (Meyer) sich mit Genugtuung und Eigenlob zu gute hält." Und dabei steht die Schilderung von Meyers Verhalten anläßlich der Verwundung und des Sterbens Hausers noch aus, die ein erschütterndes Beispiel menschlicher Niedertracht ist.
Das Stadtarchiv Ansbach bewahrt ein Foto von Meyer. Es zeigt einen Mann in mittleren Jahren, der den Betrachter durch eine runde Nickelbrille aus listigen Augen ansieht. Das breitflächige Gesicht strahlt satte Selbstzufriedenheit und unerschütterliches Von-sich-Überzeugtsein aus. Der schmallippige Mund macht den Eindruck, zu einem nicht geeignet zu sein: zum Lachen oder auch nur zum Lächeln.
In seiner Schrift „Kaspar Hauser – Beispiel eines Verbrechens am Seelenleben des Menschen" hatte Feuerbach bereits mit dunklen Worten auf eine mögliche vornehme Herkunft Hausers hingedeutet, mit dem Zusatz allerdings, daß man hier an einen Ort komme, zu dem die Justiz keinen Zutritt mehr habe. Es sei ein goldenes Tor, vor dem Riesen mit Dreschflegeln stünden, die so hageldicht dröschen, daß sich zwischen Schlag und Schlag auch nicht ein Lichtstrahl hindurchzwängen könne. Noch weiter aber ging er nun in einem sogenannten „Memoire", das er für die Königinwitwe Karoline von Bayern ausgearbeitet hatte und ihr am 20. Februar 1832 übergeben ließ. Als „Memoire" bezeichnet man auf politischer Ebene eine Denkschrift über eine staats-

oder völkerrechtliche Frage. Da v. Feuerbach sein Memoire zunächst aus guten Gründen nicht zur Veröffentlichung bestimmt hatte — dazu war sein Inhalt zu brisant —, versah er es mit dem Zusatz „geheim". Als Titel wählte er die Frage „Wer möchte wohl Kaspar Hauser sein?" Es war insofern also tatsächlich ein Memoire, weil die Frage nach Kaspar Hausers Herkunft gleichzeitig die Frage nach der Legitimation des badischen Throninhabers aufwerfen konnte, und zwar dann, wenn man davon ausging, daß Hauser ein badischer Erbprinz war, den man um sein Thronrecht gebracht hatte. Und nicht weniger behauptete Feuerbach in seinem Memoire. An die Königinwitwe Karoline von Bayern war es gerichtet, weil diese, die Witwe des Königs Max Joseph von Bayern und Stiefmutter des jetzigen Königs Ludwig I. von Bayern, eine Prinzessin von Baden und Schwester des verstorbenen Großherzogs Karl von Baden war. Sie war also eine Tante Kaspar Hausers, wenn man annimmt, wie Feuerbach das nun tut, daß ihr Bruder, Großherzog Karl, dessen Vater war. In seinem Memoire kommt v. Feuerbach zu dem Schluß, daß Kaspar Hauser niemand anderer sein könne, als der legitime Thronprätendent von Baden. Er begründet diese Feststellung mit folgenden Argumenten:
1) Kaspar Hauser ist kein illegitimes, sondern ein legitimes Kind, was durch die große Sorgfalt, seine Geburt geheim zu halten, bewiesen ist. Die Mittel stehen hierbei in keinem Verhältnis zum Ziel, wenn er nur ein illegitimes Kind von ganz gleich wie hoher Abstammung sein sollte.

2) Die Personen, die mit dem Geheimnis befaßt sind, verfügen über ungewöhnliche Macht und Mittel, ihr verbrecherisches Tun durchzuführen, denn: *„Daß sowohl die Aussetzung Kaspars, als auch der später an ihm verübte Mordversuch in einer Stadt wie Nürnberg, am hellen Tage, gleichsam öffentlich geschehen konnte, dann aber alle Spuren des Täters auf einmal verschwanden, daß alle Nachforschungen, die seit nun beinahe drei Jahren mit dem rastlosen Eifer, geleitet vom vereinten Scharfsinn der erfahrensten Justiz- und Polizeimänner, nach allen Richtungen hin unternommen wurden, in der Art fruchtlos gewesen sind, daß kein juristisch geltend zu machender Umstand entdeckt werden konnte, der auf einen bestimmten Ort der Haupttat oder auf eine bestimmte Person geführt hätte, daß alle öffentlichen Aufforderungen, daß das große Interesse, welche fast alle Herzen in und außer Deutschland an dem Schicksale des unbekannten Unglücklichen genommen haben, daß ein auf die Entdeckung ausreichender Spuren öffentlich ausgeschriebener Preis von 1000 fl. keine einzige befriedigende Anzeige herbeigeführt hat: all dieses wird nur daraus erklärbar, daß mächtige und sehr reiche Personen dabei beteiligt sind, die durch Furcht, außerordentliche Vorteile und große Hoffnungen willige Werkzeuge in Bewegung zu setzen, Zungen zu fesseln und goldne Schlösser vor mehr als einen Mund zu legen, die Macht besitzen."*

3) Kaspar Hauser muß jemand sein, um dessen Leben oder Tod große Interessen kreisen, was aus dem kürzlich erfolgten Mordversuch hervorgeht, denn:

„Wer hätte Interesse haben können, an einem armen, von fremder Barmherzigkeit lebenden Findling den Tod auf dem Schafott zu wagen, wäre nicht an diesem Findling weit mehr gelegen, als an irgendeinem Findling gelegen sein konnte? Er muß eine Person sein, deren Leben, selbst bei der entfernten Gefahr, es könne einmal ihr Stand und wahrer Name entdeckt werden, die Existenz anderer, und zwar so hoch bedeutender Personen bedrohte, daß er, um jeden Preis, auf jede Gefahr hin, aus dem Wege geräumt werden mußte, und daß zugleich Menschen gefunden werden konnten, die solch ein Wagstück unternahmen."

4) Aus den Umständen ist ersichtlich, daß das Verbrechen gegen Kaspar Hausers Freiheit nicht durch Haß oder Rache, sondern einzig durch selbstsüchtige Interessen motiviert ist.

„Er wurde entfernt, damit anderen Vorteile zugewendet und für immer gesichert würden, die von Rechts wegen nur ihm gebührten. Er mußte verschwinden, damit andere ihn beerben. Er sollte ermordet werden, damit jene in der Erbschaft sich behaupten konnten."

5) *„Er muß eine Person hoher Geburt, fürstlichen Standes sein. Dafür sprechen – seltsam genug, doch auf die überzeugendste Weise – merkwürdige Träume, die Kaspar zu Nürnberg gehabt hat, Träume, die nichts anderes gewesen sein können als wiedererwachte Erinnerungen aus seiner früheren Jugend. Ich bemerke hierbei zuvorderst im allgemeinen, daß Kaspar, als er diese Träume hatte, noch auf sehr niedriger Stufe geistiger Entwicklung*

stand, nur noch sehr unvollkommen sich äußern konnte und Träume von wirklichen Erscheinungen und Erinnerungen noch nicht zu unterscheiden vermochte. Es ist ferner zu bemerken, daß von den Gegenständen und Szenen, die Kaspar im Traum gesehen haben will, ihm zu Nürnberg nichts Ähnliches vorgekommen sein konnte.
Aus der Verbindung aller obigen Umstände geht nun zuvörderst die dringende Vermutung, ja die moralische Gewißheit hervor: Kaspar Hauser ist das eheliche Kind fürstlicher Eltern, das hinweggeschafft worden ist, um andern, denen er im Wege stand, die Sukzession zu eröffnen."

Anselm von Feuerbach faßt dann zusammen:
„Das Kind, in dessen Person der nächste Erbe oder der ganze Mannesstamm seiner Familie erlöschen sollte, wurde heimlich beiseitegeschafft, um nie wieder zu erscheinen. Um aber den Verdacht eines Verbrechens zu entfernen, wurde diesem Kinde, das vielleicht, als es beseitigt wurde, gerade krank zu Bette gelegen hatte, ein anderes bereits verstorbenes oder sterbendes Kind untergeschoben. Das wurde alsdann als tot ausgestellt und begraben, und Kaspar so angeblich in die Totenliste gebracht.
Was die Frage betrifft, in welche hohe Familie Kaspar gehören möge, so ist nur ein Haus bekannt, auf das nicht nur mehrere zusammentreffende allgemeine Verdachtsgründe hinweisen, sondern das auch durch einen ganz besonderen Umstand speziell bezeichnet ist, nämlich – die Feder sträubt sich, diesen Gedanken niederzuschreiben – das Haus Baden.

Auf höchst auffallende Weise, gegen alle menschliche Vermutung, erlosch auf einmal in seinem Mannesstamme das alte Haus der Zähringer, um einem aus morganatischer Ehe entsprossenen Nebenzweig Platz zu machen. Dieses Aussterben des Mannesstammes ereignet sich nicht etwa in einer kinderlosen, sondern – seltsam genug! – in einer mit Kindern wohlgesegneten Familie.
Was noch verdächtiger ist: zwei Söhne waren geboren, aber diese beiden Söhne starben. Und nur sie starben, während die Kinder weiblichen Geschlechts insgesamt bis auf den heutigen Tag noch in frischer Gesundheit blühen.
Und nicht bloß seltsam, sondern einem Wunder ähnlich ist es, daß der Würgeengel schon gleichsam an der Wiege beider Knaben steht und diese mitten aus der Reihe seiner Schwestern herausgreift. Zwischen den beiden Prinzessinnen Luise und Josephine stirbt der erstgeborene Prinz N. N. am 16. Oktober 1812, zwischen den Prinzessinnen Josephine und Marie stirbt am 8. Mai 1817 der Prinz Alexander. Diese Sterbefälle widerstreiten jeder physiologischen Wahrscheinlichkeit. Wie wäre es erklärbar, daß eine Mutter demselben Vater lauter gesunde Töchter und als Söhne nur Sterblinge gebiert? In dieser ganzen Begebenheit scheint so viel System, so viel Berechnung hindurch, wie sie nicht dem Zufall, sondern nur menschlichen Absichten und Plänen zuzutrauen ist. Oder man müßte glauben, die Vorsehung habe einmal in den gewöhnlichen Lauf der Natur eingegriffen und Außerordentliches getan, um einen coup de politique auszuführen.

Wer bei dem Aussterben des Mannesstammes in der Linie des Großherzogs Carl das nächste, das unmittelbarste Interesse hatte, war unstreitig die Mutter des Grafen Hochberg mit ihren Söhnen. Denn waren ihre Kinder aus morganatischer Ehe für sukzessionsfähig anerkannt, und war der Mannesstamm im Hause des Großherzogs Carl untergegangen, so mußte wohl nach kurzer Zeit die Sukzession an die Hochbergsche Familie kommen. Die Gräfin Hochberg wird überdies als eine Dame bezeichnet, die gegen die Gemahlin des Großherzogs Carl tiefen Haß getragen, dabei von unbegrenztem Ehrgeiz und eines solchen Charakters sei, der sie um die Mittel zu ihrem Zwecke wenig verlegen mache."

Die Adressatin des Memoires, Königinwitwe Karoline von Bayern, überzeugten Feuerbachs Ausführungen, und sie glaubte bis zu ihrem Tod fest daran, Kaspar Hausers Tante zu sein. Auch ihr Stiefsohn, König Ludwig, war von Hausers badischem Prinzentum überzeugt. Leider aber hatte die Meinung beider Majestäten keinerlei Einfluß auf Kaspars weiteres Schicksal. Die Monarchen saßen alle in einem Boot. Es zum Kentern zu bringen hätte politischen Selbstmord bedeutet.

Großherzogin Stephanie in Mannheim hatte es inzwischen aufgegeben, weiter darauf zu warten, daß Stanhope seine Zusage wahr machen würde, ein Treffen zwischen ihr und Kaspar zu arrangieren. Sie beschloß deshalb, selbst nach Ansbach zu fahren. Allerdings war es dafür nötig, den Karlsruher Hof um eine Reisegenehmigung zu ersuchen, die sie aber für das Ziel Ansbach wohl kaum erhalten hätte. Sie gab also ein anderes Reiseziel und einen anderen Reisezweck an. In ihrer Begleitung befanden sich ihre 18jährige Tochter Josephine, die spätere Fürstin von Hohenzollern-Sigmaringen, und ihre 14jährige Tochter Maria, die spätere Herzogin von Hamilton, sowie die Hofdame Fräulein v. der Recke. Die Abreise von Mannheim erfolgte am 3. April 1832. Die Nacht vom 4. zum 5. April verbrachte die Reisegesellschaft in der Nähe von Ansbach, um der dort üblichen Registrierung durch die Fremdenpolizei zu entgehen, was für die Verschleierung des eigentlichen Reiseziels notwendig war. Im „Intelligenzblatt für den Rezatkreis", das die Fremdenlisten der Ansbacher Gasthöfe veröffentlichte, findet sich deshalb auch kein Hinweis auf diesen hohen Besuch aus Baden. Durch die vorausgegangenen Gespräche mit Stanhope wußte die Großherzogin, daß Kaspar Hauser fast täglich, wenn es das Wetter zuließ, einen Spaziergang im Hofgarten machte. Wenn man ihm zwanglos und unauffällig begegnen wollte, war es am einfachsten, den Hofgarten aufzusuchen und dort auf ihn zu warten. Am Morgen des 5. April begab sich Stephanie mit Töchtern und Hofdame in den Hofgarten und verbarg sich hinter einer kleinen Baumgruppe. Als Kaspar erschien und vorbeiging, wurde die sensible Frau ohnmächtig, so sehr hatte sie Kaspars Ähnlichkeit mit ihrem verstorbenen Mann, Großherzog Karl, erschüttert. Von den Damen in ihrer Begleitung gestützt, brachte man sie in die Kutsche zurück, die am Eingang des Hofgartens gewartet hatte und so-

fort mit ihr davonfuhr. Am 8. April meldete sie dem Karlsruher Hof ihre Rückkehr nach Mannheim.
Der Bericht über diese Begebenheit befand sich in dem verschwundenen Teil von Stephanies Memoiren. Er wurde bekannt, weil Stephanies Tochter, Josephine von Hohenzollern-Sigmaringen, den Inhalt später ihrer Schwiegertochter, der als Carmen Silva schriftstellerisch tätigen Königin von Rumänien, mitgeteilt hat. Von ihr wiederum hat der französische Diplomat und Hauser-Forscher Edmond Bapst von dem Vorfall erfahren. Die beiden Töchter Stephanies, die ihre Mutter in den Hofgarten begleitet hatten, waren zeitlebens davon überzeugt, in Kaspar Hauser ihren Bruder erblickt zu haben. Im Widerspruch dazu scheint allerdings die Tatsache zu stehen, daß Stephanie im Anschluß an ihren Besuch in Ansbach nichts unternommen hat, was darauf hindeutet, daß sie in Kaspar Hauser ihren Sohn vermutete. Was aber hätte sie auch unternehmen können? Als Französin und ehemalige Protégée Napoleons war sie nach dessen Ende und dem Tod ihres Mannes am Badischen Hof nur noch geduldet. Jede Handlung gegen die Interessen dieses Hofes hätte zu einer Streichung ihrer Apanage geführt. Ein eigenes Vermögen hatte sie nicht. Sie war abhängig von ihrer Stellung als Mitglied eines regierenden Hauses und den damit verbundenen Privilegien. Von dieser Stellung hing auch die Zukunft ihrer Töchter, d.h. deren standesgemäße Verheiratung ab, die sie sonst hätte opfern müssen. Auch wenn Kaspar Hauser ihr Sohn war, so fehlte doch die enge Mutter-Kind-Beziehung, wie sie normaler-

Ehemaliges Haus v. Stichaner, an der Ansbacher Promenade

weise gegeben ist, sich hier aber aufgrund der Trennung von Geburt an gar nicht erst entwickeln konnte. Alle diese Gründe werden dazu geführt haben, daß sie keinen weiteren Kontakt zu Kaspar Hauser suchte und – jedenfalls nach außen hin – keinen weiteren Anteil an seinem Schicksal nahm.

Die frappierende Ähnlichkeit Kaspar Hausers mit seinem Vater, dem verstorbenen Großherzog Karl, die Stephanie so erschüttert hatte, wird erkennbar, wenn man Abbildungen der beiden miteinander vergleicht. Diese Ähnlichkeit ist so groß, daß auch aus diesem Grund nicht daran gezweifelt werden kann, daß Kaspar Hauser und der badische Erbprinz identisch sind. Hausers Äußeres ist also ebenfalls ein Beweis der Elternschaft des Großherzogs Karl und seiner Gemahlin Stephanie. Diese Ähnlichkeit wird übrigens auch von mehreren ernstzunehmenden Zeugen bestätigt. So von Fürst Chlodwig von Hohenlohe-Schillingsfürst, dem Großherzog Ludwig III. von Hessen, dem Fürsten Philipp von Eulenburg und Härtefeld, sowie der Königin Elise von Preußen. Genützt hat ihm das alles nichts. Es war nicht nur seine Mutter, die ihn im Stich ließ.

Von dem was geschehen war, hatte Kaspar nichts bemerkt. Er wußte nicht, wie nahe er der Aufklärung über seine Herkunft gewesen war. Sein Leben ins Ansbach ging weiter wie bisher, nur daß man sich jetzt auch Gedanken über seine religiöse Erziehung machte. „Das Kind ist schon getauft", heißt es im „Mägdeleinzettel", und „ich habe ihm Christlichen Erzogen", schreibt der „arme Tagelöhner" des Begleitbriefes. In welchem Bekenntnis das aber erfolgt ist, wird nicht mitgeteilt. Unter Hausers Mitbringseln befanden sich ein Rosenkranz und etliche Traktätchen, was eigentlich auf eine katholische Taufe und Erziehung hinweist. Im protestantischen Ansbach aber stellte man darüber offenbar keine weiteren Überlegungen an, und so wurde Johann Heinrich Fuhrmann, Pfarrer an der Gumbertuskirche, damit beauftragt, Kaspar Konfirmationsunterricht zu erteilen. Damit geschah unbeabsichtigt das Richtige, denn die Zähringer der Linie Baden-Durlach waren lutherisch, in einigen Fällen sogar calvinistisch, auf jeden Fall also protestantisch, und die Nottaufe, die man im Karlsruher Schloß dem sterbenden kleinen Blochmann hatte zuteil werden lassen, war in Vertretung des nicht rechtzeitig erschienenen evangelischen Hofpredigers vorgenommen worden.

Die Gumbertuskirche befand und befindet sich in unmittelbarer Nähe der Wohnung des Lehrers Meyer in der Pfarrstraße 18. Kaspar brauchte dort nur aus dem Fenster zu sehen, dann sah er direkt vor sich Fassade und Giebel des Appellationsgerichts und rechts daran anschließend die drei Türme der Gumbertuskirche. Pfarrer Fuhrmann war ein vortrefflicher Geistlicher, ein Mann, zu dem Kaspar sofort Vertrauen faßte. Er gewann in ihm einen aufrichtigen und treuen Freund. Über die Auffassungsgabe seines Konfirmationsschülers berichtet Fuhrmann, daß sie „ein eigenartiges Gemisch von Jünglingsreife und Kindereinfältigkeit" darstelle. Und weiter: „Von Seiten des Herzens habe ich an Hauser manchen Vorzug bemerkt und es ist mir nicht leicht ein Mensch von mehr Sanftmut, Weichheit, Freundlichkeit, Gefälligkeit, Güte und Liebenswürdigkeit vorgekommen." Was für ein Kontrast zu dem Urteil des Lehrers Meyer über seinen Zögling!

Nachdem Stanhope sich am 19. Januar 1832 von Hauser getrennt hatte, unterhielt er einen äußerst liebevollen Briefwechsel mit ihm. Dann aber trat ein plötzlicher Umschwung ein. Während sein Brief vom 19. April noch vor Zärtlichkeit überfloß, steht der folgende Brief vom 24. Mai durch seine unvermittelte distanzierte Kühle dazu in merkwürdigem Kontrast. Von nun an bleibt der Ton der Briefe zwar freundschaftlich, ist aber nicht mehr so überschwenglich wie zuvor, und man fragt sich, was diese Änderung herbeigeführt hat. Es kann als sicher gelten, daß Stanhope tatsächlich die Absicht hatte, Kaspar Hauser mit nach England zu nehmen. Das kam einerseits seinen homosexuellen Neigungen entgegen und paßte andererseits in das Konzept seiner badischen Auftraggeber, Kaspar aus dem Blickfeld der deutschen Öffentlichkeit zu entfernen, so daß sich hier also das Angenehme mit dem Nützlichen auf ideale Weise zu verbinden schien. Was aber von Deutschland aus gesehen so verlockend aussah, stellte sich in Stanhopes englischer Heimat in nicht mehr so günstigem Licht dar. Hier war er nicht der allseits bewunderte Lord, vor dem man Hochachtung zeigte, und er war auch keinesfalls primus inter pares bei seinen Standesgenossen, sondern eher das Gegenteil. Er mußte damit rechnen, daß diese sein „Mitbringsel" bestenfalls als abgeschmackt betrachten und er selbst dadurch einen

Hinweis auf seine homosexuelle Veranlagung geben würde, die im England von damals unter Strafe stand. Über den berühmten englischen Dichter Oskar Wilde äußert sich der Brockhaus von 1908 folgendermaßen: „Besonders erregte die berechnende Sonderbarkeit des Auftretens und die einseitige Betonung der Schönheitsgesetze als Grundlage seiner Weltanschauung Mißtrauen. 1895 erfolgte seine Verurteilung zu zwei Jahren Gefängnis, wegen eines groben Vergehens gegen die Sittlichkeit." Wäre seine Homosexualität publik geworden, Stanhope wäre erledigt gewesen. Hinzu kam, daß auch seine Familie Anstoß nahm und ihm wegen seiner Leidenschaft für Kaspar Hauser ihre höchste Verwunderung ausdrückte und sein Benehmen sowohl lächerlich als auch äußerst deplaziert fand. Was seine badischen Auftraggeber angeht, ist es möglich, daß seine Forderungen als zu hoch empfunden wurden und man eine billigere und endgültige Lösung ins Auge faßte. In Unkenntnis darüber, daß er die Ausgaben für Hauser nicht aus eigener Tasche bezahlte, fragte Stanhopes Familie im November 1832 über die österreichische Gesandtschaft in London an, ob die Aufwendungen nicht zu kostspielig und einschränkbar wären. Sie betrugen 60 Gulden monatlich, was sicher nicht gerade wenig, für des Lords Kasse aber schließlich nur ein Durchlaufposten war. Was auch immer seinen Sinneswandel herbeigeführt hatte, Stanhope leitete seinen allmählichen Rückzug von Kaspar Hauser ein, und davon, ihn nach England mitzunehmen, was ursprünglich im Mai 1832 hätte erfolgen sollen, war fortan keine Rede mehr.

Daß von dem Lord und seinen Versprechungen nichts zu halten war, war inzwischen auch v. Feuerbach klar geworden. Stanhopes Zusage, für den Lebensunterhalt Hausers zu sorgen, traute er nicht mehr. Er war deshalb bestrebt, dafür zu sorgen, daß Kaspar sich auf einen Beruf vorbereite. Zu diesem Zweck brachte er ihn − wegen seiner ausgezeichneten Handschrift − Anfang Dezember 1832 als Gerichtsschreiberanwärter im Appellationsgericht unter. Ein ganzes Jahr, bis zu seiner Ermordung, ist er dort täglich seiner Tätigkeit nachgegangen.

So rückte der 20. Mai 1833 heran, der Tag, an dem Kaspar konfirmiert werden sollte. Die Konfirmation fand in der Schwanenritterkapelle der Gumbertuskirche statt. Sie wurde von Pfarrer Fuhrmann vorgenommen, der den Konfirmationsunterricht erteilt hatte. Ein Teilnehmer der Feier schrieb: „Die angesehensten hiesigen Familien umgaben ihn (Kaspar) und seine Pfleger und Führer, welche ihn auf seinem heutigen Gange in die zum Erdrücken angefüllte Kapelle der schönen Gumbertuskirche begleitet hatten."

Nicht dabei war Lord Stanhope. Im März hatte er eine neue Europareise angekündigt und am 16. April 1833 seine Abreise von Schloß Chevening mitgeteilt, ohne in beiden Briefen auch nur mit einem Wort auf die von Kaspar erhoffte Übersiedelung nach England einzugehen. Nicht dabei war auch Gerichtspräsident v. Feuerbach.

Er hatte am 11. April eine Reise zu seiner Schwester Rebecca nach Frankfurt angetreten, von der er

nicht mehr zurückkehrte. Am Pfingstmontag, dem 27. Mai 1833, war er mit Bekannten zu einem Ausflug in den Taunus nach Königstein gefahren, krank zurückgekommen und am Mittwoch, dem 29. Mai 1833, im Hotel gestorben. Die Todesursache ist aus der Sterbeurkunde nicht zu ersehen. Feuerbach hatte früher schon einmal einen Schlaganfall erlitten, und es wird angenommen, daß ein zweiter Schlaganfall seinem Leben ein Ende gesetzt hat. Nach Feuerbachs Tod kam der Verdacht auf, er sei vergiftet worden, und zwar wegen seiner Nachforschungen und Publikationen im Falle Hauser. Fest steht, daß er schon im Sterben liegend seine Obduktion selbst angeordnet hatte. Dies ist ein Beweis dafür, daß er an die Möglichkeit einer Vergiftung glaubte. Die Obduktion wurde auch durchgeführt, das Protokoll darüber aber ist verschwunden. Es soll jedoch einen natürlichen Tod attestiert haben. Mit Feuerbach hatte Kaspar seinen Hauptbeschützer verloren. Von nun an war er allein.
Im Karlsruher Schloß regierte zu dieser Zeit Großherzog Leopold, der älteste Sohn der Gräfin Hochberg, der nach dem Tod Großherzog Ludwigs, des offiziell letzten legitimen Zähringers, 1830 den badischen Thron bestiegen hatte. Elf Jahre vor seiner Thronbesteigung hatte er die schwedische Prinzessin Sophie geheiratet, die nun als badische Großherzogin an seiner Seite stand. Sophie stammte aus dem schwedischen Königsgeschlecht der Wasa. Ihr Vater war Gustav IV. Adolf von Schweden, den die schwedischen Stände als Vierzehnjährigen 1792 zum König ausgerufen hatten, nachdem sein Vater,

König Gustav III. von Schweden, bei einem Maskenball im Stockholmer Schloß von einem adeligen Verschwörer ermordet worden war. Der junge König neigte zur Hypochondrie und war schon früh von fixen Ideen besessen. Manche behaupten sogar, er sei schlicht wahnsinnig gewesen. Außenpolitische Fehlschläge, wie der Verlust von Pommern, Rügen und Finnland, die er durch seinen Starrsinn verschuldet hatte, führten zu einer Verschwörung der schwedischen Reichsstände. Von diesen gefangengesetzt, wurde er am 10. Mai 1809 des Thrones für immer verlustig erklärt. Er begab sich daraufhin nach Deutschland und von dort in die Schweiz. Nach der Scheidung von seiner Frau, der badischen Prinzessin Friederike, einer Tochter der Großherzogin Amalie, reiste er ohne bestimmtes Ziel in Europa umher und starb 1837 in St. Gallen. Seine Frau war 1812 nach der Scheidung mit ihren Kindern, darunter die 1801 geborene älteste Tochter Sophie, an den Badischen Hof nach Karlsruhe zurückgekehrt. Als Sophie 18 Jahre alt war, verlobte sie sich mit Leopold, den sie 8 Monate später heiratete. Für sie, die Prinzessin ohne Land, erfüllte sich mit Leopolds Thronbesteigung der Traum, wieder zu Herrscherwürden zu gelangen, zu jenen Würden, die ihr Vater verspielt hatte. Fortan war sie – zeitlebens unter dem Trauma des Thronverlustes ihres Vaters stehend – mit eiserner Energie bemüht, jede Gefährdung dieser Stellung schon im Keim zu ersticken. Stephanie hielt sie für halb wahnsinnig, wie sie in ihren Erinnerungen schreibt. Wahrscheinlich dachte sie dabei an das Erbgut Gustavs des IV., Sophies Vater. Die beiden Frauen hatten nur eines gemeinsam: ihre gegenseitige Abneigung; eine Gemeinsamkeit, die in der Damenwelt nicht gerade selten ist. Auf Sophie hatte sich der Haß ihres Vaters gegen Napoleon, den er für seine politischen Niederlagen verantwortlich machte, übertragen, und Stephanie war Napoleons Adoptivtochter, die ihrerseits aus ihrer Abneigung gegen die nordische Prinzessin keinen Hehl machte. In ihrer Beurteilung aber täuschte sie sich. Sophie war nicht wahnsinnig, sondern nur wahnsinnig konsequent in der Verfolgung ihrer Ziele. Und das wichtigste darunter war die Erhaltung ihrer Stellung als badische Großherzogin. Ein Portrait zeigt sie in stolzer und selbstbewußter Haltung. Das blasse Gesicht, aus dem kalte Augen blicken, ist von dunklen Haaren umrahmt. Es ist ein herbes Gesicht mit harten, herrschsüchtigen Zügen und einem hochmütigen Ausdruck. Das war die Frau, die nun in Kaspar Hausers Leben eingriff und sein Schicksal vollendete.

Die Bedrohung der badischen Verhältnisse, die von dem Findling ausging, war ihr erst vor kurzem drastisch vor Augen geführt worden. Metternich, der österreichische Staatskanzler und Außenminister, hatte – nicht eben wählerisch in seinen Mitteln – durch den Hinweis auf die fragwürdige Legitimität von Leopolds Großherzogsschaft diesen gezwungen, die kürzlich verfügten liberalen Pressegesetze wieder zurückzunehmen. Als dann durch v. Feuerbachs und andere Veröffentlichungen, wie auch in den Zeitungen immer häufiger und offener auf die mögliche zähringische Abstammung Hausers hingewiesen wurde, beschloß Sophie, das „Ärgernis" in Ansbach selbst in Augenschein zu nehmen, um dann zu überlegen, was zu tun sei.

Welches Reiseziel sie in Karlsruhe angegeben hat, ist nicht bekannt. Jedenfalls stieg sie am 16. Juni 1833 – nicht etwa inkognito, sondern mit allem Gepränge – mit Hofmarschall, Oberhofmeister, Sekretär und Ehrendame in der „Krone" in Ansbach ab, wie der „Stern" eines der ersten Häuser am Platze. Dies teilte das „Intelligenzblatt für den Rezatkreis" am 29. 6. 1833 mit. Es handelte sich dabei zwar nicht um einen offiziellen Besuch, aber eben auch nicht um einen heimlichen. Sophie spielte also durchaus mit offenen Karten. Um so weniger konnte dadurch später ein Verdacht auf sie fallen – so wahrscheinlich ihre Überlegung. 6 Tage später, am 22. Juni 1833, reiste sie wieder ab. Was sie die ganze Zeit über in Ansbach gemacht hat, ist nicht bekannt. Genauso wenig weiß man, ob sie während ihres Aufenthalts Kaspar Hauser getroffen hat. Das aber ist anzunehmen, wenn man die Dauer ihres Verweilens bedenkt und sich weiter vor Augen führt, daß es für ihren Besuch in Ansbach keinen anderen plausiblen Grund gibt. Wie zuvor Stephanie, so wird auch sie Hausers täglichen Spaziergang im Hofgarten benutzt haben, um ihm zu begegnen. Auch Kaspar wird die vornehme Dame aufgefallen sein, die da auf und ab ging, als ob sie jemanden erwarte. Sie ging an ihm vorbei, er grüßte, sah in ein blasses Gesicht mit forschenden Augen und hatte die Begegnung schon wieder vergessen. Er wußte nicht, daß er dem Tod ins Antlitz geblickt hatte.

Oberer Markt in Ansbach, im Hintergrund die Gumbertuskirche

Sophie, die sich seit 1812 am Karlsruher Hof aufhielt, kannte den 1818 verstorbenen Großherzog Karl, den Vater Hausers, und wie Stephanie, so wird auch ihr die große Ähnlichkeit zwischen den beiden aufgefallen sein. Anders aber als Stephanie, entschied sie sich, zwar noch etwas abzuwarten, dann aber, wenn es sein mußte, entschlossen zu handeln.
Im August 1833 reiste Kaspar nach Nürnberg, wo er im Haus des Bürgermeisters Binder wohnte, um an dem 8. Großen Nationalfest teilzunehmen. Im Königszelt auf dem Schmausenbuck wurde er dem bayerischen Königspaar, der Königinwitwe Karoline von Bayern und der Fürstin Liegnitz, die sich auf der Durchreise befand, vorgestellt. Letztere, eine geborene Gräfin v. Harrach aus altem, ursprünglich böhmischen Adelsgeschlecht, war die morganatische Gemahlin des Königs Friedrich Wilhelm III. von Preußen. Er hatte die 1800 geborene Gräfin bei einem Aufenthalt in Teplitz kennengelernt und war mit ihr 1824 in Charlottenburg zur linken Hand getraut worden, wobei sie die Titel einer Fürstin von Liegnitz und Gräfin von Hohenzollern erhalten hatte. Bei Großherzogin Sophie in Karlsruhe führte dieses hohe Interesse an Kaspar Hauser zu der Entscheidung, nun nicht mehr länger zu warten, sondern ein Ende zu machen und die latente Gefahr, die der Findling für den badischen Thron darstellte, für immer zu beseitigen. An Kaltblütigkeit und Intelligenz übertraf die Großherzogin ihren Gatten Leopold bei weitem, wie ihre weiteren Schritte beweisen, denn was jetzt zu tun war, verlangte eine

kühle Berechnung der Umstände. Den Schauplatz kannte Sophie, die Gewohnheiten des Opfers auch. Nun galt es jemanden zu finden, der die Tat ausführte oder ihre Ausführung in die Wege leitete, und da kam nur einer in Frage: Hennenhofer. Obwohl die Großherzogin, wie ihre späteren außerehelichen Liebschaften beweisen, nicht weniger skrupellos war als dieser, mochte sie ihn nicht, den rabenschwarzen Zyniker. Aber als sie einen Helfer brauchte, fiel ihre Wahl auf ihn, und er war gerne bereit, sich ihr dienstbar zu erzeigen, um die Mißgunst der einflußreichen Dame in Gunst zu verwandeln. Und damit sind wir bei dem Mann angelangt, der das Unternehmen in Ansbach geleitet haben dürfte: Major Hennenhofer. Hennenhofer war zwar seit 1831 pensioniert und hatte sich auf seinen Ruhesitz Schloß Mahlberg bei Kippenheim in der Nähe von Lahr zurückgezogen, dennoch aber wurde er immer wieder zu Staatsgeschäften hinzugerufen, bei denen es um besonders heikle Missionen ging. Allerdings waren die Jahre längst vorbei, in denen er sich selbst noch die Hände schmutzig gemacht hatte. Aus seiner Zeit als oberster badischer Sicherheitsbeamter waren ihm jedoch genügend zwielichtige Existenzen bekannt, die die Drecksarbeit für ihn erledigen konnten, und die Kontakte zu ihnen waren nicht abgerissen. Es fiel ihm also nicht schwer, für die Aktion in Ansbach eine geeignete Gruppe von Desperados aus diesem Milieu zusammenzustellen. Aus seinem engeren Einflußbereich hatte Hennenhofer einen Mann namens Ferdinand Sailer an der Hand, der für ihn politische

Spitzeldienste leistete. Sailer stammte aus gutbürgerlichen Verhältnissen. Sein Vater war Bürgermeister des kleinen württembergischen Städtchens Waldsee. Der Sohn hatte Pharmazie studiert, bevor er in die Niederungen der politischen Umtriebe hineingeriet, wo Hennenhofer dann seine speziellen Talente entdeckt und gefördert hatte. Aufgrund seiner Herkunft und seiner Bildung verfügte Sailer über einige Umgangsformen. Ihm wurde deshalb die Aufgabe übertragen, die ersten Kontakte zu Kaspar Hauser herzustellen. Das sollte dadurch geschehen, daß er ihm Auskünfte über seine Herkunft und Abstammung versprach, wobei Sailer vorgab, lediglich Mittelsmann für einen anderen zu sein. Dieser, ein großer, dunkler Herr mit badischem Akzent, werde Kaspar dann auf ein verabredetes Zeichen hin die alles erhellende Mitteilung machen. Der „große, dunkle Herr", Sailers Komplize, war der als Hauptakteur vorgesehene Johann Jakob Friedrich Müller, der ebenfalls aus Hennenhofers Dunstkreis stammte. Er hatte einen bewegten Lebenslauf hinter sich und einen ebensolchen noch vor sich. Müller war 1796 als Sohn eines Schullehrers in Hohenstaufen bei Göppingen geboren worden. Später war er als Revisor beim württembergischen Kreisamt tätig und wurde 1822 wegen Veruntreuung zu 4 Monaten Festungshaft verurteilt. Dessen ungeachtet war er 1825 als Amtsschreiber in Münchingen/Neckarkreis beschäftigt. Da die Katze jedoch bekanntlich das Mausen nicht läßt, kam er wegen Fälschung in Untersuchungshaft, aus der er aber nach Baden entfliehen konnte, woraufhin er steckbrieflich gesucht wurde. In Baden war er zunächst Diener und Schreiber auf Schloß Langenstein am Überlinger See, das damals der Schauspielerin Werner, der Geliebten des Großherzogs Ludwig, der sie zur Gräfin Langenstein gemacht hatte, gehörte. Dort wurde Hennenhofer, der mit einer Schwester der Werner verheiratet war, auf Müllers „Talente" aufmerksam und holte ihn als Kanzlist in das badische Ministerium des Äußeren nach Karlsruhe, dessen Direktor Hennenhofer von 1828 an war. 1829 wurde Müller Kanzleisekretär bei der badischen Bundesgesandtschaft in Frankfurt. Von Ende 1829 an bekleidete er den Posten eines Rechnungsführers der Gendarmerie im badischen Kriegsministerium, wo er ein Jahresgehalt von 1 000 Gulden bezog. 1829, im Jahre des Nürnberger Attentats auf Hauser, wurde Müller zweimal befördert und war 1831 Kontrolleur der badischen Kriegskasse, womit man den Bock zum Gärtner gemacht hatte, wie sich bald herausstellen sollte. Trotz des hohen Gehaltes, das er erhielt, befand er sich ständig in finanziellen Schwierigkeiten, da er über seine Verhältnisse lebte. Mehrere Gesuche um Gehaltsaufbesserung wurden abgelehnt. Hennenhofer, inzwischen im Ruhestand, wußte um Müllers Geldprobleme und wußte auch den Weg zu ihrer Lösung, der darin bestand, daß Müller die Ausführung des Mordes an Kaspar Hauser übernehmen sollte. Außerdem kannte Hennenhofer Müllers Steckbrief, so daß er ihn auch, falls nötig, zu der Tat erpressen konnte. Ein Spießgeselle Müllers hat dessen Aussehen folgendermaßen geschildert: Groß und hager, schwarzer Schnurr- und

Backenbart, längliches Gesicht, bräunliche Gesichtsfarbe, dunkle Augen, stechender Blick. Genauso aber hat Kaspar Hauser später seinen Mörder beschrieben, und mehrere Zeugen haben einen solchen Mann im Ansbacher Hofgarten und in dessen Nähe gesehen.

Tres faciunt collegium, es fehlte noch der Dritte im Bunde, und da konnte Müller dienen. Durch seine frühere Tätigkeit bei der badischen Bundesgesandtschaft in Frankfurt kannte er einen gewissen Friedrich Horn. Horn war Kammerdiener bei dem bayerischen Diplomaten Karl Graf v. Spaur, welcher 1829 Legationssekretär bei der bayerischen Bundesgesandtschaft in Frankfurt war. Der 1799 in Markt Bechhofen bei Ansbach geborene Horn stand von 1824 bis 1850 in den Diensten des Grafen Spaur, mit einer bemerkenswerten Unterbrechung allerdings: Im Juni 1832 verließ er diesen Dienst für 18 Monate, also bis Januar 1834, und kehrte nach Ansbach zurück. Vielleicht, weil er in Sommersdorf, das etwa 8 Kilometer von seinem Heimatort Bechhofen entfernt ist, eine Geliebte hatte, wahrscheinlich aber aus anderen Gründen, die mit dem Mord an Kaspar Hauser zusammenhängen. Jedenfalls ging Horn während der 18 Monate, in denen er nicht im Dienst des Grafen Spaur stand, keinerlei Beschäftigung nach. Mit Horn war die Dreierbande komplett, denn Müller brauchte zur Absicherung der Tat einen Mann, der sich in Ansbach auskannte und dorthin Verbindungen hatte, und Horn hatte diese Verbindungen. Er kannte in Ansbach einen arbeitsscheuen Müßiggänger namens Ferdinand Dorfinger. Dessen Vater war zur selben Zeit königlicher Hofkutscher in München gewesen, als Horns Dienstherr Graf Spaur dort seinen festen Wohnsitz hatte (1820 – 1827). Ferdinand, der Sohn des Hofkutschers, war 1803 geboren worden und diente nach seinem Weggang von München von 1825 bis 1826 als freiwilliger Rekrut bei einem Ansbacher Kavallerieregiment. Durch einen Sturz vom Pferd wurde er Invalide und als dienstuntauglich entlassen. 1828 heiratete er die Ansbacher Gastwirtstochter Regine Beyerlein und erwarb von der Mitgift die Gastwirtschaft „Drechselgarten" in Ansbach. Das war unüberlegt gewesen, denn die Gastronomie war mit Arbeit verbunden. Die überließ er dann lieber seinem Schwager Beyerlein, dem er 1832 den Gasthof verkaufte. Wegen Mitwisserschaft an einer Unterschlagung kam er in Untersuchungshaft, wurde aber nicht bestraft. Von was er seinen Unterhalt bestritt, ist nicht bekannt. Jedenfalls waren seine finanziellen Verhältnisse so geartet, daß er vor allem für jene Tätigkeiten zur Verfügung stand, die mit Bezahlung und nur geringer Arbeit verbunden waren. Für seine Mitwirkung an der Tat wurde ihm eine Belohnung von 200 Louisdor (= 1000 Taler = 1750 Gulden) versprochen. Diese sollte darin bestehen, daß er als örtlicher Verbindungsmann dem Mordtrio Müller/Horn/Sailer den Gasthof „Drechselgarten" als Unterschlupf zur Verfügung stellte. Der Drechselgarten gehörte nun aber bereits seinem Schwager Beyerlein, so daß also auch dieser eingeweiht werden mußte. Offen bleibt dabei, ob dem

Schwager tatsächlich reiner Wein eingeschenkt wurde oder ihm nicht vielmehr ein anderer Zweck für den Aufenthalt der drei Spießgesellen im „Drechselgarten" genannt wurde.

Die Vorbereitungen für die Tat waren nun abgeschlossen und die Rollen der Täter festgelegt. Sailer sollte den ersten Kontakt zu Hauser herstellen, Horn war beauftragt, Hauser das Stichwort zu geben, das dieser – von Sailer informiert – erwartete, und ihm Zeit und Ort für die Begegnung mit dem badischen Herrn mitzuteilen, und Müller, der badische Herr, sollte die Tat ausführen. Die Gaststätte „Drechselgarten" war ein idealer Unterschlupf für die drei. Sie lag damals, 1833, außerhalb Ansbachs auf dem Kammerforstberg. Im Sommer als Gartenwirtschaft ein beliebtes Ausflugsziel, wurde sie im Winter kaum besucht, da der Weg dorthin schlecht und beschwerlich war. Bedingt durch die einsame Lage, wurde auch keine Fremdenliste geführt. Der Name „Drechselgarten" stammt von Karl Josef Graf v. Drechsel, der von 1817–1826 Regierungspräsident des Rezatkreises gewesen war und das Gartengelände gekauft hatte. An der Stelle dieses Gasthofes befindet sich heute Ansbachs Renommierhotel mit Konferenzsälen, Kellerbar, Sauna und Schwimmbad und einem riesigen Meerwasseraquarium. Die Aussicht von dort oben auf Ansbach und die umgebenden Höhen ist immer noch so schön, wie sie damals, 1833, gewesen ist. Von der Terrasse blickt man direkt in den Hofgarten, in dem Kaspar Hauser ermordet wurde. Und auch der Name „Drechselgarten" ist geblieben, wie auch die

Vorteile, die das Haus bietet. Im Hotelprospekt liest man: „Unsere Konferenzräume sind ideal. Unter Menschen gleichen Sinnes finden Sie den richtigen Partner zu einem Gespräch über Gott und die Welt." Damals, im Dezember 1833, ging es allerdings weniger um Gott, sondern vielmehr um die Welt, aber die richtigen Gesprächspartner hatten sich gefunden und gleichen Sinnes waren sie auch. Und so hatten sie sich am 4. oder 5. Dezember 1833 im „Drechselgarten" versammelt: Müller, Horn und Sailer. Der Mord war für Mittwoch, den 11. Dezember 1833, geplant und sollte in der Nähe des „Drechselgartens" stattfinden, wie Müller und Horn vorschlugen. Dadurch würde der Verdacht natürlich zuerst auf Dorfinger und Beyerlein fallen, und Müller und Horn hätten genügend Zeit gehabt, sich aus dem Staub zu machen. Aber ganz so dämlich waren Dorfinger und sein Schwager nun auch wieder nicht, um das nicht sofort zu durchschauen. Dorfinger schlug deshalb als Tatort den Hofgarten vor, der mit seinen einsamen und dichtbewachsenen Stellen für ein Attentat wie geschaffen war.

Gegenüber der markgräflichen Zeit stellt der Hofgarten heute nur noch einen ansehnlichen Rest dar, und auch sonst hat sich vieles verändert. Damals war das ganze Parkgelände im englischen Stil angelegt. Aus dieser Zeit ist nur die doppelte Lindenallee geblieben, die sich von Westen nach Osten durch die ganze Anlage zieht. Der Haupteingang des Hofgartens befindet sich heute noch im Norden, dem Schloß schräg gegenüber. Ein weiterer Eingang führte von der Jäger- oder Theresienstraße her in den Garten, deren Bebauung auf der Parkseite vor allem aus Beamtenwohnungen bestand. Der dritte Eingang lag an der Südseite, nahe der Stelle, wo damals gerade ein sogenannter „Artesischer Brunnen" angelegt wurde. Ein vierter Eingang nach Osten verband das Hofgartenterrain mit dem außerhalb liegenden, unbebauten Gelände. Dieser Eingang lag nahe der Weidenmühle, wo ein kleiner Steg in Richtung auf Eyb den äußeren Rezatarm überbrückte. Dieser Arm der Rezat ist nicht mehr vorhanden. Der Fluß bildet heute den nördlichen und nordöstlichen Abschluß des Hofgartens. Im nordöstlichen, unterhalb des Orangeriegebäudes gelegenen Teilstück des Hofgartens befindet sich das 1825 errichtete Denkmal des Ansbacher anakreontischen Dichters Johann Peter Uz, in dessen unmittelbarer Nähe der Anschlag auf Kaspar Hauser stattfand.

Das Trio hatte sich also auf den Hofgarten als Tatort geeinigt. Um nicht aufzufallen, fuhren Müller und Horn nach Nürnberg, da sie in der größeren Stadt leichter untertauchen konnten. Sie wollten dann gegen Mittag des 10. Dezember zurückkommen, und Horn sollte am folgenden Tag Hauser das noch zu vereinbarende Stichwort geben. Sailer blieb in Ansbach zurück, um Kaspar Hauser anzusprechen. Wo und wann das Gespräch zwischen den beiden stattgefunden hat, ist nicht bekannt. Sicher ist aber, daß Sailer Kaspar getroffen hat und den Jungen mit dem Versprechen köderte, den Schleier des Geheimnisses um seine Herkunft zu lüften. Zwar sei er, Sailer, nicht in das ganze Wissen um Hausers Eltern eingeweiht, aber ein anderer werde ihn auf

*Ehemaliges Appellationsgericht in Ansbach, davor
Portal Gumbertuskirche*

das Stichwort „Sind Sie Herr Hauser?" hin in den Hofgarten bestellen. Dort werde ihm dann ein schlanker, großer Herr mit badischem Sprachklang alles Nähere über seine hohe Abstammung mitteilen. Aber er solle allein kommen und niemandem etwas von dem Treffen sagen.

Sailer, der seinen Part erledigt hatte, begab sich nun ebenfalls nach Nürnberg, wo das ganze Mordgespann nach der Tat wieder zusammentreffen wollte. Und nun war Horn an der Reihe. Er und Müller waren wieder nach Ansbach zurückgekehrt, und am Mittwoch, dem 11. Dezember 1833, machte sich Horn auf den Weg. Kaspar hatte wie üblich um 8.30 Uhr die Meyersche Wohnung verlassen und sich nach gegenüber in das Appellationsgericht begeben. Im hinter dem Hauptportal gelegenen Foyer des Gebäudes, „Tenne" genannt, trat ihm Horn in den Weg. Seine Mütze ziehend richtete er seine Botschaft aus: Eine schöne Empfehlung vom Herrn Hofgärtner und Herr Hauser solle doch so nach 15 Uhr in den Hofgarten gehen, wo ihm die Tonarten am Artesischen Brunnen gezeigt würden. Dieser Artesische Brunnen war damals in Ansbach eine Attraktion. Artesisch deshalb, weil das Verfahren aus dem Artois stammte. Man ging hin, um dem Fortgang der Arbeiten zuzusehen und sich die verschiedenen Erdsorten zeigen zu lassen, die beim Aushub zum Vorschein kamen. Horn machte sich, nachdem er seine Botschaft losgeworden war, wieder auf den Rückweg zum „Drechselgarten". Unterwegs fiel ihm siedendheiß ein, daß er vergessen hatte, den Erkennungssatz „Sind Sie Herr Hauser?"

anzubringen. Zu ändern war das nun nicht mehr. Man konnte nur abwarten, wie Hauser reagieren würde. Und der war sich nicht sicher, ob das nun der angekündigte Bote gewesen war oder nicht. Schließlich entschloß er sich aber doch, in den Hofgarten zu gehen, um nachzusehen, ob jetzt, im Dezember, an dem Brunnen überhaupt noch gearbeitet wurde. Wenn das nicht der Fall war, dann mußte es sich um die angekündigte Botschaft handeln und nicht um den Hofgärtner. Auf dem Weg zum Hofgarten betrat Kaspar das Haus des Generalkommissars v. Stichaner. Er hatte erfahren, daß dort am Abend ein Ball stattfinden sollte, für den ihm aber noch keine Einladung vorlag. Lila v. Stichaner, die Tochter des Hauses, bedeutete ihm, daß er, der doch fast zur Familie gehöre, keine besondere Einladung benötige und immer und bei jeder Veranstaltung ein gern gesehener Gast sei. Kaspar ging das natürlich hinunter wie Öl, und Horn und der Artesische Brunnen waren im Nu vergessen, er dachte nur noch an das abendliche Tanzvergnügen.

Im Drechselgarten aber entschied Müller, dem Horn seine Panne gebeichtet hatte, das Spiel am Samstag, dem 14. Dezember, zu wiederholen. Ein Samstag, so tröstete er sich zu Recht, sei für die Tat sowieso besser geeignet. Auf ihn folgte der Sonntag, und das würde einen Zeitgewinn von einem vollen Tag bedeuten, denn die Fahndung nach den Tätern würde erst am Montag einsetzen. Nach diesem Entschluß reiste er von Ansbach wieder nach Nürnberg, um erst am Samstagvormittag erneut zurückzukehren. Er, der Dolchführer, wollte den Tatort zuletzt betreten, um dann nach getaner Arbeit sofort wieder zu verschwinden. Horn aber faßte auch einen Entschluß. So wie Müller, war auch er zuerst auf die Rettung seiner eigenen Haut bedacht. Deshalb brauchte er einen kurzzeitigen Unterschlupf für die Zeit nach der Tat. Dabei dachte er an seine in Sommersdorf wohnende Geliebte. Sie hieß Catharina Cramer und war Magd bei dem Großbauern Blank in Sommersdorf. Horn bestellte sie für den Abend des 13. Dezember zur „Hohen Fichte", einem einsam gelegenen Wirtshaus an der alten Chaussee nach Triesdorf. Heute liegt der Gasthof etwas abseits der Bundesstraße 13 von Ansbach nach Gunzenhausen, nahe der Autobahn Nürnberg – Stuttgart. Die Cramer bat daraufhin ihre Herrschaft, ihr für den Abend freizugeben. Nach dem Grund gefragt, erklärte sie, Nachricht von ihrem Liebhaber Horn erhalten zu haben, daß er sie unbedingt treffen müsse, sie dürfe aber keinem Menschen verraten, daß er sich hier aufhalte. Über dieses Gespräch wurde später, lange nach dem Mord an Kaspar Hauser, Anzeige nach Ansbach erstattet. Dieser wurde jedoch nicht nachgegangen, was nicht verwundert, da sie auf dem Schreibtisch des Gerichtsassessors und späteren Landgerichtsdirektors Dr. Julius Meyer landete, der der Sohn des Lehrers Meyer war.

Nach dem Treffen mit seiner Catharina kehrte Horn in den „Drechselgarten" zurück und machte sich am nächsten Tag, am 14. Dezember, gegen halb acht Uhr auf den Weg in die Stadt, um seine Bestellung an Kaspar Hauser auszurichten. Wie drei Tage zuvor trat er in der Gerichtstenne an ihn heran und sagte seinen Text vom Hofgärtner und den Tonarten am Artesischen Brunnen auf. Diesmal aber hatte er das Stichwort, die einleitende Frage „Sind Sie Herr Hauser?", nicht vergessen. Kaspar wußte indessen, daß jetzt, im Dezember, die Arbeiten am Artesischen Brunnen eingestellt waren und die Bestellung also einen anderen Zweck haben mußte. Dieser Zweck war durch das Stichwort geklärt, und er war deshalb fest entschlossen, den Hofgarten zu der angegebenen Zeit aufzusuchen. Die Zeit – nach 15 Uhr – war von Müller ebenso geschickt gewählt wie der Samstag, denn im Dezember fing es nachmittags um drei Uhr bereits zu dämmern an, verstärkt noch durch das winterlich schlechte und trübe Wetter. Nach Dienstschluß suchte Kaspar zunächst noch den Pfarrer Fuhrmann auf, dem er versprochen hatte, bei weihnachtlichen Geschenkvorbereitungen zu helfen. Der gleiche Grund führte ihn dann gegen 14.30 Uhr zu Lila v. Stichaner. Ob er tatsächlich zu ihr ging, ist ungeklärt, weil Fräulein v. Stichaner, die Tochter des Generalkommissars, nie vernommen wurde. Aber es gibt Zeugen, die Hauser nachmittags vor drei Uhr in der Nähe des Hauses an der Promenade gesehen haben.

Inzwischen war Müller nach Ansbach zurückgekehrt. Er wurde dort im Laufe des Vormittags des 14. Dezember von mehreren Zeugen gesehen. Übereinstimmend wird er in diesen Aussagen als groß, mit bräunlichem Gesicht und schwarzem Schnurr- und Backenbart beschrieben. Bekleidet war er, nach den Angaben, mit einem blauen Mantel mit langem

Kragen und mit einem schwarzen, runden Hut. Auf dem Weg zum Treffpunkt Hofgarten begegnete Müller Kaspar Hauser, der ebenfalls dorthin strebte. Auch dies wurde von mehreren Zeugen bestätigt, die die beiden nach 15 Uhr beim Haupteingang des Hofgartens gesehen hatten. Von diesen weiteren Zeugen wird Kaspars Begleiter – wie zuvor – als groß, schlank, etwa vierzigjährig und mit einem blauen Mantel mit langem Kragen und mit einem schwarzen Hut bekleidet beschrieben. Sein Gesicht sei jedoch nicht zu erkennen gewesen, denn „er hatte den Mantel weit heraufgezogen und hüllte sich mit dem Gesicht in denselben." Kaspar und sein Begleiter gingen nun in den Hofgarten hinein, der bei dem schlechtem Wetter und zu dieser Jahreszeit völlig menschenleer war; ein Umstand, den Müller bei der Vorbereitung der Tat ebenfalls bedacht hatte. Müller lenkte seine Schritte aber nicht zum Artesischen Brunnen, sondern zum Uz-Denkmal. Dort hielt er an. Dann holte er mit der linken Hand aus dem Mantel einen pflaumenblauen, oben mit einer Kordel verschnürten Damenbeutel, den er mit den Worten „ich mache Ihnen diesen Beutel zum Präsent" hochhielt. Kaspar beugte sich vor, um nach dem Beutel zu greifen, und in diesem Augenblick, in dem er abgelenkt war, stieß Müllers Rechte – mit dem Dolch jählings aus dem Mantelkragen fahrend – mit aller Kraft zu. Er stand dabei unmittelbar vor Hauser, etwas links von ihm. In dieser Richtung hatte er zugestoßen. Das Messer drang in einem festen Stoß durch mehrere Kleiderschichten in die Brusthöhle ein und bis in den Unterleib vor.

Kaspar war förmlich in den Stoß hineingefallen und stürzte zu Boden. Müller ließ den Beutel fallen und riß den verklemmten Dolch mit beiden Händen aus der Wunde. Sein Opfer aber richtete sich plötzlich wieder auf, stieß einen Schrei aus und rannte — jetzt lautlos und in rasendem Lauf — an der Orangerie vorbei auf das Gittertor des Hofgartens zu. Müller sah ein, daß es zwecklos war, ihm zu folgen. Jetzt ging es nur noch um die eigene Haut. Er schlug den Kragen hoch, stieß den Dolch zwischen Sträuchern in den Boden und wandte sich die Lindenallee abwärts schleunigst dem östlichen Ausgang des Hofgartens zu. Der Dolch wurde später, lange nach dem Mord, von einem Gärtner beim Laubrechen gefunden. Es war ein sogenannter „Banditendolch", fast 26 cm lang, mit beidseitig scharf geschliffener Klinge, deren Damaszierung auf beiden Seiten Sinnbilder des Todes zeigte.

Müller, der die Lindenallee in Richtung Weidenmühle hinunter gehastet war, wandte sich dann nach links, also nach Norden, überquerte die Eyber Straße und lief den Hügel hinauf zur Gaststätte „Windmühle" an der Straße nach Nürnberg, die — ebenso wie die Eyber Straße — heute noch so heißt. Er wurde dabei von mehreren Zeugen gesehen, denen auffiel, daß er — wohl in Unkenntnis der örtlichen Verhältnisse — „gegen den hölzernen Tempel hin und über diesen hinaus an den Abhang ging. Es war unverkennbar, daß er der Meinung war, es führe hier ein Weg hinunter, denn er sah ganz erstaunt hinunter und ging am Abhang hin und her, bis er schleunigst umkehrte und die Stufen hinunterging, welche gegen die Weidenmühle führen. Sodann lief er in gleicher Eile über den Steg hin auf die Eyber Straße zu, auf welcher er sich nach links wandte." Nach der Aussage der Zeugen trug der Mann einen blauen Mantel mit Kragen und einen schwarzen Hut. Er war ungefähr 40 Jahre alt, groß und hatte einen schwarzen Bart. Und noch von einem weiteren, gewichtigen Zeugen wurde Müller gesehen, und zwar von dem späteren württembergischen Premierminister, dem Freiherrn Carl v. Varnbühler. Dessen Sohn, Axel v. Varnbühler, bis 1918 württembergischer Gesandter am Kaiserhof in Berlin, berichtete das Erlebnis seines Vaters seinem Freund, dem Fürsten Eulenburg, der es unter dem 27. November 1890 in seinem Tagebuch festgehalten hat. Das Tagebuch wurde 1934 veröffentlicht. Nach diesen Notizen befand sich Carl v. Varnbühler, damals noch Student, auf der Reise von Berlin nach dem heimatlichen Hemmingen. Der Zufall wollte es, daß er am 14. Dezember 1833, kurz nach dem Attentat, mit der Fahrpost an der Poststation „Zur Windmühle" oberhalb Ansbachs eintraf. Bei einer kurzen Rast setzte er sich „bei einem Feld in den Graben, wo man einen weiten Überblick bis zu der Stadt und dem Schloßgarten hatte. Plötzlich sah er einen Menschen auf einem zum Teil an den Abhängen verborgenen Fußweg hinauf in der Richtung zu der Landstraße laufen, und zwar so schnell, daß sich Varnbühler darüber Gedanken machte. Der Mann hatte ihn nicht gesehen, da nur Varnbühlers Kopf über den Grabenrand ragte. In dem Augenblick, als der Mann ganz in der Nähe Varnbühlers an den

Grabenrand trat, bemerkte er, daß er den Menschen kenne, doch sich nicht erinnere, wer er sei." Zeit zum Nachdenken blieb aber nicht, das Posthorn ertönte, und die Kutsche fuhr weiter. Vorher aber hatte Varnbühler noch einen Blick auf seine Uhr geworfen, es war 10 Minuten nach vier Uhr.

Später, als er über das Gesehene nachdachte, kam er zu dem Schluß, daß es Hennenhofer gewesen sein mußte, den er gesehen hatte und der ihm vom Karlsruher Hof her bekannt war. Aber es war Müller gewesen, den er mit diesem, der ebenfalls groß und dunkel war, verwechselt hatte. Hennenhofer saß am Abend des Mordtages zu Hause in Mahlberg (bei Lahr/Baden) im Gasthof „Zur Sonne" und zechte mit Bekannten, wie von mehreren Zeugen berichtet wurde. Varnbühler hat seine Beobachtung damals allerdings weder einer Polizeibehörde noch einem Gericht mitgeteilt. Wahrscheinlich unterließ er es aus Rücksichtnahme auf das Haus Baden, denn der Mord an Kaspar Hauser stand wenig später in allen Zeitungen.

Kaspar hatte inzwischen das Hofgartentor hinter sich gelassen und lief in Todesangst weiter durch den Schloßhof und die Reitbahn in die Pfarrstraße zu Lehrer Meyer. Bei diesem Lauf wurde er von drei Zeugen gesehen, die ihre Wahrnehmungen später zu Protokoll gaben. Wachsbleich und grünlich im Gesicht kam Hauser bei Lehrer Meyer an und zerrte ihn auf die Straße in Richtung Hofgarten. Unterwegs stieß er stammelnd hervor „Hofgarten gegangen – Mann – Messer gehabt – Beutel geben – gestochen." Und auf Meyers Frage, was er

bei diesem Wetter dort zu suchen gehabt habe, sagte er „Mann – bestellt – Vormittag – Stadtgericht – soll Nachmittag Hofgarten kommen." Darauf erwiderte Meyer ungerührt: „Diesmal haben Sie den dümmsten Streich gemacht, diesmal kann es Ihnen nicht gut gehen." Ehe sie aber noch den Hofgarten erreichten, wurde Hausers Zustand derart kritisch, daß das selbst Meyer in seiner Herzlosigkeit bemerkte und sich entschloß umzukehren. Er lieferte den Verwundeten wieder zu Hause ab und ließ ihn ins Bett packen.
Kaspar war also trotz seiner schweren Verletzung vom Ort des Attentates beim Uz-Denkmal querfeldein durch den Hofgarten – in einem Zuge und ohne anzuhalten – zur Wohnung von Meyer in die Pfarrstraße gerannt. Daran anschließend ist er mit Meyer sofort denselben Weg bis kurz vor dem Hofgarteneingang zurückgegangen und ist dann wieder zum Haus in der Pfarrstraße zurückgekehrt. Das sind fast 3 000 Schritte, die der Schwerverletzte, ohne sich dazwischen auszuruhen, zurückgelegt hat. Eine schier unglaubliche Leistung und ein Hinweis auf die zähe Lebenskraft, die in diesem Körper steckte. Gleichzeitig aber auch ein Beweis dafür, daß es bei einer solchen Konstitution sehr wohl möglich war, die lange Kerkerzeit ohne erkennbare gesundheitliche Schäden zu überstehen.
Nachdem er Kaspar zu Hause im Bett wußte, machte sich Meyer auf den Weg, um als erstes die Polizei zu verständigen. Das glückte allerdings nicht sofort, weil der Bürgermeister nicht da war und der wachhabende Offizier die Anzeige nur in dessen Anwe-

Markgrafenschloß in Ansbach

senheit und Auftrag annehmen wollte. Auf dem Weg zum Bürgermeister begegnete Meyer dem Chirurgen Dr. Heidenreich und bat ihn, zu Hauser zu gehen und diesen zu untersuchen. Mit dem Auftrag des Bürgermeisters versehen, erschien er dann erneut auf der Polizeiwache, wo nun endlich ein Protokoll aufgenommen wurde. Im Anschluß daran erhielt der Polizeisoldat Herrlein den Auftrag, in den Hofgarten zu gehen und den Beutel zu suchen, von dem Hauser gesprochen hatte. Obwohl es inzwischen fast schon dunkel geworden war, fand Herrlein nicht nur den Beutel, sondern stellte auch Fußspuren fest. Sie führten vom Uz-Denkmal auf die Lindenallee zu, und zwar in Richtung des Hofgartenausgangs zur Weidenmühle. Es waren die Fußspuren des geflüchteten Attentäters Müller, die sich in Matsch und verharschtem Eis abzeichneten.

In seine Wohnung zurückgekehrt, fand Meyer neben Dr. Heidenreich auch die beiden Amtsärzte Dr. Horlacher und Dr. Albert vor, und die Gerichtskommission war inzwischen ebenfalls eingetroffen. Dr. Heidenreich, der Hauser als erster untersucht hatte, sah die Verwundung als tödlich, mindestens aber lebensgefährlich an. Er mußte die Behandlung jedoch an die beiden anderen Ärzte abgeben, die den Ernst der Lage nicht erkannten und für den Augenblick keine Lebensgefahr sahen. Als die Ärzte gegangen waren, wurde Kaspar von der Gerichtskommission vernommen. Da er aber nur in abgehackten Sätzen sprechen konnte, war es nicht viel, was man von ihm erfuhr. Immerhin aber war er in der Lage – wenn auch nur stammelnd, aber

doch ausreichend verständlich –, den Mörder zu beschreiben. Nach Hauser wurde Meyer vernommen. Dabei trat eindeutig dessen vorgefaßte Meinung zutage, die dem Untersuchungsgericht suggerierte, Hauser habe sich selbst verletzt. Die Kommission nahm das nicht einfach als Meyersche Spekulation zur Kenntnis, sondern war von nun an bestrebt, die Selbstverletzungstheorie Meyers zu untermauern und Hauser als erfolglosen Selbstmörder zu überführen, statt nach den Tätern zu forschen. Der Philosoph Ludwig Feuerbach, Sohn des Gerichtspräsidenten, schrieb am 18. 12. 1833 an seinen Freund Daumer in Nürnberg: „Der Untersuchungsrichter ging bei Hausers Vernehmung offenbar von der Prävention aus, daß er selbst der Täter sei."
Als am Abend alle gegangen waren, begann Kaspar zu fiebern und wollte aus dem Bett springen. Daraufhin drohte ihm Meyer eine Tracht Prügel an und rechtfertigte sich dafür so:

„Ich wollte mir über diese Strenge später Vorwürfe machen; allein, wenn ich in Erwägung zog, daß er die Schläge nicht fühlte, wenn er wirklich den Schritt im Delirium tat, und daß er sie vollkommen verdiente, wenn er solches affektierte, so konnte ich dabei so ziemlich beruhigt werden."

„Was für ein Deutsch", beklagt sich Otto Flake. „Was für eine Gesinnung", hätte er schreiben müssen.
Meyer fährt fort und entfaltet sich zu voller Scheußlichkeit: „Von jenem Augenblicke meiner ernstlichen Zurechtweisung zeigte sich übrigens bis zum

letzten Abend seines Lebens bei ihm kein Delirium mehr."
Kaspars Zustand verschlechterte sich zusehends. Dennoch wurde seine Vernehmung auch noch am 15. und 16. Dezember und selbst an seinem Sterbetag, am 17. Dezember, fortgesetzt. Und nicht nur das. In dem Krankenzimmer ging es zu wie in einem Taubenschlag. Ständig war Hausers Bett von irgendwelchen Leuten umlagert, die glaubten, ihr Mitleid zur Schau stellen zu müssen, oder ihn mit Fragen nach Tat und Tätern quälten, die er doch schon so oft beantwortet hatte. Und jetzt erst, am Nachmittag des 16. Dezember, übermittelte die Vernehmungsbehörde den Steckbrief des Mörders Müller und seines Boten Horn dem Gendarmeriekommando und dem Magistrat von Ansbach „zur gefälligen Vigilanzanordnung und zum geeigneten Gebrauch". Jetzt erst lief die Fahndung an. Müller und Horn waren schon längst über alle Berge.
Kaspars irdischer Weg jedoch näherte sich dem Ende. Pfarrer Fuhrmann wurde an das Sterbelager geholt und betete mit ihm das „Vaterunser". Kaspars Benehmen trug nun den Stempel des nahenden Todes, dem er sichtlich gefaßt entgegenging. Mit den Worten „die Reise ist lang und das Haupt ist müde" drehte er sich auf die Seite und starb. Im Zimmer wurde es still. Es war 10 Uhr abends. Vom Turm der nahen Gumbertuskirche hörte man den Glockenschlag.
Unter großer Anteilnahme der Ansbacher Bevölkerung wurde Kaspar Hauser drei Tage später auf dem Johannisfriedhof in Ansbach beerdigt. Pfarrer

Fuhrmann hielt die Grabrede und schloß mit den Worten: „Seines Erdendaseins Rätsel kläre ihm dorten auf mit dem Lichte Deiner Gnade; seines Erdenlebens Schmerzen verwandle ihm dort in selige Freude."

Das Gericht, das wissen wollte, ob die Wunde „nach Natur und Lage von dem Beschädigten sich selbst zugefügt worden sein" kann, hatte zuvor die Obduktion des Leichnams angeordnet. Sie wurde von den beiden Ärzten Dr. Albert und Dr. Koppen am 19. Dezember durchgeführt. Dabei waren auch der Arzt Dr. Horlacher und der Chirurg Dr. Heidenreich. Dr. Albert und Dr. Koppen attestierten, daß der Dolchstich von geübter und fremder Hand durch einen einzigen kräftigen Stoß erfolgt sei und Hauser sich die Verwundung nicht selbst zugefügt haben könne. Dr. Horlacher dagegen meinte, „daß die Wunde ebenso gut durch eigene als durch fremde Hand hat beigebracht werden können", er traue sich aber nicht zu, „ein bestimmtes Urteil" abzugeben. Bei seiner These war er allerdings davon ausgegangen, daß Hauser Linkshänder gewesen war, was aber nicht zutraf. Die weiteren Befunde wurden von Dr. Heidenreich 1834 veröffentlicht. In der Veröffentlichung liest man:

„Die Leber war sehr groß und hypertrophisch. Dem Landgerichtsarzte, der sich gutachtlich auszusprechen hatte, konnte es daher nicht entgehen, daß diese Vergrößerung und Hypertrophie mit Hausers früherer Einkerkerung in Verhältnis zu setzen sei, indem auch Tiere, denen man in engen

Käfigen wenig Bewegung gestattet, große Lebern bekommen.
In Übereinstimmung mit den verhältnismäßig kleinen Lungen finde auch ich die Vergrößerung der Leber ganz natürlich, indem diese beiden Organe sich physiologisch bedingen als Ausscheidungsorgane des Kohlenstoffes, die Leber im Fötus für die Lunge funktioniert und in der Tierreihe um so mehr hervortritt, je mehr die Lunge sich zurückzieht.
Konnte sich bei weniger Bewegung und in der dumpfen Luft des Kerkers die Lunge nur wenig entwikkeln, so mußte das Übergewicht auf die Leber fallen. Ist es aber ausgemacht, daß Hauser lange Zeit nur Kohlenstoff haltende Vegetabilien (trockenes Brot) und kein stickstoffhaltiges Fleisch zur Nahrung erhalten hatte, so wurde durch vermehrtes Bedürfnis, den Kohlenstoff auszuscheiden, auch die Vergrößerung der Leber und die dicke, zähe, schwärzliche Galle bedingt.
Umgekehrt aber beweisen diese Erscheinungen für Hausers früheres Verhältnis, für seine Einkerkerung in einem dumpfen Loche und Ernährung durch Pflanzenkost.
Übrigens konnte ich während der Untersuchung des Gehirns das Gefühl, und während ich dieses schreibe, das Wort ‚tierähnliche Bildung' nicht unterdrücken.
In diesem Falle war nicht nur geistige Entwicklung durch mangelhafte Bildung des Hirnorganes gehemmt, sondern das Organ blieb in seiner Entwicklung zurück durch Mangel aller geistigen Tätigkeit und Erregung.

Hat Hauser geraume Zeit vor dem siebenten Jahre seine Zeit in einem finstern Loche, im dumpfen Hinbrüten, ohne alle intellektuelle Tätigkeit und geistige Lebensreize, die zur Entwicklung des menschlichen Hirns nötig sind, zubringen müssen, so mußte auch seine Hirnbildung auf der tierähnlichen Stufe stehenbleiben, wie er selbst nur in tierischem Zustande gelebt hatte.
Hat aber die Leichenöffnung einen solchen unentwickelten Zustand in der physischen Hirnbildung wirklich nachgewiesen, so ist dieser Zustand auch genügender Beweis, daß Hauser geraume Zeit vor seinem siebenten Jahre in die Lage, in der er so lange verharren mußte, gebracht worden ist."

Der kraniologische Befund nehme sich nicht allzu ermutigend aus, meint hierzu Scholz, und süffisant in Richtung auf die Anthroposophen: „Namentlich die Jünger Rudolf Steiners sollten die Einsicht gewinnen, das Geisterreich habe da, indem es einen Hauser in unsere Normalverbraucherwelt niedersandte, nicht eben seinen besten Mann delegiert, sondern eher einen Geist dritter Güte."
Der Befund der Ärzte, der eine Selbstverwundung Hausers ausschloß oder als wenig wahrscheinlich darstellte, ließ einen jedoch unbeeindruckt: den Lehrer Meyer. Henriette Feuerbach, geborene Heidenreich, Schwester des Chirurgen und Schwiegertochter des Präsidenten, berichtet von einem Besuch Meyers bei ihrem Bruder:

„Einige Tage nach der Beerdigung kam der Lehrer Meyer [...] spät abends zu meinem Bruder [...] ein

Stück Kalbfleisch unter dem Rocke tragend, in der Tasche ein Messer. Er wollte versuchen, meinen Bruder durch den Augenschein zu überzeugen, daß die Selbstverwundung Hausers, welche Jener, so wie sie vorlag, als eine Unmöglichkeit bestritt, doch wohl denkbar sein dürfte. Es geschah dies in meiner Gegenwart, und der tiefe Schauder, den ich empfand, hat mir die Szene unauslöschlich in das Gedächtniß eingeprägt."

Meyer hielt also eisern an seiner Selbstverletzungstheorie fest, die er folgendermaßen begründete:
„Hat Kaspar Hauser das Attentat an sich selbst verübt, so kann ich nach meiner Bekanntschaft mit ihm nicht annehmen, daß er bei der entschiedenen Absicht, seiner bisherigen Lage ein Ende zu machen, mit Ängstlichkeit die Einwirkung auf Herrn Graf Stanhope berechnet habe, sondern muß vielmehr glauben, daß er eben sowohl, und vielleicht gar vorzugsweise, den Tod im Auge behalten habe. Angenommen indes, er hätte letzteres weniger gewollt, so war Hauser doch so gescheit, daß ihn ein unbedeutender Stich sogleich verdächtig erscheinen lassen würde und daß es ihm bei einem stärkeren Druck leicht fehlen könnte. Es wäre demnach kaum anders anzunehmen, als daß er beide Fälle im Auge gehabt und seine ganze Einrichtung darauf gemacht hätte. – Gelingts –, so ist's gut; – und gelingt's nicht, so ist's auch recht; dann habe ich auch dabei nichts verloren. – Ehe ich so fortlebe, will ich lieber sterben –: Dies sind Gedanken, welche der Gesinnung Kaspar Hausers gar nicht ferne lagen."

Daß Meyer so sehr darauf bestand, seinen Zögling als Selbstmörder hinzustellen, zeigt, daß er sich der Konsequenzen seiner Meinung überhaupt nicht bewußt war. Darauf machte Kaspars früherer Lehrer Daumer aufmerksam:

„Sonderbar aber ist, daß diese Leute auch hier wieder nicht merken, was sie sich selber tun. Denn es ließe sich, wenn es nicht in anderer Beziehung unglaublich wäre, allerdings denken, Hauser habe das Leben unter solchen Umständen nicht mehr zu ertragen vermocht und sich deshalb in der Verzweiflung den Tod gegeben. Aber welche entsetzliche Verschuldung fiele dann auf die, welche ihn dazu getrieben hätten! – Der Bandit im Hofgarten wäre dann allerdings beseitigt; aber statt dessen wären sie die Mörder; und sein Blut schrie um Rache wider sie."

Wenn man versucht, ohne Voreingenommenheit, was zugegebenermaßen bei einer Figur wie Meyer mehr als schwerfällt, die Theorie einer Selbstverletzung mit tödlichem Ausgang oder eines Selbstmordes Kaspar Hausers zu überprüfen, dann ist als erstes die Ausgangssituation von Bedeutung. Sie besagt, daß Kaspar von seinem Seelsorger Fuhrmann, dem er bei Geschenkvorbereitungen in fröhlicher, vorweihnachtlicher Stimmung half, schnurstracks in den Hofgarten ging und sich dort eine tödliche Wunde beibrachte. Und wo hatte er den langen Dolch, mit dem das geschah, so lange versteckt? Ohne daß es aufgefallen wäre, konnte er eine solche Waffe an sich selbst überhaupt nicht verbergen.

Angesichts der Sorgsamkeit, mit der alle seine Handlungen von Meyer überwacht wurden, und der penetranten Neugierde des Lehrers kann man sich nicht vorstellen, daß er im Besitz eines solchen Mordwerkzeuges gewesen sein könnte. Weiter erhebt sich die Frage, ob jemand, der Rechtshänder ist, sich in der Art zu verletzten vermag, daß er von links in sich hineinsticht. Er habe sich die Waffe in den Leib geklopft (das soll mal einer nachmachen!), oder er habe das Messer an einen Baum gestemmt und sei dann in die Klinge hineingerannt, wird von denen behauptet, die auf einem Selbstmord beharren. Der Dolch drang in einem festen Stoß, wie die glatten Stoff- und Wundränder beweisen, durch mehrere derbe Kleidungsstücke, *„durch die allgemeinen Bedeckungen und durch die Interkostalmuskeln in die Brusthöhle ein ... hatte den Herzbeutel mit Verletzung der Spitze des Herzens durchschnitten, war durch den fleischigen Teil des Zwerchfelles in die Höhle des Unterleibes gedrungen, hatte den Rand des linken Leberlappens penetriert und sich im Magen zwischen der cardia und dem fundus noch eine Öffnung gebahnt, ohne die entgegengesetzte Wand des Magens verletzt zu haben."*

Einen Stoß, der derartige Verletzungen nach sich zog, konnte sich Hauser nicht selbst beigebracht haben, auch nicht als Linkshänder, der er gar nicht war.

Die ganze Theorie, Hauser sei ein Selbstmörder und Betrüger gewesen, beruht in ihrem Ursprung auf der blauäugigen Annahme, daß ein deutsches Für-

Orangerie des Ansbacher Hofgartens

stenhaus — in diesem Falle das badische — keines Verbrechens fähig sei. Wer sich in der Geschichte von Fürstenhäusern auch nur etwas auskennt, weiß es besser. Da Menschen fähig sind, Verbrechen zu begehen, sind logischerweise auch die Vertreter der von Menschen geschaffenen Institutionen fähig, Verbrechen zu begehen. Allein das Papsttum bietet dafür prächtige Beispiele.

Der Mörder hatte, bevor er Hauser das Messer in den Leib stieß, einen blauen Beutel hochgehalten, der am Tatort liegenblieb und gefunden wurde. Der Beutel war nicht leer. Es befand sich darin ein auf eigentümliche Weise gefalteter Zettel, der mit Bleistift in deutscher Schrift, aber spiegelverkehrt beschrieben war. Der Inhalt lautet:

Abzugeben.
Hauser wird es euch ganz
genau erzählen können, wie
ich aussehe, und wo her ich bin.
Den Hauser die Mühe zu ersparen
will ich es euch selber sagen, woher
ich komme — — — — — —
Ich komme von von — — —
der Baierischen Gränze — —
Am Fluß — — — — —
Ich will euch sogar noch den
Namen sagen: M. L. Ö.

Woher der Beutel stammte, konnte nicht festgestellt werden. Die Ermittlungen ergaben aber, daß er nicht in Ansbach gekauft worden war und daß er auch nicht Hauser gehörte, wie die Betrugstheoretiker sofort behaupteten, die auch die Spiegelschrift dem Getöteten zuschrieben. Graphologische Untersuchungen haben ergeben, daß sie unmöglich von Hausers Hand stammen kann. Sie haben aber auch zu der Feststellung geführt, daß weder Müller noch Sailer und auch nicht Horn den Brief geschrieben haben können. Die Diktion weist auf Hennenhofer hin; es ist sein schwarzer Humor, der aus den Zeilen spricht. Aber auch er hat den Zettel nicht geschrieben. Von der Mordbande bleiben noch Dorfinger und Beyerlein. Indizien lassen auch Stanhope als Schreiber möglich erscheinen, die Schrift hat Ähnlichkeit mit seiner Handschrift.

Man hat festgestellt, daß es sich um eine direkte Spiegelschrift und nicht um eine durchgepauste handelt. Der Verfasser war demnach eine Person, die über eine gewisse Schreibgewandtheit verfügte, ihre eigentliche Schrift aber verstellen wollte. Allerdings gehörte er nicht den höheren Ständen an, wie aus einigen Fehlern zu ersehen ist. So schreibt er z. B. „den Hauser die Mühe zu ersparen", statt „dem". Diese Ausdrucksweise ist im fränkisch-oberpfälzischen Raum als Umgangssprache häufig anzutreffen, was auf die Herkunft des Schreibers hinweisen könnte. Die quasi als Unterschrift verwendeten Buchstaben M. L. Ö. hat man schon auf die verschiedenste Weise zu deuten versucht, ohne aber zu einem Ergebnis zu gelangen. Am 21. 12. 1833 schrieb der bayerische Innenminister Fürst von Oettingen-Wallerstein an den Regierungspräsidenten des Rezatkreises v. Stichaner: „Der Zettel deutet auf ungewöhnlichen Mut oder auf gegen jede Untersuchung schützende Persönlichkeit." Macht man sich diese Auffassung zu eigen, dann kann davon ausgegangen werden, daß mit M. L. Ö. tatsächlich der Name des Mörders gemeint war. Dabei ist naheliegend, daß jeder Punkt eine Lücke bezeichnet, die durch einen Buchstaben auszufüllen ist. Geht man weiter davon aus, daß in der Umgangssprache die Endung „-er" nicht betont, sondern nur kurz und verwischt ausgesprochen wird, so daß es wie ein „Ö" klingt, dann könnte man aus M. L. Ö. tatsächlich den Namen des Mörders „Müller" herauslesen. Unter den Mordgesellen war nur einer, der nicht nur aus Franken stammte, sondern dort auch lebte: Dorfinger. In Franken, vor allem in Unterfranken, spricht man im Dialekt nicht „alle", sondern „ölle". Die entschärfte Abwandlung des Götz-Zitates, in Bayern „Mi leckt's alle", lautet in Franken also „Mi leckt's ölle", abgekürzt M. L. Ö. Diese Deutung würde sich in den Text des Spiegelschriftzettels nahtlos einfügen, aus dessen Worten blanker Hohn spricht. Sie wäre außerdem der wohl eindeutigste Ausdruck der Verachtung gegenüber den zu erwartenden behördlichen Untersuchungen, gegen die sich die Täter offenbar völlig geschützt fühlten. Und sicher konnten sie sich auch aufgrund einer Tatsache fühlen, von der sie allerdings nichts wußten, nämlich der nachlässigen Behördenarbeit in Ansbach, wo man sich auf die Idee festgelegt hatte, Hauser hätte sich selbst verwundet. Es ist deshalb nicht erstaunlich, daß die so zaghaft betriebenen Nachforschungen nach den möglichen Tätern schon bald im Sande verliefen.

Das Ansbacher Untersuchungsgericht mußte dem bayerischen König nicht weniger als 5 Berichte erstatten, was beweist, wie wenig der Monarch mit der Untersuchungsführung und den Untersuchungsergebnissen zufrieden war. Zu der Theorie, Hauser habe sich die Wunde selbst beigebracht, schrieb der bayerische Ministerpräsident an die Ansbacher Behörde, daß derartige Auffassungen nur den Gang der Untersuchungen hemmten. Die Polizeibehörde erhielt von König Ludwig I. einen schweren Verweis, weil sie am Attentatsort nicht schnell genug gehandelt habe. Daran ist richtig, daß es zur Spurensicherung notwendig gewesen wäre, den Ansbacher Hofgarten abzusperren und niemandem mehr den Zutritt zu gestatten. Nachdem sich aber die Nachricht von Hausers Verwundung in Ansbach verbreitet hatte, strömten Neugierige in Massen in den Garten und zertrampelten alles, was an Spuren vorhanden gewesen war.

Seiner Unzufriedenheit über die Ansbacher Behördenarbeit gab Ludwig I. dadurch Ausdruck, daß er aus der Staatskasse eine Belohnung von 10 000 Gulden aussetzte, „für jene welche den Gerichten hinreichende Beweismittel an die Hand geben, um den Urheber oder Teilnehmer des Meuchelmordes zu verhaften und zu verurteilen". In der Verlautbarung wird die Tat nicht nur in diesem Satz, sondern schon in der vorausgehenden Tatbezeichnung „Mord" genannt. Dies zeigt, daß der König mit der vorgefaßten Meinung des Ansbacher Untersuchungsgerichtes keinesfalls einverstanden war. Die Summe von 10 000 Gulden stellte damals ein Vermögen dar, mit dem man sich hätte zur Ruhe setzen können, denn sie garantierte – je nach Lebensstil – den Unterhalt für gut 20 bis 40 Jahre, wenn sie nicht angelegt, sondern nur verbraucht wurde.

Daß sich der bayerische König in die Untersuchungen eingeschaltet hatte, war natürlich auch in Baden bekannt geworden und versetzte Großherzogin Sophie in Panik. Sie mußte nun befürchten, daß es doch noch zu einer Ergreifung der Täter kommen würde, die dann – bestrebt die eigene Haut zu retten – bestimmt nicht schweigen würden. Sophie trat deshalb die Flucht nach vorne an. Jeder Verdacht mußte von ihr abgelenkt werden. Dazu aber benötigte sie die Unterstützung ihres Gatten, Großherzogs Leopold. Für den rechtlich denkenden Leopold muß das Geständnis seiner Frau ein fürchterlicher Schlag gewesen sein. Er besaß nicht die moralische Hemmungslosigkeit, über die Sophie verfügte, und es ist schon deshalb ausgeschlossen, daß er von dem Mordkomplott wußte oder gar an ihm beteiligt war. Auch würde er nie die nötige Entschlossenheit aufgebracht haben, um ein derart sorgfältig geplantes Verbrechen in die Wege zu leiten.

Wann Sophies Geständnis erfolgte, läßt sich mit Hilfe des sogenannten „Hofdiariums" ziemlich genau bestimmen: es muß der 18. 12. 1833 gewesen sein. Am Tage davor erwähnt das Diarium die gesellschaftlichen Ereignisse zu Ehren des Besuchs des Prinzen Friedrich von Preußen, darunter ein Frühstück des Großherzogspaares mit dem Prinzen, eine gemeinsame Wagenfahrt und den Abendtee in den Gemächern der Großherzogin. Von der Abreise des

Prinzen berichtet das Diarium am 18. 12. 1833. Dann aber reißen die Berichte ab, und erst am 21. 12. wird ein „Souper intim" erwähnt, das der Großherzog jedoch bereits ohne seine Gemahlin gab. Bis zum 29. 1. 1834 wird die Großherzogin nur noch am 1. Januar beim Neujahrsempfang und am 17. Januar anläßlich des großen Hofballes genannt, nicht aber an allen übrigen Tagen. Die Weihnachtsfeiertage durfte sie nicht im Kreis der großherzoglichen Familie verbringen, sondern wurde nach Eppingen verbannt. Der Großherzog hatte nach dem Geständnis, das ihn – nach seinen eigenen Worten – mit Entsetzen erfüllte, von ihr verlangt, allein gelassen zu werden, und ihr, um öffentliches Aufsehen zu vermeiden, nur gestattet, an den beiden Januarfeiern teilzunehmen. Erst am 29. 1. 1834 – anläßlich des Empfangs einer Abordnung – kehrte sie zurück. Von nun an war die bisher als glücklich geltende Ehe zerrüttet. Leopold wandte sich dem Alkohol zu – man nannte ihn in Karlsruhe den „Champagner-Leopold" – und Sophie anderen Männern.

Der Großherzog, sonst nicht gerade entschlußfreudig, mußte nun handeln. Sophies Geständnis zwang ihn dazu. Er befahl den Staatsminister Reitzenstein zu sich und eröffnete ihm das Vorgefallene. Reitzenstein erkannte sofort, daß sein Lebenswerk auf dem Spiel stand, daß es nicht um irgendeine Affäre, sondern um den Bestand des badischen Staates in seiner jetzigen Gestalt ging. Um hier noch etwas zu retten, mußte den maßgeblichen politischen Akteuren in Bayern klargemacht werden, daß bei einer

Erschütterung des badischen Thrones alle deutschen Monarchien in den Strudel mit hineingerissen würden, daß es also um den Bestand der monarchischen Staatsform schlechthin, und nicht nur um eine badische Angelegenheit ging. Reitzenstein beschloß deshalb, selbst nach Ansbach zu reisen – auch deshalb, um an Ort und Stelle nachzuforschen, ob irgendwelche Verdachtsgründe nach Baden wiesen. Der badische Diplomat Geheimrat Freiherr v. Dusch bekam die Order, sich vorab nach Ansbach zu begeben, um dort die ersten Kontakte zu den Personen zu knüpfen, die dienstlich oder privat mit Hauser zu tun gehabt hatten. Dusch traf am 22. Dezember in Ansbach ein und stieg im Hotel „Stern" ab. Am 26. Dezember folgte ihm der Minister selbst, nebst Dienerschaft und in Begleitung seines Neffen. Offiziell war die Mission als Delegation für eine Konferenz mit Metternich in Wien ausgewiesen, die in Ansbach Zwischenstation machte. Der direkte Weg von Karlsruhe nach Wien führt aber über Stuttgart und nicht über Ansbach. Im Winter und bei den damaligen Verkehrsverhältnissen einen Umweg von gut 200 km zu machen, wird niemand ohne zwingenden Grund auf sich nehmen. Dusch hielt sich 6 Tage, Reitzenstein 2 Tage in Ansbach auf, wie der „Fremdenanzeiger" im „Intelligenzblatt für den Rezatkreis" ausweist. Daß Reitzenstein, der höchste badische Beamte, 2 Tage nach Weihnachten Ansbach aufsuchte, ohne irgendwelche offiziellen Kontakte zu den dortigen Regierungskreisen zu suchen, mußte auffallen, fiel auf und wurde als politischer Wink verstanden. In

einem Brief vom 23. Januar 1834 machte der bayerische Innenminister Fürst von Oettingen-Wallerstein den Regierungspräsidenten v. Stichaner in Ansbach auf diesen Besuch aufmerksam: „Weiter zu beachtende Momente: die von dem alten, ehrwürdigen Minister v. Reitzenstein gewählte Reiseroute und dessen sorgfältigen Erkundigungen an Ort und Stelle." Weiter betont v. Oettingen-Wallerstein in seinem Brief, daß Anfragen „nie auf Irrwege der jetzt regierenden Dynastie (gemeint ist die badische) führen dürften".
Die sorgfältigen Erkundigungen an Ort und Stelle ließen die badische Delegation natürlich auch den Lehrer Meyer aufsuchen. Davon berichtet andeutungsweise ein Brief, den Henriette Meyer, die Frau des Lehrers, am 24. Dezember 1833 an Frau Biberbach nach Nürnberg geschrieben hat. In dem Brief, der sich ausschließlich mit Kaspar Hauser befaßt, heißt es: „Ich möchte über diesen Vorfall so gerne mich mündlich unterhalten. Dem Brief kann und will ich nicht anvertrauen, worüber ich gerade mit Ihnen reden möchte." Für die Unterredung schlägt sie eine Zusammenkunft irgendwo zwischen Nürnberg und Ansbach vor. Ob es dazu gekommen ist, ist nicht bekannt. Auch über den Besuch der badischen Abgesandten bei Meyer weiß man nichts. Daß sie in diesem katzbuckelnden Lehrer einen Trottel vor sich hatten, dessen Verstandestätigkeit durch die fixe Idee von Hausers Selbstmord gelähmt war, wird den badischen Herren schnell aufgegangen sein; ebenso schnell aber auch, daß es sich um einen nützlichen Trottel handelte. Denn wenn er unisono

mit Lord Stanhope behauptete, Hauser sei ein Betrüger und Selbstmörder, dann mußte diese Feststellung zweier Personen, die so eng mit Hauser zu tun gehabt hatten, doch glaubhaft wirken und das Prinzengerede wäre erledigt. Zufrieden mit dem Erfolg ihrer Mission reisten Reitzenstein, Dusch und Gefolge am 28. Dezember wieder ab und weiter nach Wien. Zurück blieb ein stolzer Meyer, der sich der Unterstützung eines anderen zweifelhaften Hauser-Betreuers nun sicher sein konnte, des Lord Stanhope.
Dieser war, von Venedig kommend, am 8. November 1833 in Wien eingetroffen und im Gasthof „Zum weißen Schwan" in der Kärntnerstraße abgestiegen. Statt aber schnellstens zu seinem „Jünglingskind" nach Ansbach zu eilen, blieb er dort 40 Tage, ohne daß ersichtlich geworden wäre, was ihn in Wien so lange festhielt. Offensichtlich wollte er nicht mehr nach Ansbach und wartete nur darauf, daß dort ein bestimmtes Ereignis eintreten würde, das seinen Besuch hinfällig werden ließ. Am Todestag Hausers, am 17. Dezember 1833, schrieb er diesem von Wien aus einen durchaus freundschaftlichen Brief, den er dort aber nicht zur Post gab. Einen Tag später reiste Stanhope aus Wien ab, mit Ziel München, wo er nach dem offiziellen Postreiseplan – dem „Kursbuch" der damaligen Zeit – am 21. Dezember hätte eintreffen müssen, aber nicht eingetroffen ist. Tatsache ist, daß er erst 4 Tage später, am 25. Dezember, in München angekommen ist. Dieser Umstand läßt sich nur dadurch erklären, daß er aus einem bestimmten Grund Zeit gewinnen mußte. Die Poststation des 2. Reisetages, des

HIC
OCCULTUS
OCCULTO
OCCISUS
EST
XIV DEC:
MDCCCXXXIII

Gedenkstein an der Mordstelle im Hofgarten

20. Dezember, zwischen Wien und München war Garching. Der Lord hat seine Reise wahrscheinlich dort unterbrochen, weil er dafür einen zwingenden Grund – vielleicht eine Nachricht, die er erwartete – gehabt haben muß. Der 20. Dezember war der Tag, an dem die Münchner Zeitungen von dem Tod Kaspar Hausers berichteten. Möglich, daß Stanhope nicht an diesem Tag in München eintreffen wollte, um Ahnungslosigkeit vortäuschen zu können, denn den Brief an Hauser vom 17. Dezember hat er erst am 25. Dezember in München aufgegeben. Wer aber gibt wissentlich einen Brief an einen Toten auf? Was Stanhope dann tat, ist ebenso merkwürdig. Kaum in München angekommen, begann er einen Verleumdungsfeldzug gegen sein bisher angeblich so sehr geliebtes „Jünglingskind", dem er gerade noch brieflich seine Zuneigung versichert hatte. Von nun an schreckte er vor keinem Mittel zurück, um der Öffentlichkeit kund zu tun, was für ein Betrüger Hauser gewesen sei. 1835 geschah dann aber etwas, was nun nicht mehr merkwürdig, sondern eindeutig war und zeigt, auf wessen Seite der Lord von Anfang an gestanden hatte. Das Bankhaus Lödel & Merkel in Nürnberg wurde von Stanhope am 15. 7. 1835 angewiesen, die 500 Gulden, die 1831 von ihm für Kaspar Hauser ausgesetzt worden waren, dem Lehrer Meyer in Ansbach zu überweisen, „der sie zu dem von mir bestimmten Zwecke verwenden wird." Da kaum denkbar ist, daß anderthalb Jahre nach Hausers Ermordung noch Kosten für seinen Unterhalt offenstanden und außerdem die Summe von 500 Gulden dafür zu

hoch gewesen wäre, kann es sich nur um die Bezahlung einer anderen Leistung handeln, eine Bezahlung, die man gemeinhin Judaslohn nennt.

Kaspar Hausers Grab auf dem Johannisfriedhof in Ansbach wird immer noch oft besucht. Der Friedhof liegt rechts an der Triesdorfer Straße, gleich hinter der Bahnunterführung, bis zu der die Straße Maximilianstraße heißt. Das Grab im hinteren südwestlichen Teil des Friedhofes ist leicht zu finden. Die Friedhofsgärtner sind gewohnt, danach gefragt zu werden. Die Goldbuchstaben der lateinischen Inschrift auf dem Grabstein leuchten in der Sonne, und die Fläche davor ist stets mit Blumen geschmückt. Und immer findet sich auch ein Ansbacher, der bereit ist, dem Fremden Auskunft zu geben.
Kaspar „trug den Namen eines der Heiligen Drei Könige, aber der Stern, unter dem er stand, glühte in einem tückischen Rot" (Flake). Er hatte das tragische Schicksal, drei ehrgeizigen Frauen im Wege zu sein, die in ihrem Einflußbereich über fast unbegrenzte politische Mittel verfügten: der Gräfin Hochberg, die ihren Söhnen zur Thronfolge verhelfen wollte, der Großherzogin Sophie, die das Schicksal ihres Vaters vor Augen hatte, und der Großherzogin Luise, deren Hohenzollernstolz nicht dulden konnte, ihre angeheiratete Familie eines Verbrechens bezichtigt zu sehen. Eine Konstellation, wie sie unheilvoller kaum gedacht werden kann. Sie wurde dadurch noch verstärkt, daß die freiheitlich-revolutionären Kräfte jener Zeit in Hausers Schicksal eine Möglichkeit sahen, die verhaßten

Fürstenhäuser zu diskreditieren. Die konservativen Kräfte dagegen mußten in ihm – in parteilicher Logik – einen Lügner und Betrüger sehen und gönnten ihm nicht einmal das Andenken eines hilflosen Opfers. Der Mensch Kaspar Hauser wurde zerrieben zwischen den Mahlsteinen der Politik.

„Er tauchte auf, wie ein verirrter kleiner Hase am Waldrand auftaucht und ins Dorfgehege gerät – einige herzen und bemitleiden ihn, zuletzt schlägt man ihn tot.
Man sage nicht, derart sei es eben in den gehobenen Kreisen, in den besitzenden Ständen zugegangen, wir hätten die ausbeuterischen Fürsten, die schwunglosen Bürger hinter uns gebracht. Kommen andere Potentaten und andere Nutznießer zur Macht, so wiederholt sich alles. Zwar ist es nicht dasselbe Schauspiel, doch dieselbe Regie. Der arme Hase, der sich in die Dorfgemarkung verirrt, wird immer zu Tode gehetzt." (Flake)

An Hausers badischem Prinzentum aber kann heute nicht mehr gezweifelt werden, zu erdrückend sind die Beweise. In einer beispiellosen detektivischen Kleinarbeit, die sich über mehr als 100 Jahre hinzog, wurde das Rätsel gelöst. „Groß und siegreich ist die Wahrheit und ich habe die Überzeugung, daß sie auch in dieser Angelegenheit als solche sich zeigen wird", schrieb Stanhope am 24. 7. 1834 an Lehrer Meyer.
Der Lord sollte recht behalten, allerdings nicht so, wie er sich das gedacht hatte.
Die Wahrheit siegte, und das ist das einzig Tröstliche an der Geschichte des Kaspar Hauser.

VII. Die Jahre danach: Daten, Fakten, Berichte, Zitate

Biberbach, Klara, Ehefrau des Potiphar der Kaspar-Hauser-Geschichte, Frau des Nürnberger Magistratsrats Biberbach, bei dem Kaspar Hauser 1830 im Haus Am Hübnerplatz 5 wohnte, stürzte sich 1834 in einem Anfall von Raserei aus dem Fenster dieses Hauses.

Blochmann, Christoph, war zweimal verheiratet und hatte von seinen zwei Ehefrauen zehn Kinder, darunter das Austauschkind Ernst Blochmann. Er starb 1847 in Karlsruhe als Pensionär des großherzoglichen Hofes in bescheidenem Wohlstand. Den Namen Blochmann gibt es noch heute in Karlsruhe.

Daumer, Friedrich, veröffentlichte 1859 eine gegen den Grafen Stanhope gerichtete Schrift über Kaspar Hauser („Enthüllungen über Kaspar Hauser").

Dorfinger, Ferdinand, befand sich 1853 – zu sieben Monaten Haft wegen Majestätsbeleidigung verurteilt – in der Strafanstalt des bei Bamberg gelegenen Ortes Ebrach, dessen ehemaliges Kloster diesem Zweck diente. Die ihm von seinen Komplizen für seine Mithilfe 1833 zugesagte Belohnung hatten diese unterschlagen, und er hatte nichts erhalten. Nachdem die Beihilfe zum Mord nach zwanzig Jahren verjährt war, gestand er deshalb nach deren Ablauf seine Mitwirkung an dem Attentat auf Kaspar

Hauser. Diesem Geständnis ist die Beschreibung des Mörders und der an der Tat beteiligten Personen zu verdanken. Der Selbstbezichtigung von Dorfinger wurde jedoch nicht weiter nachgegangen.

Hennenhofer, Johann Heinrich David, Major und Flügeladjutant, wurde seit dem Mord an Kaspar Hauser ständig mit dieser Tat in Verbindung gebracht, vor allem durch Publikationen und Erpresserbriefe, die mit der Veröffentlichung von „Materialien" drohten. „Das Menschengewühl in Baden-Baden kam noch nicht dem jetzigen gleich; aber Anregungen zu Beobachtungen gab es ringsum. ‚Da ist der Mörder Kaspar Hausers!' sagte mir Lewald und zeigte auf einen älteren, mageren, zugeknöpften Herrn, der in der Tat mit dem Eindruck, als wüßte er, daß ihm die Isolierung gezieme und daß alle Welt mit Fingern auf ihn wiese, an einem Tische vor dem Kurhause alleine saß, der badische pensionierte Major Hennenhofer" (im Jahre 1835, Gutzkow, Karl, Rückblicke auf mein Leben, 1876). „Hennenhofer, der Mörder des von der Reichsgräfin Hochberg gestohlenen und unter dem Namen Kaspar Hauser so tragisch gewordenen Thronerbens von Baden." (Mesis, N. E. = Nemesis, Deckname für Sebastian Seiler, den ehemaligen Sekretär Hennenhofers: Kaspar Hauser, der Thronerbe von Baden, 1840). Hennenhofer 1844: „Die heillosen Verdächtigungen in den C. Hauserschen Pamphleten verbittern mir das Leben." Im Revolutionsjahr 1848 lief er Gefahr, ein Opfer der Volkswut zu werden. Auf der Straße wurde ihm „Mörder,

Grab Kaspar Hausers, Johannisfriedhof, Ansbach

Mörder" nachgerufen. Hennenhofer starb 1850. Nach seinem Tode wurden seine Papiere von einer Kommission beschlagnahmt, „was ganz selbstverständlich bei einem Manne ist, von dem man wußte, daß er mit den wichtigsten Staatsangelegenheiten vertraut gewesen und daß die bedeutendsten Dokumente durch seine Hand gegangen waren", schreibt v. Weech (Badische Biographien, 1881). Die Papiere sind, wie so viele Dokumente zum Fall Kaspar Hauser, seither verschwunden.
Hennenhofers Grabstein auf dem Alten Friedhof von Freiburg/Breisgau wurde immer wieder mit dem Wort „Mörder" beschmiert, bis der Stein vor dem 1. Weltkrieg entfernt wurde, worauf die Rückseite des dahinter liegenden Grabes diese Aufschrift noch lange Jahre hindurch erhielt.

Horn, Friedrich, ging 1834 in den Dienst des Grafen v. Spaur zurück, der damals in Rom Geschäftsträger Bayerns beim Heiligen Stuhl war. 1848 rettete er Papst Pius IX. vor den revolutionären Wirren aus dem Vatikan, wofür er einen Orden und eine lebenslange Monatsrente von 15 Gulden erhielt. Daraufhin beendete er sein Dienstverhältnis und heiratete. In einem unterfränkischen Ort ist er 1861 verstorben.

Leopold, Großherzog von Baden, starb am 24. April 1852, „delierend und das Bild Kaspar Hausers in den Händen", wie die Herzogin von Hamilton (geb. Prinzessin Maria Amalie von Baden, 1817 – 1888, jüngste Tochter der Großherzogin Stephanie) berichtet. Nachfolger wurde formal Ludwig II., sein ältester Sohn. Da dieser jedoch geisteskrank war, übernahm der zweitälteste, Friedrich, für ihn die Regentschaft. Am 7. 12. 1853 schrieb der österreichische Gesandte Philippsberg aus Karlsruhe an den Minister Graf Buol:

„Schon zu wiederholten Malen und noch ganz kürzlich kam eine bekannte Persönlichkeit auf gewisse geheime Papiere mit mir zu sprechen, welche der Großherzog Leopold kurz vor seinem Tode (er starb am 24. April 1852) seinem Vertrauensmann in einer blechernen Büchse mit dem Befehl eingehändigt hat, dieselbe nie irgend jemanden seiner Familie zu geben. Diese Papiere betrafen das Leben und den Tod Kaspar Hausers und wurden größtenteils aus dem Nachlaß des Majors Hennenhofer gezogen. Namentlich befanden sich darunter sehr kompromittierende Briefe eines Apothekergehilfen namens Sauler (Anmerkung des Verfassers: der richtige Name ist Sailer), *der in der Nähe des Aufenthaltsortes des Majors Hennenhofer, aber am linken Rheinufer, im Elsaß, wohnte. Aus denen soll hervorgehen, daß acht Tage vor dem Mord Herr Sauler sich nach Ansbach begeben habe, und daß nach der Katastrophe dessen Briefe immer von Gewissensbissen, von dem Fluche seines Vaters sprachen. Der Zweck ist dann immer Geld zu erpressen oder vielmehr die richtige Einhaltung der bedungenen Raten bei Androhung der Veröffentlichung des ganzen Handels zu erreichen, da Herr Hennenhofer in der letzten Zeit in seinen Vermögensverhältnissen zerrüttet war. Großherzog Leopold soll oft mit sei-*

nem Vertrauensmann (Anmerkung des Verfassers: Oberstallmeister v. Seldeneck, eine Straße in Karlsruhe ist nach ihm benannt) *über ein in seiner Familie begangenes Verbrechen mit Entsetzen gesprochen und beteuert haben, daß auf ihm keine Schuld laste, daß er, wenn er etwas zu sühnen hätte, mit Vergnügen vom Throne steigen würde."*

Ludwig II. von Baden war von labiler Gemütslage, was möglicherweise auf seinen Großvater, Gustav IV. von Schweden, zurückzuführen war, der an Wahnvorstellungen litt und auch deshalb 1809 von den schwedischen Reichsständen seines Thrones enthoben worden war. Offensichtlich hatte Ludwig von der Verwicklung seiner Mutter, der Großherzogin Sophie, in den Mord an Kaspar Hauser erfahren, denn er haßte und verabscheute sie. Man konnte ihn nicht mit ihr zusammenbringen, ohne daß er sie beschimpfte. Er hatte Halluzinationen, in denen Kaspar Hauser den Thron von ihm verlangte. Die Herzogin von Hamilton berichtet, bei einer Begegnung mit ihm „sei er vor ihr auf die Knie gesunken, habe sie umfaßt und unter heftigster Gemütsbewegung gesagt, man solle ihm die Geschichte von Kaspar Hauser aus dem Kopf nehmen, dann werde er gesund." 1847 schlug sein Zustand in offenen Wahnsinn um. Er starb 1858.

Luise von Preußen, Großherzogin von Baden, war die Gemahlin des Großherzogs Friedrich I. von Baden, der 1856 die Nachfolge seines geisteskranken Bruders Ludwig angetreten hatte. Auf die Veranlassung dieser Tochter des nachmaligen deutschen Kaisers Wilhelm I. geht die Vernichtung aller Dokumente zum Fall Kaspar Hauser zurück, derer sie habhaft werden konnte. Ihr Einfluß erreichte die Beseitigung französischer und österreichischer Aufzeichnungen, Briefe und Depeschen. Nur Bayern lehnte die gewünschte Aktenvernichtung ab, so daß dort die amtlichen Schriftstücke erhalten geblieben sind. Henriette Feuerbach, die Schwiegertochter des Gerichtspräsidenten, war mit der Großherzogin Luise befreundet und verbrannte ihr zuliebe sämtliche Unterlagen zum Fall Kaspar Hauser, die sich in ihrem Besitz befanden. „Bis zum Sturz der Monarchie war es ein gefährliches Unterfangen, sich mit diesem Problem zu befassen, denn die Großherzogin Luise bedrohte jeden Autor, der den Mut hatte, in Hauser den Thronfolger des Hauses Zähringen zu erkennen, mit strafrechtlicher Verfolgung. Sie selbst war mit hektischem Eifer bemüht, alle Urkunden und Belege, die diese These irgendwie stützen und beweisen konnten, zu vernichten." (Helmolt/Wencker-Wildberg, Der Treppenwitz der Weltgeschichte, 1965). Die von der Großherzogin geleistete Aktenvernichtung war so erfolgreich, daß wahrscheinlich das Haus Baden selbst heute nicht mehr in der Lage wäre, zu dem Fall Kaspar Hauser mit irgendwelchem Material — für oder gegen dessen badisches Prinzentum — beizutragen. Die Eltern des Verfassers konnten sich noch gut an die Großherzogin Luise erinnern, wenn sie — preußisch bis in die Fingerspitzen — in der Hofequipage durch die Stadt fuhr und mit huldvoller Handbewegung und mit dem Kopfe nickend, nach rechts und links grüßte. „Du kriegsch nix und du kriegsch nix und du kriegsch au nix, s'geht alles uff Berlin", übersetzte der Karlsruher Volkswitz diese Gesten und tat ihr damit Unrecht, denn sie war eine unermüdliche Wohltäterin der Armen und Kranken, in ihrer preußischen Unnahbarkeit zwar nicht geliebt von der Karlsruher Bevölkerung, aber geachtet.

Meyer, Johann Georg, Oberlehrer, ist nach dem Empfang der 500 Gulden vom Grafen Stanhope nicht mehr in Erscheinung getreten. Sein Sohn, der Landgerichtsdirektor Dr. Julius Meyer, war sich der unrühmlichen Rolle bewußt, die sein Vater im Zusammenhang mit Kaspar Hauser gespielt hatte. Um die Ehrenrettung seines Erzeugers bemüht, versuchte er, Hauser als Betrüger darzustellen. Zu diesem Zweck veröffentlichte er 1872 und 1881 sogenannte „Augenzeugenberichte", die sich als von ihm vorgenommene Fälschungen herausstellten. Nicht die Entlarvung Kaspar Hausers als Betrüger, sondern die Entlarvung des Dr. jur. Julius Meyer als Fälscher war also letztlich das Ergebnis dieser Bemühungen. Dessen ungeachtet ist in Ansbach noch heute eine Straße nach diesem famosen Juristen benannt, und – was weniger verwundert – er hat seinerzeit einen hohen badischen Orden erhalten.

Müller, Johann Jakob Friedrich, unterschlug als Kontrolleur der badischen Generalkriegskasse 1834 14700 Gulden im Vertrauen darauf, daß man nicht gegen ihn vorgehen werde. In dem anschließenden Verfahren wurde er prompt für „klagfrei" erklärt und lediglich dazu verurteilt, 4000 Gulden zurückzuzahlen. Gleichzeitig wurde er – als zusätzliches „Geschenk" – 1837, also mit 41 Jahren, pensioniert und mit einem jährlichen Ruhegehalt von 700 Gulden ausgestattet. 1846 kaufte er den bei Hohenstaufen in der Nähe von Göppingen gelegenen „Fuchshof", was ihm den Namen „Fuchshofmüller" eintrug. Zuletzt lebte er in Schwäbisch-Gmünd, wo man ihm „Kaspar-Hauser-Mörder" nachrief. Wie Hennenhofer, so ist auch er niemals gegen diese Anschuldigungen gerichtlich vorgegangen. Der von ihm 1858 verkaufte „Fuchshof" wurde von dem neuen Besitzer in „Sonnental" umbenannt, um nicht mehr mit dem Mord an Kaspar Hauser in Verbindung gebracht zu werden.

Richter, Franz, Förster und Schloßverwalter von Pilsach und Gefängniswärter von Kaspar Hauser, wurde 1863 von der Tochter des Freiherrn v. Grießenbeck, Maria Sidonia v. Berchem, die 1835 Pilsach als Heiratsgut von ihrem Vater erhalten hatte, wegen einer angeblichen Unregelmäßigkeit bei der Holzabrechnung ohne jede Abfindung oder Pension entlassen, obwohl er 50 und sein Vater 40 Jahre in Grießenbeckschen Diensten gestanden hatten. Trotz dieser Ungerechtigkeit hat Richter keinerlei Anschuldigungen in der Hauser-Sache erhoben, wahrscheinlich, weil er sich dadurch selbst belastet hätte. Sofort nach dem Tode ihres Vaters, der kurz vor der Entlassung Richters erfolgt war, verkaufte die Tochter des Freiherrn das Schloß Pilsach so eilig, als ob sie nur auf diesen Augenblick gewartet hätte. Die Entlassung Richters und der Verkauf von Schloß Pilsach müssen im Zusammenhang gesehen werden. Die Tochter des Freiherrn v. Grießenbeck wollte damit alle Erinnerungen aus ihrem Gedächtnis tilgen, die mit der Vergangenheit des Schlosses, d. h. mit Kaspar Hauser in Verbindung standen.

Sailer, Ferdinand, lebte 1835 in Zürich und wurde dort in einen Mordprozeß verwickelt. Dabei kamen Briefe Hennenhofers an ihn zum Vorschein, aus denen hervorging, daß er diesen jahrelang mit seinem Wissen um den Mord an Kaspar Hauser erpreßt hatte. Die Zahlungen an Sailer brachten Hennenhofer in solche finanzielle Schwierigkeiten, daß er sich mit der Bitte um Geld an die Gräfin Langenstein, die ehemalige Schauspielerin Werner und frühere Geliebte des Großherzogs Ludwig wandte. In diesen Bettelbriefen berief er sich auf seine „Verdienste" und verweist auf „schauderhafte Eröffnungen", über die er Belege habe, sowie auf seine Memoiren. Aus verlorengegangenen Dokumenten aus dem Besitz des mit dem regierenden Hause Baden verwandten russischen Großfürsten Nikolai Michailowitsch ging ebenfalls hervor, daß Sailer 1833 in Ansbach an dem Mord an Kaspar Hauser beteiligt gewesen war. Von dieser Beteiligung berichtet auch der bereits erwähnte Brief des österreichischen Gesandten in Karlsruhe, Philippsberg, vom 7. 12. 1853 (siehe unter Leopold, Großherzog von Baden).

Sophie, Großherzogin von Baden, war der Anlaß der 1843 beginnenden Skandale um den Bankier Moritz v. Haber, Juniorchef des Bankhauses Haber & Vierordt in Karlsruhe, über das das großherzogliche Haus seine Bankgeschäfte abwickelte. Dieser Moritz v. Haber wurde allgemein als ihr Liebhaber angesehen. Schon 1834, als Sophie mit ihrem sechsten Kind, einer Tochter, niederkam, wurde von einem anderen Vater als dem Großherzog gemunkelt. Das 1839 geborene letzte Kind, wieder eine Tochter, wurde dann bereits offen dem Bankier v. Haber zugeschrieben. Haber war zwar verheiratet, aber das hatte ihn nicht abgehalten, außer den geschäftlichen auch in amouröse Beziehungen zur Großherzogin zu treten, wovon ganz Karlsruhe wußte. Das war der Anlaß, daß Haber 1843 von einem Subskriptionsball in Baden-Baden, der zu Ehren der Großfürstin Helene von Rußland stattfand, ausgeschlossen wurde. Ihm wurde zur Erklärung bedeutet, daß er ein durch seinen Lebenswandel disqualifizierter Mann sei. Der Eklat führte zu mehreren Duellen, in deren Verlauf Haber – er war ein ausgezeichneter Pistolenschütze – einen badischen Offizier tötete. In der Residenzstadt kam es zu einem Aufruhr, bei dem das Habersche Palais gestürmt und demoliert wurde. Haber flüchtete daraufhin nach Paris. An das Bankhaus Haber & Vierordt erinnert in Karlsruhe das in der Nähe des Stadtgartens gelegene städtische Vierordt-Schwimmbad. Es wurde 1873 mit den Mitteln einer testamentarischen Schenkung des Bankiers Vierordt erbaut. Sophie, die Verlassene, spielte nach diesen

Ereignissen unter der Regierung ihres zweiten Sohnes, Friedrich I. (ab 1852 Regent, ab 1856 Großherzog), keinerlei Rolle mehr. Sie starb einsam und vergessen am 6. Juli 1865.
Eine ähnliche Erregung wie im Falle Haber gab es bei der Karlsruher Bevölkerung, der man nachsagt, so steif zu sein, daß es unmöglich wäre, in einer Gaststätte zwölf Karlsruher an elf Tischen unterzubringen, ein zweites Mal nur noch bei dem Molitor-Prozeß, der 1906 in Karlsruhe verhandelt wurde. Dabei wurde der Rechtsanwalt Hau aufgrund von Indizienbeweisen für schuldig befunden, seine vermögende Schwiegermutter Molitor auf der abendlichen Lichtentaler Allee in Baden-Baden aus einem Gebüsch heraus erschossen zu haben. Die Volksmenge, die daraufhin vor das Gerichtsgebäude zog, sah dagegen als wahre Schuldige Haus Schwägerin Olga Molitor an, mit der er ein Verhältnis hatte. Die „Rote Olga" wurde sie in Karlsruhe genannt. Sie war rothaarig und schön, und allein deswegen schon verdächtig. Hau, der immer seine Unschuld beteuert hatte, wurde zu lebenslangem Zuchthaus verurteilt, in den 20er Jahren aber begnadigt. Er beging später Selbstmord, da er mit den veränderten Lebensumständen nach dem Ende der Monarchie nicht mehr zurechtkam. Sein Schicksal, wie auch das von Kaspar Hauser, hat der Schriftsteller Jakob Wassermann romanhaft gestaltet (Caspar Hauser oder die Trägheit des Herzens, 1908; Der Fall Maurizius, 1928).

Stanhope, Philip Henry Earl of, inszenierte 1834 eine Kampagne gegen Kaspar Hauser, indem er die Zeugen von 1829 „umzudrehen" versuchte. Daumer schildert einen Besuch des Grafen: „Meine Mutter, merkend was er im Schilde führte, bat und beschwor ihn mit tief bewegter Seele, die Asche eines Unglücklichen, der ihm einst als seinem väterlichen Freund und Wohltäter so kindlich vertraut habe und von dem sie gewiß wisse, daß er kein Betrüger und Bösewicht gewesen, nicht mit Schimpf und Schande zu bedecken. ‚Es schadet ihm ja nichts mehr', antwortete er, wurde rot im Gesicht, kürzte seinen Besuch ab, rannte die Treppe hinab und ließ sich nie mehr in meiner Wohnung sehen." Und unter dem 16. Mai 1834 bemerkte der Philosoph Ludwig Feuerbach, ein Sohn des Gerichtspräsidenten: „Der Lord Stanhope ist ein ganz elender Mensch, er soll seinen Teil hinausbekommen." Die Ergebnisse seiner Zeugenbeeinflussung veröffentlichte Stanhope 1835 in „Materialien zur Geschichte Kaspar Hausers". Er zog sich dann nach England zurück und zeigte bis zu seinem Tode 1855 keinerlei Interesse mehr am Fall Hauser. Seine Tochter, die Herzogin von Cleveland, unternahm 1893 den literarischen Versuch einer Verteidigung ihres Vaters. Ihre Schrift ist jedoch ohne jede Bedeutung, weil sie sich auf heute bewiesene Fälschungen stützt. Der 4. Earl of Stanhope fand als einziges Mitglied der Familie keine Aufnahme in der Encyclopaedia Britannica, Ausgabe 1962, was – unter britischen Gesichtspunkten – wohl als eine subtile Art nachträglicher Bestrafung anzusehen ist.

Stephanie, Großherzogin von Baden, war seit ihrem Besuch in Ansbach am 5. April 1832 der Überzeugung, daß Kaspar Hauser ihr Sohn sei. Abhängig jedoch von den regierenden Instanzen Badens, die sie als Französin und Protégée Napoleons I. nur noch duldeten, war sie nicht mutig genug, für diese Überzeugung einzutreten. Ihr wurde vom großherzoglichen Hof wiederholt mit dem Entzug ihrer Apanage gedroht. „Die Großherzogin Stephanie, geb. Beauharnais, war bis zuletzt davon überzeugt, daß Kaspar Hauser ihr erstgeborener Sohn gewesen sei, der, wie man ihr gesagt hatte, gleich nach der Geburt gestorben, in Wirklichkeit aber, wie man vermutete, entführt worden sei, während man an seiner Stelle ein krankes, sterbendes Kind unterschoben habe." (Hohenlohe-Schillingsfürst, Alexander von, Aus meinem Leben, 1925. A. v. Hohenlohe-Schillingsfürst ist der 1862 geborene jüngste Sohn des Fürsten Chlodwig v. Hohenlohe-Schillingsfürst, deutscher Reichskanzler von 1894 – 1900). Stephanies Tagebücher wurden auf Betreiben der Großherzogin Luise in denjenigen Teilen vernichtet, die sich auf Kaspar Hauser bezogen. Den nicht zerstörten Teil der Lebenserinnerungen veröffentlichte 1932 die „Revue Deux Mondes", Paris. Stephanie überlebte ihren Mann, den Großherzog, um 42 Jahre. Sie starb 1860 und wurde als letzte aus fürstlichem Geschlecht in der Zähringer-Gruft der Pforzheimer Schloßkirche beigesetzt, neben ihrem 1818 verstorbenen Gatten Karl und gegenüber den Särgen des falschen Prinzen (geb. 1812) und des wahrscheinlich vergifteten Prinzen (geb. 1815). Der Besuch der

Pforzheimer Schloßkirche verhalf der Verfasserin eines 1987 erschienenen Kaspar-Hauser-Buches zu einem besonderen Erlebnis. Sie berichtet darin von einem „in vornehmes Grau gekleideten" Herrn, der ihr erklärte, daß sie „eine Genehmigung von höchster Stelle brauche", wenn sie die Kirche besichtigen wolle. Dabei bleibt zwar offen, wer diese „höchste Stelle" sein mag – ob das ehemalige großherzogliche Haus oder der Ministerpräsident von Baden-Württemberg –, aber man erschauert pflichtschuldigst. Weiter erfährt man, über das Medium des vornehmen Grauen, der jetzt „leise, fast ironisch" lächelt, daß man hier „nichts von Kaspar Hauser hören" will, und man merkt der Hamburger Studienrätin das Entsetzen an, über die finsteren Mächte, die heute noch, über 150 Jahre nach Kaspar Hausers Tod, im badischen Ländchen am Werke sind (Leonhardt, Ulrike, Prinz von Baden, genannt Kaspar Hauser, 1987). Die Wahrheit ist weniger dramatisch und deshalb nicht so publikumswirksam: die Pforzheimer Schloßkirche kann werktags von 13.15 bis 16 Uhr besichtigt werden, wozu sich die „höchste Stelle" inzwischen also entschlossen haben muß, wahrscheinlich unter der Wucht der Leonhardtschen Anklagen.

Karoline, Königin von Bayern, geborene Prinzessin von Baden, war die Schwester des Großherzogs Karl von Baden, mithin also die Schwägerin der Großherzogin Stephanie. An sie war v. Feuerbachs Memoire über Kaspar Hauser gerichtet. Sie glaubte bis zu ihrem Tode 1841 fest daran, die Tante Kaspar Hausers zu sein.

Hamilton-Douglas, Herzogin von, geborene Prinzessin Maria Amalie Elisabeth Karoline von Baden, jüngste Tochter der Großherzogin Stephanie, war mit Alexander Hamilton-Douglas, zehnter Herzog von Hamilton aus dem berühmten, 1292 erstmals urkundlich erwähnten, schottischen Adelsgeschlecht der Hamilton, verheiratet. Nach dem 1852 erfolgten Tode ihres Mannes zog sie sich nach Baden-Baden zurück. Die Herzogin war davon überzeugt, die fünf Jahre jüngere Schwester Kaspar Hausers zu sein. „Niemand anderes als die Reichsgräfin Hochberg war die Räuberin des Kronprinzen", schrieb sie. Ihre Tochter, Mary Viktoria Hamilton-Douglas, war mit dem Grafen Tassilo Festetics verheiratet, dem Kaiser Franz-Joseph von Österreich nicht zuletzt aufgrund dieser Verbindung 1911 den Herzogstitel verlieh. Die Festetics sind eine ursprünglich aus Kroatien stammende ungarische Magnatenfamilie, die – vor allem am Plattensee – über einen Grundbesitz von der Größe eines kleinen Fürstentums verfügte. Ihr im 18. Jahrhundert erbautes, prunkvolles Schloß in Keszthely – am Westufer des Plattensees gelegen – umfaßt über 100 Räume und gehört zu den bedeutendsten Sehenswürdigkeiten Ungarns.
Die Herzogin von Hamilton starb 1888 in Baden-Baden. Der sofortige, von der Großherzogin Luise veranlaßte Versuch der Polizei, ihre hinterlassenen Papiere zu beschlagnahmen, schlug fehl, weil sie sie vorausschauend ihrer Tochter in Ungarn gegeben hatte. Die Papiere, darunter auch eine Kopie der Erinnerungen ihrer Mutter Stephanie, sind seither

verschollen. Teile der Erinnerungen, aus denen jedoch alle mit Hauser zusammenhängenden Seiten systematisch herausgetrennt sind, sollen sich im Budapester Nationalarchiv befinden.
Nachforschungen des Verfassers in dieser Richtung sind noch nicht abgeschlossen. Endgültiges kann deshalb darüber noch nicht ausgesagt werden.
Mary Viktoria v. Festetics, die Tochter der Herzogin Hamilton und Enkelin der Großherzogin Stephanie von Baden, ist im Mausoleum der Familie Festetics auf dem Friedhof von Keszthely beigesetzt. Ihr 1882 geborener Sohn, György Festetics, war mit der aus preußisch-schlesischem Adel stammenden Gräfin Maria Haugwitz verheiratet. Wenn hier eine Verbindung zur Großherzogin Luise von Baden, einer Hohenzollernprinzessin, nachgewiesen werden könnte, dann könnte dies eine Erklärung für die entfernten Seiten in den an die Festetics gekommenen Erinnerungen Stephanies sein, vorausgesetzt, daß deren nach Ungarn gelangte Zweitschrift überhaupt noch erhalten ist.
Die Familie Festetics bzw. ein 1940 geborener Sohn aus der Ehe zwischen György Festetics und Maria Haugwitz lebt heute in Wien, soll sich angeblich aber um Rückgabe des Schlosses in Keszthely bemühen.

Josephine, Fürstin von Hohenzollern-Sigmaringen, die mit Karl Anton Fürst von Hohenzollern-Sigmaringen verheiratete zweite Tochter der Großherzogin Stephanie und Schwester der Herzogin Hamilton, war – wie diese auch – der Meinung, daß sich die Nachfahren der Reichsgräfin Hochberg widerrechtlich den badischen Thron angeeignet hatten. Sie soll deshalb angeblich alle Einladungen an diesen Hof abgelehnt haben. Auch sie war – wie ihre Schwester – im Besitz einer Zweitschrift der Erinnerungen ihrer Mutter Stephanie. Diese Zweitschrift ist gleichfalls verschollen. Angeblich soll sie bei einem Brand in Schloß Sigmaringen vernichtet worden sein. Wahrscheinlicher ist jedoch, daß sie der Vernichtungsaktion der Großherzogin Luise zum Opfer gefallen ist.

Luise, Prinzessin von Baden, 1811 geborene älteste Tochter der Großherzogin Stephanie, heiratete 1830 den letzten und landlosen schwedischen Wasaprinzen. Ihre Tochter Carola wurde Königin von Sachsen und gelangte durch ihre Mutter in den Besitz einer Abschrift des Tagebuches ihrer Großmutter Stephanie. Der zweite Teil dieses Tagebuches, der offensichtlich das Haus Baden belastende Aufzeichnungen enthielt, wurde von ihr vernichtet. Der erste Teil dieses Exemplars von Stephanies Lebenserinnerungen führte zu der 1932 in Frankreich erfolgten Veröffentlichung (siehe unter Stephanie, Großherzogin von Baden).

Andlaw-Birseck, Franz Xaver Freiherr von, 1799 bis 1876, badischer Diplomat. 1836/37 im Ministerium des Auswärtigen zu Karlsruhe, davor und danach (bis 1856) in München, Wien und Paris. Er schrieb 1872 an den Freiherrn Gottlieb von Tucher nach Nürnberg: „In neuester Zeit habe ich meine

Ansicht dahin modifiziert, daß Kaspar Hauser wahrscheinlich der badische Erbprinz war." Und in einer Veröffentlichung (ohne Titel und Verlagsort): „Dieser junge Mensch, bekannt unter dem Namen Kaspar Hauser, aufgetaucht 1828 in Nürnberg und 1833 in Ansbach meuchlings ermordet, kann kein anderer gewesen sein als der älteste Sohn des Großherzogs Karl und der Großherzogin Stephanie von Baden; er wurde 1812 als legitimer Erbprinz geboren, dann gegen ein fremdes, totes Kind vertauscht; man gab vor, er sei eines natürlichen Todes gestorben und so seine durch die Geburt gegebenen Rechte auf die Thronfolge erloschen."

Max von Baden, Vetter des kinderlosen letzten badischen Großherzogs Friedrich II. und letzter Reichskanzler des deutschen Kaiserreiches, soll 1913 seinem anderen Vetter, dem russischen Großfürsten Nikolai Michailowitsch, erklärt haben, er werde, wenn er den Thron besteige, Kaspar Hauser in der Ahnengruft der Pforzheimer Schloßkirche beisetzen lassen. Dies berichtet der französische Diplomat und Hauser-Forscher Edmond Bapst und weiter: „Der Großfürst Nikolai Michailowitsch hatte ein ansehnliches Dossier erarbeitet, aus dem klar erkenntlich wurde (er hat es selbst zu mir gesagt), daß Kaspar Hauser der Sohn der Großherzogin Stephanie gewesen sei." (Bapst, Edmond, A la Conquête du Trône de Bade, Chap. Assassinat de Gaspard Hauser, Paris 1930). — „Den Besuch des Großfürsten Nikolaus, des ältesten Bruders meiner Mutter, erwartete ich immer mit besonderer Freu-

de. Er glaubte übrigens fest an die fürstliche Abkunft Kaspar Hausers. Infolge seiner nahen verwandtschaftlichen Beziehungen zum Badischen Hause hatte er wohl Einsicht in die Archive gehabt." (Cecilie, Herzogin zu Mecklenburg, deutsche Kronprinzessin, Erinnerungen, 1930).
Der Großfürst und seine Dokumente verschwanden in den Wirren der russischen Revolution von 1917, und das Ende der deutschen Monarchien nach dem 1. Weltkrieg verhinderte die Thronbesteigung des Prinzen Max von Baden, so daß Kaspar Hausers Ruhe auf dem Friedhof in Ansbach ungestört blieb.

Der russische Großfürst Michael, Vater des Großfürsten Nikolai, war mit Cäcilie, der 1839 geborenen Tochter der Großherzogin Sophie von Baden, verheiratet. Für seine Absicht, eine Biographie der badischen Gemahlin des Zaren Alexander I. zu schreiben, betrieb er Studien, die ihn zu der Überzeugung führten, daß Kaspar Hauser der Sohn der Großherzogin Stephanie gewesen sei.

Lexikon 1908: „Hauser wurde von seinem natürlichen Vater in einem Pfarrdorf Altbayerns im Verborgenen aufgezogen." (Brockhaus Konversationslexikon)

Lexikon 1950: „Vielleicht badischer, aus Erbfolgegründen beseitigter Prinz." (Knaurs Lexikon)

Lexikon 1982: „..., daß es sich bei Hauser um einen Urenkel des Großherzogs Karl-Friedrich von Baden handelt, als Erbprinz mögliches Opfer eines dynastischen Verbrechens." (Der Große Knaur)

Kaspar-Hauser-Komplex: „Auf fehlende soziale Beziehungen zurückgehende Entwicklungsstörungen." (Der Große Knaur, Lexikon, 1982)

Kaspar-Hauser-Versuche: „In der Verhaltensforschung geübtes Verfahren, bei dem Tiere isoliert aufgezogen werden." (Der Große Knaur, Lexikon, 1982)

Biographisches Wörterbuch zur deutschen Geschichte, Band I, München 1973: „Kaspar Hauser: Die nach Hausers Tod nochmals geführte Untersuchung schließt Betrug eindeutig aus, für dessen Durchhaltung Hauser auch gar nicht die physische und psychische Konstitution hatte."

Kaspar Hauser in anthroposophischer Sicht: „Wenn Kaspar Hauser nicht gelebt hätte und gestorben wäre, so wäre der Kontakt zwischen der Erde und der geistigen Welt vollkommen unterbrochen." (Rudolf Steiner, in einem öffentlichen Vortrag am 17. 6. 1908 in Nürnberg). „..., daß Kaspar Hauser eine spirituelle Erscheinung besonderer Art und nur die Anthroposophie in der Lage ist, ein derartiges Phänomen wissenschaftlich verständlich zu machen."
„Sein Erscheinen trägt die Züge des Geborenwerdens für die Welt." (Tradowsky, Peter, Kaspar Hauser oder das Ringen um den Geist, 1980; derselbe, Kaspar Hauser, das Kind von Europa, 1984).

„Hausers Erdolchung 1833 erscheint wie vorverkündend das, was 100 Jahre danach Hitler dem deutschen Volke antat." (Heyer, Karl, Kaspar Hauser und das Schicksal Mitteleuropas im 19. Jahrhundert, 1958)

Kaspar Hauser in esoterischer Sicht: „Kaspar Hauser war ein großer atlantischer Eingeweihter. Er sollte zur Einleitung des esoterischen Michaelszeitalters eine ausschlaggebende Rolle spielen." (Wegener, Wolfgang, Die okkulte Mission des Kaspar Hauser, 1959)

Welche Entwicklung das Großherzogtum Baden genommen hätte, wenn der legitime badische Erbprinz Kaspar Hauser zur Regierung gelangt wäre, ist eine Frage, die nicht beantwortet werden kann. „Das eben ist der Fluch der bösen Tat, daß sie fortzeugend immer Böses gebären muß", meint Friedrich von Schiller. Was das Wirken der Hochbergschen Nachkommenschaft für das Land Baden angeht, so traf dieses prophetische Wort nicht zu, denn es hob sich vorteilhaft ab von dem Wirken des letzten „echten" Zähringers, des Großherzogs Ludwig I. (Großherzog von 1818 – 1830), und von dem Wirken der meisten deutschen Fürsten ihrer Zeit.
Wilhelm von Hochberg, der zweitälteste Sohn der Reichsgräfin, führte das badische Kontingent bei Napoleons Rußlandfeldzug. Seiner soldatischen Tüchtigkeit und seiner Standfestigkeit gegenüber den französischen Generälen war es zu verdanken,

daß wenigstens Teile dieser badischen Truppen ihre Heimat wiedersahen, trotz der blutigen Verluste, die sie bei der Verteidigung des Überganges über die Beresina erlitten hatten. Von Zeitgenossen wird er als hervorragender Soldat und Ehrenmann vom Scheitel bis zur Sohle geschildert. Von dem letzten „echten" Zähringer, Ludwig, ließ sich das nicht sagen. Er war nicht bereit, die Einschränkungen seiner fürstlichen Gewalt durch die badische Verfassung vom 22. 8. 1818 hinzunehmen. Sein Intimus Hennenhofer inszenierte eine an den Großherzog gerichtete Petition zur Aufhebung dieser Verfassung, die Ausdruck des Volkswillens sein sollte:

„... Euere Kgl. Hoheit wolle den treugehorsamst Unterzeichneten mit landesväterlicher Milde und Gnade diesen Wunsch um so weniger verargen, als sie in ihrer schlichten Einfachheit des Glaubens und der Überzeugung sind, es könne niemand es besser meinen als ihr hochverehrter Landesfürst, und das Band der väterlichen Liebe, geschlungen um folgsame Kinder, sei sowohl das natürlichste und sanfteste ... Doch nur wünschend und bittend nahen wir uns dem Throne unsres angebeteten Fürsten, fest vertrauend auf die Vatergüte und Weisheit Eurer Kgl. Hoheit, und mit unerschütterlicher Treue und Gehorsam, mit welcher wir ersterben Euer Kgl. Hoheit untertänigst gehorsamste
30 Unterschriften."

Aus diesem Hennenhoferschen Text spricht ein zynischer und menschenverachtender Humor, andererseits aber bietet er ein gewisses intellektuelles Vergnügen hinsichtlich der Formulierungskunst seines Verfassers.

Großherzog Leopold (Großherzog von 1830 bis 1852), der älteste Sohn der Reichsgräfin Hochberg und der erste Hochberg auf dem badischen Thron, machte die Verfassungsänderung Ludwigs wieder rückgängig. Unter seiner Regierung wurden die letzten Reste bäuerlicher Abhängigkeit beseitigt. Ein Pressegesetz, das 1831 die Zensur der Presse aufhob, mußte unter dem Druck Metternichs, Preußens und der übrigen deutschen Fürsten wieder zurückgenommen werden. Obwohl Leopold im Rahmen der bestehenden politischen Möglichkeiten den Forderungen des Volkes nach mehr Mitbestimmung weitgehend entsprach, fielen die republikanischen Ideen des Jahres 1848 in Baden auf so fruchtbaren Boden, daß es erst durch den Einsatz preußischer Truppen möglich war, den entfachten Volksaufstand niederzuschlagen. Ein Urgroßvater des Verfassers mußte vor den nach ihm suchenden Soldaten fliehen, wie die Ortschronik des Dorfes Hohenwart (bei Pforzheim) berichtet. Von dem Strafgericht, das nun folgte, waren die letzten Jahre des Großherzogs überschattet, wie die Jahre davor durch sein Wissen um den Mord an Kaspar Hauser. In Baden führten die Verfolgungen zu einer betont antipreußischen Volksstimmung. Prinz Wilhelm von Preußen, der Befehlshaber der preußischen Soldaten, erhielt den schmückenden Beinamen „Kartätschenprinz".

Auf Leopold folgte sein zweitältester Sohn Friedrich (Friedrich I., Großherzog von 1856 – 1907, davor Regent für seinen geisteskranken Bruder Ludwig II.). Durch die Schaffung liberaler Gesetze führte er auf allen Gebieten des öffentlichen Lebens so gravierende Verbesserungen durch, daß das Baden seiner Regierungszeit sich den Ruf des „Musterländles" erwarb. Trotz seiner Verheiratung mit der preußischen Prinzessin Luise, mußte er 1866 der antipreußischen Stimmung im Lande Rechnung tragen und auf die Seite Österreichs treten. 1871 brachte Friedrich in Versailles das erste Hoch auf den neuen deutschen Kaiser aus. Ein Friedrich von Baden stand 1871 also am Beginn des neuen deutschen Kaiserreiches, so wie ein anderer Friedrich von Baden 1268 durch seinen gemeinsamen Tod mit dem letzten Staufer Konradin am Ende des mittelalterlichen Kaiserreiches gestanden hatte und ein weiterer Zähringer, Prinz Max von Baden, Neffe des Großherzogs Friedrich I. und letzter kaiserlicher Reichskanzler, am Ende des letzten deutschen Kaiserreiches stand.

Als Großherzog Friedrich II., der Urenkel der Reichsgräfin Hochberg, 1918 abdankte, war die zähringische Regierungszeit in Baden beendet. Man kann sie, vor allem was die neuere Zeit angeht, als insgesamt besser bezeichnen, als das bei den meisten anderen deutschen Fürstenhäusern der Fall war. Die heutigen Zähringer, die sich nun nicht mehr Großherzöge, sondern wieder Markgrafen von Baden nennen, leben zurückgezogen auf Schloß Salem am Bodensee, jenem Schloß, das seinerzeit von Napoleon zum Verbannungsort des Prinzen Ludwig bestimmt worden war, und wer will, kann auch darin eine merkwürdige Kontinuität erblicken.

VIII. Personen der Handlung in alphabetischer Reihenfolge

Beauharnais, Stephanie, Großherzogin von Baden, 1789 – 1860. Lebte skandalfrei und – nach dem Tode ihres Gatten – zurückgezogen.

Biberbach, Johann Christian, Kaufmann und Magistratsrat von Nürnberg, in dessen Haus Kaspar Hauser 1830 übersiedelte.

Blochmann, Christoph, 1778 – 1847, Vater des Austauschkindes Ernst Blochmann.

Blochmann, Elisabeth, 1781 – 1815, Ehefrau des Christoph Blochmann, Mutter des Austauschkindes, Pflegemutter Kaspar Hausers von 1812 bis 1815.

Dalbonne, Anna, geb. Frisacco, aus Triest stammende Kinderfrau Kaspar Hausers während der Zeit in Schloß Beuggen, vorher Garderobenfrau der Großherzogin Stephanie.

Daumer, Georg Friedrich, 1800 – 1875, Gymnasialprofessor in Nürnberg. In seinem Haus lebte Kaspar Hauser 1828 und 1829. Daumer verfaßte mehrere Schriften über seinen Zögling.

Dietz, Jakob, 1756 – 1827, ab 1809 Pfarrer in Hochsal, wo Kaspar Hauser 1816 vorübergehend untergebracht war. Wurde später von Großherzog Ludwig zum Geistlichen Rat ernannt und gehörte zu seinen engsten Vertrauten.

Dorfinger, Ferdinand, 1803 – 1861, in Ansbach lebender, arbeitsscheuer Tunichtgut, mit Horn von München her bekannt. Er diente als örtliches

Verbindungsglied des Mordtrios, das den Ansbacher Gasthof „Drechselgarten", der seinem Schwager Beyerlein gehörte, als Unterschlupf benutzte.

Engesser, Evangelist, von 1814 – 1823 Pfarrer in Mundelfingen, wo Kaspar Hauser 1816, nach der Zeit in Hochsal, kurze Zeit untergebracht war. Engesser wurde 1824 in Karlsruhe Direktor der katholischen Kirchensektion und stand bei Großherzog Ludwig in hohem Ansehen.

Eschbach, Karl, 1784 – 1870, von 1814 – 1826 Pfarrer in Beuggen, dort mit der Beaufsichtigung Kaspar Hausers betraut, wurde später in Karlsruhe Ministerialrat für den katholischen Kultus, 1851 Ritter und 1861 Kommandeur des zähringischen Löwenordens, der höchsten badischen Auszeichnung.

Feuerbach, Anselm Ritter von, 1775 – 1833, berühmter Kriminologe, bayerischer Staatsrat und Präsident des Appellationsgerichts in Ansbach. Verfasser des an die Königin Karoline von Bayern gerichteten Memoires „Wer möchte wohl Kaspar Hauser sein?", in welchem er als erster die badische Prinzenschaft Kaspar Hausers nachwies.

Fürstenberg, Karl Egon Fürst von (aus der Linie Heiligenberg), 1796 – 1854, badischer General und Vizepräsident der badischen Ständekammer, verheiratet mit der Tochter Amalie der Reichsgräfin von Hochberg. Auf seinem Schloß Heiligenberg war Kaspar Hauser 1816, nach der Zeit in Mundelfingen, vorübergehend untergebracht.

Grießenbeck, Karl Ernst Freiherr von, 1787 – 1863, von 1809 – 1835 Besitzer von Schloß Pilsach, dem Gefängnis Kaspar Hausers von 1817 – 1828.

Hauser, Kaspar, 1812 – 1833, gegen ein sterbendes Kind vertauschter Erbprinz von Baden, Sohn des Großherzogs Karl und seiner Gemahlin Stephanie. 1833 in Ansbach ermordet.

Hennenhofer, Johann Heinrich David, 1793 – 1850, aus kleinen Verhältnissen aufgestiegener, enger Vertrauter des Großherzogs Ludwig. Von diesem in den Adelsstand erhoben und zum Major befördert. Badischer Beamter fürs „Grobe". Mit einer Schwester der Geliebten Ludwigs verheiratet. Von 1828 an Direktor im badischen Außenministerium. Gilt als Planer des Mordes an Kaspar Hauser, den er jedoch nicht selbst ausführte.

Hochberg, Karoline Luise Geyer v. Geyersberg, Reichsgräfin von, 1768 – 1820. Um ihren Söhnen die Thronfolge zu sichern, veranlaßte sie die Vertauschung des 1812 geborenen badischen Erbprinzen.

Horn, Friedrich, 1799 – 1861, bei Ansbach geboren, bis 1832 Diener des bayerischen Diplomaten Graf v. Spaur, dann wieder in Ansbach. War mit Müller bekannt und dessen Mordgehilfe.

Karl, Großherzog von Baden, 1786 – 1818, Großherzog ab 1811, Enkel des Großherzogs Karl-Friedrich und Neffe des nach ihm regierenden Großherzogs Ludwig. Heiratete 1806 Stephanie Beauharnais, Adoptivtochter Napoleons I.

Karl-Friedrich, Großherzog von Baden, 1728 bis 1811, Großherzog ab 1738. Heiratete 1787 in 2., jedoch morganatischer Ehe die Freiin Karoline Luise Geyer v. Geyersberg, spätere Gräfin Hochberg.

Leopold, Großherzog von Baden, 1790 – 1852. Großherzog ab 1830, ältester Sohn der Reichsgräfin Hochberg. Sprach „mit Entsetzen über ein in seiner Familie begangenes Verbrechen".

Ludwig I., König von Bayern von 1825 – 1848, Sohn Maximilians I.

Ludwig, Großherzog von Baden, 1763 – 1830, Großherzog ab 1818, Sohn des Großherzogs Karl Friedrich und Stiefsohn der Reichsgräfin Hochberg, mit der er ein Verhältnis hatte.

Luise, Großherzogin von Baden, 1840 – 1923, überaus energische und tatkräftige Hohenzollernprinzessin, Tochter des deutschen Kaisers Wilhelm I. Verheiratet mit Großherzog Friedrich I. von Baden, einem Enkel der Gräfin Hochberg, der bis 1907 regierte. Sie ließ alle auf Kaspar Hauser bezogenen Unterlagen, derer sie habhaft werden konnte, vernichten und brachte diesen dadurch gleichsam zum zweiten Male um.

Lutz, Johann, Jakob, geb. 1791, wohnhaft in Neumarkt/Oberpfalz. Schreiber des dortigen Justitiars Schwab, des gerichtsherrlichen Vertreters des Freiherrn v. Grießenbeck. Hat die Begleitbriefe geschrieben, jedoch nicht verfaßt, die Kaspar Hauser in Nürnberg vorwies.

Meyer, Johann Georg, 1800 – 1868, Lehrer in Ansbach, übles Zerrbild eines Pädagogen. Bei ihm war Kaspar Hauser von 1831 bis zu seinem Tode in Kost und Logis.

Müller, Johann Jakob Friedrich, genannt „Fuchshofmüller", 1796–1875. Diener im Schloß der Geliebten des Großherzogs Ludwig. Hennenhofer vermittelte ihm später eine Stellung im badischen Ministerium des Äußeren. Müller ist der Mörder Kaspar Hausers.

Reitzenstein, Sigmund Freiherr von, 1766–1847, badischer Staatsminister. Der höchste badische Beamte. Schuf als Badens „Bismarck" den vom Bodensee bis zum Main reichenden badischen Staat.

Richter, Franz, 1788–1870, Förster auf Schloß Pilsach im Dienste des Freiherrn v. Grießenbeck. Gefängniswärter Kaspar Hausers.

Sailer, Ferdinand, geboren 1810, politischer Spitzel aus dem württembergischen Ort Waldsee. Ein Handlanger Hennenhofers, als dessen „Spion" er sich bezeichnete. In Ansbach Mordgehilfe von Müller.

Sophie, Großherzogin von Baden, 1801–1865, Gemahlin des Großherzogs Leopold. Beauftragte Hennenhofer mit der Ermordung Kaspar Hausers und gestand dies am 18. 12. 1833 ihrem Gatten, dem Großherzog. Wurde daraufhin vom Hof verbannt und begann eine Liebschaft mit dem Bankier Moritz v. Haber.

Stanhope, Philip Henry Earl of, 1781–1855, undurchsichtige Persönlichkeit, in der Sache Kaspar Hauser in badischen Diensten. Ließ sich 1831 die Pflegschaft für Kaspar Hauser übertragen. Nach dessen Tod Verunglimpfung seines einstigen Lieblings.

Tucher, Gottlieb Freiherr von, Gerichtsassessor beim Nürnberger Magistrat, 1830 zum Vormund von Kaspar Hauser bestellt; in sein Haus übersiedelte dieser nach seinem Aufenthalt bei Biberbach.

IX. Zeittafel

1806	Hochzeit des Erbprinzen Karl von Baden (1786 – 1818) mit Stephanie Beauharnais (1796 – 1860).
1812	Geburt des ersten Sohnes des Erbprinzen Karl von Baden und Stephanies und dessen offizieller Tod. Der mit einem sterbenden Kind vertauschte Prinz wird bei der Mutter des untergeschobenen Kindes, Frau Blochmann, untergebracht.
1815	Tod der Pflegemutter Blochmann. Der Prinz wird nach Schloß Beuggen verbracht und erhält den Namen Kaspar Hauser. Seine Pflege wird der Kinderfrau Dalbonne übertragen.
1816	Auffinden der Flaschenpost bei Kembs am Oberrhein. Kaspar Hauser wird über Hochsal, Mundelfingen und Heiligenberg nach Bayern verbracht.
1817 – 1828	Gefangenschaft Kaspar Hausers in Schloß Pilsach.
1818	Großherzog Ludwig (1763 – 1830), der Onkel des verstorbenen Großherzogs Karl, besteigt den badischen Thron.
1820	Tod der Gräfin Hochberg, die den Kindestausch veranlaßt hat.
1828	Kaspar Hauser wird in Nürnberg ausgesetzt und bei Professor Daumer untergebracht.

1829	Erstes Attentat auf Kaspar Hauser; Lord Stanhope in Nürnberg.
1830	Kaspar Hauser bei Familie Biberbach und dann bei Freiherrn v. Tucher, der sein Vormund wird.
	Großherzog Ludwig von Baden stirbt am 30. März. Nachfolger auf dem badischen Thron wird Leopold, der älteste Sohn der Gräfin Hochberg.
1831	Lord Stanhope erneut in Nürnberg. Die Pflegschaft für Kaspar Hauser wird ihm übertragen. Übersiedlung Kaspar Hausers nach Ansbach zu Lehrer Meyer.
1832	5. April, Großherzogin Stephanie mit ihren Töchtern Josephine und Marie in Ansbach.
1833	Kaspar Hauser ist jetzt 21 Jahre alt.
	22. 6. Großherzogin Sophie von Baden in Ansbach.
	14. 12. Attentat auf Kaspar Hauser im Ansbacher Hofgarten, an dessen Folgen er am 17. 12. verstirbt.
	22. 12. Geheimrat Freiherr v. Dusch, badischer Diplomat, in Ansbach.
	26. 12. Staatsminister v. Reitzenstein, höchster badischer Beamter, in Ansbach.

X. Stammtafel des Hauses Baden für das 18. und 19. Jahrhundert

Markgraf (Großherzog) K a r l - F r i e d r i c h,
geb. 1728, regierte 1738–1811,
vermählt in erster Ehe mit Prinzessin Karoline von Hessen-Darmstadt, † 1783

1. Erbprinz Karl 1755–1801 (durch Wagenunfall in Schweden verunglückt), vermählt mit Prinzessin Amalie von Hessen-Darmstadt

2. Markgraf Friedrich 1756–1817, verheiratet, kinderlos

3. Markgraf Ludwig, geb. 1763, unverheiratet, Großherzog von 1818 bis 30. März 1830. Der letzte echtbürtige Zähringer

Fünf Prinzessinnen, darunter Kaiserin Elisabeth von Rußland und Königin Karoline von Bayern

und

Markgraf Karl, geb 1786, Großherzog 1811 bis zu seinem Tod 8. Dez. 1818. Vermählt seit 1806 mit Stefanie Beauharnais, Adoptivtochter Napoleons, † 1860

1. Prinzessin Luise, geb. 8. Juni 1811, später Prinzessin von Wasa

2. Erbprinz, geboren 29. September 1812, † 16. Oktober 1812

† 17. 12. 1833
Kaspar Hauser

3. Prinzessin Josefine, geb. 21. Oktober 1813, später Fürstin von Hohenzollern

4. Erbprinz Alexander, geb. 1. Mai 1816, † 8. Mai 1817

5. Prinzessin Marie, geb. 11. Okt. 1817, später Herzogin von Hamilton

Zweite Ehe des Markgrafen (Großherzogs) Karl-Friedrich, geschlossen 1787 mit Luise Freiin Geyer von Geyersberg (später Gräfin Hochberg), 1768–1820

vier Kinder, darunter das älteste

Markgraf Leopold, geb. 1790, Großherzog 1830, † 1852

XI. Abbildungsverzeichnis

Kaspar Hauser, Pastell, Martin-Wagner-Museum,
Universität Würzburg 13
Kaspar-Hauser-Figurengruppe, Platenstraße,
Ansbach 20
Karlsruher Schloß, Gartenansicht 29
Schloßkirche Pforzheim 37
Lageplan der Schloßkirche mit Fürstengruft 45
Schloß Beuggen 53
Gartenhaus im Schloßpark 61
Wappen derer von Reinach am Gartenhaus 68
Pfarrhaus in Hochsal 77
Schloß Pilsach 85
Schnitt durch den Schloßbau mit Lage des Kerkers   93
Seitenansicht des Schlosses
mit Lichtschacht des Kerkers (oben) 100
Gaststätte Bärleinhuter und Obere Wörthstraße,
Nürnberg................................... 109
Unschlittplatz mit den Häusern Nr. 8 und 10,
Nürnberg 117
Gedenktafel Unschlittplatz Nr. 8,
Ecke Mittlere Kreuzgasse 125
Neues Tor, Nürnberg, Innenansicht 133
Neues Tor, Nürnberg, Außenansicht 141
Portal der ehemaligen Polizeiwache
im Nürnberger Rathaus 151
Burgstraße und Fembohaus, Nürnberg 159
Turm Luginsland der Nürnberger Burg 167
Spitalbrücke der Pegnitz, links die Insel Schütt,
Nürnberg 175
Schuldturm auf der Insel Schütt
bei der Spitalbrücke 185

Stadtmauer beim Hübnerplatz, Nürnberg 199
Haus Pfarrstraße Nr. 18, Ansbach 207
Schloß Triesdorf bei Ansbach 217
Ehemaliges Haus v. Stichaner,
an der Ansbacher Promenade 227
Oberer Markt in Ansbach,
im Hintergrund die Gumbertuskirche 237
Ehemaliges Appellationsgericht in Ansbach,
davor Portal Gumbertuskirche 247
Markgrafenschloß in Ansbach 257
Orangerie des Ansbacher Hofgartens 267
Gedenkstein an der Mordstelle im Hofgarten 277
Grab Kaspar Hausers, Johannisfriedhof, Ansbach 283

Umschlag: Getuschte Federzeichnung
von Johann Georg Laminit (1775 – 1848)

Fotos: Dr. Mehle
Lageplan der Schloßkirche Pforzheim:
R. Fantz, Pforzheim
Schnitt durch den Pilsacher Schloßbau:
H. Kurzendörfer, Pilsach

XII. Literatur- und Quellenverzeichnis

Artin, Wiesinger, Lütkehaus: Kaspar Hauser, seine mysteriöse Ermordung, sein hartnäckiges Weiterleben, Freiburg i. Brsg. 1983.
Badisches Generallandesarchiv, Karlsruhe.
Bapst, Edmond: A la Conquête du Trône de Bade, Paris 1930.
ders.: Une mère et son fils, Paris 1933.
Bartning, Fritz (Herausgeber: Bartning, Luise): Altes und Neues zur Kaspar-Hauser-Forschung, Ansbach 1930.
Beck, F. W.: Kaspar Hauser, der Nürnberger Findling, Kehl (Morstadt), 1928.
Brockhaus Konversationslexikon, Jubiläumsausgabe, Leipzig 1908.
Flake, Otto: Kaspar Hauser, der Tatsachenbericht, Mannheim 1950.
Gayer, Kurt: Großherzogin Stephanie, die Landesmutter aus Frankreich, in: Die schöne Badnerin, Kehl (Morstadt), 1986.
Hörisch, Jochen (Herausgeber): Ich möchte ein solcher werden wie ..., Materialien zur Sprachlosigkeit des Kaspar Hauser, Frankfurt/Main 1979.
Hofer, Klara: Das Schicksal einer Seele, Nürnberg 1924.
Hohenwarter Heimatbrief Nr. 13, Pforzheim 1991.
Klee, Fritz: Neue Beiträge zur Kaspar-Hauser-Forschung, Nürnberg 1929.
Lang, Karl: Badische Geschichte, in: Lehrbuch der Deutschen Geschichte für die Höheren Lehranstalten Badens, Karlsruhe 1926.
Leonhardt, Ulrike: Prinz von Baden, genannt Kaspar Hauser, Hamburg 1987.

Mayer, Johannes/Tradowsky, Peter: Kaspar Hauser. Das Kind von Europa, Stuttgart 1984.

Pies, Hermann: Kaspar Hauser, eine Dokumentation, Ansbach 1966.

Schnabel, Franz: Deutsche Geschichte im 19. Jahrhundert, 3. Band, Monarchie und Volkssouveränität, Freiburg i. Brsg. 1964.

Scholz, Hans: Kaspar Hauser, Protokoll einer modernen Sage, Hamburg 1964.

Sombart, Werner: Die deutsche Volkswirtschaft im 19. Jahrhundert, Berlin 1913.

Stadtarchiv der Stadt Karlsruhe, Karlsruhe.

Treitschke, Heinrich v.: Deutsche Geschichte des 19. Jahrhunderts, Leipzig 1879.

Wassermann, Jakob: Mein Weg als Deutscher und Jude, Berlin 1921.

Weech, Friedrich v.: Badische Biographien, Karlsruhe 1881.

sowie Familienpapiere des Verfassers

Nachwort

Dieses Buch konnte nur geschrieben werden aufgrund der Vorarbeit der im Literatur- und Quellenverzeichnis aufgeführten Hauser-Forscher. Unter ihnen sind besonders zu erwähnen Hermann Pies, der aus einer Fülle von Dokumenten den Indizienbeweis für Hausers badisches Prinzentum erbracht und Fälschungen entlarvt hat, und Fritz Klee, dessen Recherchen den Kindestausch aufgeklärt haben, sowie Adolf Bartning, dessen Untersuchungen und scharfsinnige Überlegungen vor allem den Beweis für die Ermordung Hausers lieferten, und der französische Hauser-Forscher Edmond Bapst, der hauptsächlich den Spuren Stephanies, der Mutter Hausers, nachgegangen ist und auf den sich besonders Otto Flake bezieht.
Von den anderen Autoren sind zu nennen die Dichterin Klara Hofer, ehemalige Besitzerin von Schloß Pilsach, die in ihrem gefühlvollen Buch die Entdeckung des Verlieses beschreibt, Ulrike Leonhardt mit einer ergänzenden Deutung der Flaschenpostunterschrift und Johannes Mayer und Peter Tradowsky, deren Veröffentlichung vor allem als Bilddokumentation unverzichtbar ist und in dieser Art der Arbeit von Pies an die Seite gestellt werden kann.

           Dr. Ferdinand Mehle